ZHONGXUESHENG JIAOYU GUANLI LIANGZHAO JIJIN

中学生教育管理靓招集锦

● 主　编　郑祥东

● 副主编　姜　珍　韩雪玲　张丽琴
　　　　　佟秀玲　赵日杰　李洁琳

哈尔滨工业大学出版社
HARBIN INSTITUTE OF TECHNOLOGY PRESS

内 容 提 要

本书汇集了几十位班主任在教学工作中的心得体会，所有内容均源于他们在管理班级过程中的智慧与情感。几十位班主任的分享几乎囊括了班级管理中可能遇到的所有问题，如学生不良的学习习惯、心理叛逆、成长中的困惑等，对于这些问题，他们逢山开路、遇水搭桥，深入了解事情背后的原因，从根源上帮助学生。有这样的老师，学生成长之路无疑会顺利得多。这些“靓招”是他们从事班主任工作的经验和总结，对班主任以及任课教师均有很好的借鉴意义。

图书在版编目（CIP）数据

中学生教育管理靓招集锦/郑祥东主编. —哈尔滨：哈尔滨工业大学出版社，2022.4

ISBN 978-7-5603-9967-6

Ⅰ.①中… Ⅱ.①郑… Ⅲ.①中学-教育管理 Ⅳ.①G637.3

中国版本图书馆 CIP 数据核字（2022）第 049983 号

策划编辑 刘培杰 张永芹
责任编辑 李广鑫
封面设计 孙茵艾
出版发行 哈尔滨工业大学出版社
社　　址 哈尔滨市南岗区复华四道街 10 号 邮编 150006
传　　真 0451-86414749
网　　址 http://hitpress.hit.edu.cn
印　　刷 哈尔滨圣铂印刷有限公司
开　　本 787 mm×1 092 mm 1/16 印张 17 字数 390 千字
版　　次 2022 年 4 月第 1 版 2022 年 4 月第 1 次印刷
书　　号 ISBN 978-7-5603-9967-6
定　　价 98.00 元

序言一

我和郑祥东校长相识于他在锡林浩特一中做校长时，当年北京一零一中和锡林浩特一中结为友好学校，连续开展了很多年很有价值的教学交流活动。2017年，郑校长履职锡林浩特六中。作为一所完全中学的校长，这几年同样做得风生水起，很不简单，很不容易，让我很受感动。

我们知道，教育的基础性使命就是立德树人。这本书集中反映了锡林浩特六中立德树人的工作，真实记录了一线教师，尤其是班主任卓有成效的工作。正是这些老师的创造性劳动，使得六中在教育教学方面成果丰硕，在当地赢得了良好的社会声誉。

据我所知，锡林浩特六中位于草原深处，1993年建校，资历尚浅，但教育教学业绩在当地却很有影响力，甚至首屈一指，在内蒙古自治区也崭露头角。而且难能可贵的是，学校的目标不只追求高考成绩，还很重视德育实效，追求"让每一个学生都能得到发展"的办学目标，并开展了许多卓有成效的德育活动，如开设自治区品牌德育实践课程"道德讲堂"，举办惠泽当地教育的"德育论坛"等。六中的育人理念关注了人的全面发展、长远发展，与草原的博大宽广如此契合，令人欣慰。

更让人感动的是，一代代团结拼搏、勇于进取、乐于奉献、继往开来的六中人工作于茫茫草原一隅之地，那里的教育环境相对闭塞，教育发展相对落后，但他们扎下根，精思细琢，探索实践，经历冬雪覆盖的寂寥、春寒料峭的磨砺、盛夏烈日的炙烤、冷冽秋风的侵袭，一年一年，越发如欣欣向荣的锡林郭勒莽原青草，坚韧挺拔，绵延遍野，育养草原，周而复始，生生不息，令人钦佩！

草原枯黄又返青，返青又枯黄。我心怀敬意，拜读锡林浩特六中《中学生教育管理靓招集锦》。细读来，有"板起面孔"的耳提面命，有风趣幽默的"草根"经验，有现代教育理论指导下的谨言慎行，也有教育实践中个性化的"急中生智"，虽不全是大智慧、大韬略，但都用心至细、用情至真，值得分享，值得借鉴。

时维三月，气温回暖，青草在将融化的冰雪下悄悄萌芽。草原的春天又回来了，锡林浩特六中也将生长起新的希望。

祝福六中！

郭　涵

2022年3月于北京

编者注：郭涵，北京一零一中学原校长（2018年9月退休），北京师范大学教育学院硕士生导师，北京市政协委员，北京市优秀校长、优秀教育工作者，改革开放30年北京教育功勋人物，全国学校德育管理先进个人，全国十大推动读书模范人物。曾获首都五一劳动奖章，北京市“三八”红旗奖章，奥运会、残奥会奥林匹克教育特殊贡献奖等众多荣誉。担任一零一中学校长十多年来，秉承历史名校北京一零一中学光荣革命传统，全面提升学校办学质量，为办好人民满意的教育做出了杰出的贡献，在全国基础教育界具有广泛的影响力。2012年1月9日，郭涵校长获得“金粉笔”年度人物奖。北京市第十五届人民代表大会代表。

序 言 二

教育是一门艺术。

不管什么时候、什么地方，教书育人都是一件十分紧要的事情。

越紧要的事，就越需要情怀，越需要视野，越需要耐心，越需要热情，越需要方法。

只有这样，才能潜心深耕，匠心独运，最终把一块璞玉打磨成器。

我们的班主任，就是肩负如此重大使命的匠人。

在祖国北疆的锡林浩特六中，就有这样一支勤思爱写的班主任队伍。

他们善于观察，乐于积累，把自己带班的真实案例，采珠撷玉，总结汇编，如数家珍，娓娓道来。

荟萃结集，于是我们便看到了这本《中学生教育管理靓招集锦》。

他们有一说一，务实求真。其中不乏成功的分享，当然也难免失误的教训，这些都是真实发生的，也是我们愿意借鉴学习的。

更可贵的是，我们从中还看见了：

严慈相济的教育，知行合一的示范，苦乐交集的感悟，收放自如的靓招。

一招一式，都蕴藏着智慧的结晶。

字里行间，都透露着爱的光亮。

这就是锡林浩特六中《中学生教育管理靓招集锦》一书，正像悠悠的锡林河水，平静舒缓，却波光粼粼，源远流长，润泽着锡林郭勒那一方天高地迥的草原。

祝愿锡林郭勒草原水丰草美！

祝愿锡林浩特六中日新月异！

张文茂

2022 年 3 月

编者注：张文茂，中学正高级教师、正高级政工师，特级教师，曾任河北衡水中学校长。曾荣获全国劳模、全国五一劳动奖章、享受国务院特殊津贴专家、河北省有突出贡献中青年专家、河北省省管优秀专家、河北省优秀专业技术人才、河北省中小学骨干校长、河北省教书育人楷模、河北省优秀教师、河北省创新教育实验研究先进工作者等多项称号。曾先后在《人民日报》《人民教育》等国家、省级报刊发表理论文章 20 余篇，主编并正式出版了《张文茂与责任教育》《我这样做校长》《衡水中学解码》等 30 余部著作。作为全国知名高中校长，曾多次应邀到全国各地做学术报告。

目　　录

第一集　源也·流也

第二集　严也·慈也

第三集　智也·爱也

第四集　知也·行也

第五集　收也·放也

第六集　苦也·乐也

第一集

源也·流也

坚持不懈见初心

——班主任工作经验分享

王占远

从走上班主任岗位的那一天起，我就把忠诚于党和国家的教育事业作为自己的职业座右铭，小学时学校的标语“忠诚于党的教育事业”“好好学习，天天向上”一直镌刻在我的脑海，没想到自己因缘成为一名光荣的人民教师；我也把德智体美劳全面发展作为标准来教育培养学生，在工作岗位上不断践行着一名班主任的职责，所有的方法都是围绕着如何让学生健康积极成长为对家庭和社会有用的社会主义劳动者这个中心。下面就自己的班主任工作的点滴心得做一些总结：

一、在学生入学前，尽可能了解每一位学生的情况

学生入学前，根据学校分配的班级学生资料，认真梳理记忆学生的基本信息，了解班级学生的构成，尽可能地根据学生的档案在脑海中勾勒出每一位学生的秉性特征，对学生有个初步印象。

二、建立一个优质的班委会，选出一个具有优秀潜质的班长

根据自己对学生资料的了解和新入学对学生的观察，以及班级同学每个人的入学发言简介等，从中发现潜在的积极上进的同学，抛出成为班委成员的橄榄枝，鼓励毛遂自荐，加上最终同学们集体评议和班主任考察，从而确定代理班干部。在入学后的几周内试用，试用期内班主任培养帮助班干部们特别是班长快速进入角色，经过这样的过程，确定的人选都会成为班主任得力的助手和班级的核心榜样。我带的2002届的班长当年取得了680分的高分，而且带领班级所有同学全部考入二本以上，班级共43人，600分以上的有9人，班长在国外读完博士后在一个科研团队工作。2016届的班长带领普通班全部考入二本以上，31人考入一本，班长本人考到上海，不但如此，整个级部对我班班长赞誉有加，一致认为班长起到了积极上进、勤奋正直的表率作用。当然也有例外情况发生，某届开学时由于我请假没有和同学们在一起，学生自己管理班级，导致班委建立得匆忙，班长和班主任配合失序，班委各行其是，没有团结在班主任的身边，再加上班委成员协助班主任管理班级时没有团结好同学，同时自身威信不高，自律性差，导致班级一直没有形成一个积极向上的整体。所以重新整顿班委会，免不了让落选的原班干部尴尬，让年级领导费心，直到高二上学期结束，班级状况才有了起色。

三、入学初和学生们一起制定班规

从大处着眼，从小处着手，以中学生守则和锡林浩特六中学生常规要求作为准则，落实具体的班规约定，班主任向学生陈述班级的理想和目标，以期和学生达成共识，利用三年时间建立一个积极健康、师生和谐、成绩进步、学生全面成长的有自我满足感和成就感的班级。

具体方法是根据同学们的建议和愿望把班级每天和每周的任务要求细化、量化，即班级纪律规定、卫生值日规定、学习状态规定、作业要求、《中学生守则》要求等都细化公示，以自愿为原则选出学生承担班级任务，每天有值日班长监管班级纪律，其他有固定的班干部和课代表各司其职，根据班级量化规则对同学们实行综合分的考核，每学期做一次总结，其他不能量化的实行投票评选，量化和非量化结合进行，班规在具体实施中根据实际情况做出相应调整。

四、家长参与班级建设

发动家长成立家委会，为班级群策群力、建言献策，家长参与到班级工作中来，具体事项有互相交流育子经验、家校沟通、解决老师与家长和学生之间信息不对称的问题等。

五、每周召开主题班会

班会内容既有按照学校的要求召开的各种顺应形势的主题班会，涉及安全、健康、卫生、学习、黄赌毒、自然灾害、校园欺凌、同学团结互助、师生尊亲等，同时还有自己持之以恒的对学生“树立远大理想，无愧于新时代”的激励教育。

(1)利用早自习、班会等一切不耽误学生学习的时间段给学生举例子，讲事实，讲时事，讲最新科技，潜移默化地感染着学生们，真诚地把老师们、家长们、学长们的期望和心路历程，以及他们的成功失败、喜怒哀乐等真切地呈现给学生们，让学生们从中受到启发，激励学生积极进步，在三年高中学校生活中趋于向好，事实也证明了效果是令人满意的，历届毕业生们基本获得了全面健康成长。例如，2002 年的那一届学生，三年中无论是我的课堂还是我的班会课，都能看到学生和老师默契的眼神，所有老师外出培训期间，没有任何一位老师带班，只有校长一人检查年级纪律，培训回来后校长给我们反馈说，整个年级老师们都不在的情况下学生们安安静静地学习，纪律非常好，这也侧面反映了我们的班级管理是卓有成效的。当然也有个例：2005 届的学生中有一位同学对老师的教诲不认可，一开班会他就嘟囔说：“又要说教了，老一套！”课后我找他谈心，得知他家庭姊妹多，家境困难，家庭关系紧张，当时因为自己年轻并且经验不够，对学生关心帮助不够，导致这样的学生提升效果不明显。

(2)如何提升学生的学习热情和民族自豪感？

借助上物理课的优势，我会把物理知识和最新的科技进展结合起来分享给学生，如天眼、大飞机、中国航母、北斗、航天成就、一带一路等，和学生一同感受科技力量和民族团结带给我们的幸福感，也让学生感受到科技强国带给我们国人的尊严和自豪，激发学生努力学习，不断增强攀登的勇气和动力。

六、针对每个学生实行个性化教育

每个学生都有自己丰富而独特的内心世界，老师要理解、宽容和欣赏学生，帮助学生树立正气，知荣辱，以修身治国平天下为己任，让学生成为班级工作的有力支持者，让每个学生都凝聚到班级集体荣誉感中来。比如，我班学生刚入学违反了班级规定，我会先理解他的无意性和善良的本性，取得他心理上的理解，随后会按照班规约定的规则批评教育他，让其心服口服，逐步减少甚至摒弃不良习惯；对于习惯不好而且顽固的学生会让他转换角色，体会到不良习惯对班级同学、老师们造成的负面影响；对于个别自我的学生会严厉批评，让其反省，从而意识到集体荣誉的重要性和纪律的严肃性，使学生有为集体荣誉而奋斗的意识。

七、虚心求教，博采众长

每个班主任都有其独特的方法和管理经验，经常观察他们处理班级事务的情况，从中学习，并与之交流互补，获得更加丰富的带班经验和理论，不断完善自己，学习更加游刃有余的管理技巧，使班级更加稳健地进步；同时积极参加培训，聆听专家们的讲座，在自己的班级尝试使用，受益匪浅。

记得在自己刚入职时的半个月培训中，教师进修学校的老师们就班主任工作和教学工作给予了我非常大的启发和帮助，让我在初步的工作实践中顺畅了许多，也获得了许多心得体会，在之后的班主任工作中我更是细心观察老教师的工作方法和技巧，从而在“偷艺”的教学工作中成长了起来。当然在班级的管理中，我也有许多草率的方面，也让自己很被动和难堪，但我正是在这种起起伏伏中不断前行，持之以恒地践行着一名普普通通的班主任工作的初心：“始终忠诚于党的教育事业，踏踏实实，稳步前行。”

成为光，发散光，追逐光

——班级管理心得

张伟洁

何为教师？

是一棵树撼动另一棵树，是一个灵魂触动另一个灵魂。

相比于传道授业解惑，我更侧重关注先成人后成才。从学生走向教师的路上，我走了十六年，一朝登上三尺讲台，眼前满满的都是曾经老师们的身影，突然懂了班主任窗户后面的眼睛，突然懂了班主任日复一日的口头禅，突然更懂了身为一位班主任，为学生付出的远比他人看到的还要多得多。

数月相处，与学生共朝夕，与家长共探讨，在向我的前辈们不断学习的过程中，我对如何做好班级管理工作渐渐摸索出了一些方式，有了一些心得，现与老师们分享、探讨。

究竟什么样的班主任是学生喜欢的？我想这是一个难题。

开学前，我做了一份调查问卷——“你希望有什么样的老师？”回答的内容可谓五花八门。

1. 部分同学希望老师温柔，善解人意，本质上就是希望减少被批评的次数。可能性30%——若一个老师只想让学生对自己有好印象，最后留下的一定是坏结果。曾有老教师告诉我：学生多年后依旧会记得的，一定是那些在他求学路上一边撒种，一边开花，不断鞭策他前行的人，而非不作为的老师。如果教师对学生只有放纵和无限包容，这不是在育人，而是在毁灭。学生们普遍主动性较差，自律性在高一的时候几乎没有，不仅是由于他们年龄小，好奇心重，更是习惯的养成需要时间的打磨。

2. 部分同学希望老师严格，从而纠正自己的坏习惯，本质上是将自己懒得做的事推给老师做。可能性60%——通过几个月的相处，学生逐渐掌握老师们的性格与做事方式，部分学生在此时暴露出由来已久的坏习惯，甚至部分学生不再伪装，坦露真实性格，还有学生进入高中逐渐与初中时判若两人，这些过渡都是学生正常的成长表现，也是开启了高中对于学生人格塑造的进程。此时需要一位严格制定标准、严格执行、严格督促的班主任，协助学生走在发展的正道上。严格并不是全部，但对学习要求严格有利于学生进步，对行为规范要求严格有利于学生良好行为的养成。严格分为两种类型：第一种严格，在于对学生行为守则严格要求。有良好的行为是学生全心投入学习的基础，做到不打架、不抽烟，行为符合中学生守则。这需要班主任勤跟班，具体到进校、早读、晚读、上课、自习以及晚自习，就得腿勤多跑，嘴勤多说，眼勤多看，如影随形。付出的时间，终会在学生身上体现，勤督促，不给学生制造问题的时间和空间。第二种严格，面对问题产生后的处理。首先学生是无法全面杜绝问题产生的，只能减少或及时补救。这需要在每一次出现相应问题时，认真对待，严肃处理。凡出现违反班规班纪、校规校纪现象，都应利用好班会，从问题本质入手，对学生进行思想教育，言谈并非都是纸上谈兵，恰当实时的教育能让学生明白错在哪里，底线在哪里，规则在哪里，今后到底该如何去做。做一名严格的班主任，并不会扼杀学生的天性，也不会让学生有逆反心理，相反，高中生已经有自己的意识形态，知道班主任的解决措施究竟是对是错，纵然一时内心有烦躁，但是增加了学生反思，有利于班级统一管理以及犯错学生的知错就改。

3. 有的同学希望和老师像朋友一样相处，实质上是想要和老师有更多的交流。可能性 50% ——学生与老师有共同语言，正值青春期的他们可能有许多心事，也许朋友是最好倾诉的人，但却不是给出最好建议的人，所以学生某种程度上渴望和老师一起交流，希望能听取意见。老师可在时机成熟的情况下，给予学生帮助。但是，之所以是 50% 的可能，是因为如果处理不好界限，容易导致学生对老师亲切感足够，但是尊重感不足，学生们下意识会把相处较好的老师当作朋友，便自动带入朋友的相处方式。从言行举止到说话态度，甚至不接受老师的批评指正，认为关系代表一些，稍加批评，学生容易激动，甚至产生逆反心理。这对老师来说也是考验，我们需要拿准身份，可接近，不可过近。

另外班级环境对于学生来说至关重要，入班则静，入班则学，打造良好的班级环境有利于学习。

（1）保证卫生，班级干净整洁；

（2）布置班级，营造良好温馨的学习环境；

（3）严管纪律，打造安静的学习空间。

综上所述，班主任对于学生的学习来说至关重要，不仅是学习空间的打造者，更是知识学习的引领者。

我始终思考——究竟什么样的班主任是学生喜欢的呢？我想是把自己还给自己、把学生还给学生，让树长成树、让花自由成花的人吧。我们需要有自己的态度、有自己的学识、有自己的风骨，自然就会有自己的模样，也会有自己的追随者和理解者。我们身为班主任，必须在业务上过关，讲好每一节课，让学生真正学知识、学涵养，用知识打动人，用学识吸引人。做好一名合格的教师，方才做一个称职的班主任。走在自己规划的路上，如果偶尔有学生偏题，我们利用合理的方法带他回来，如果有学生停下来，我们用经验和劝诫带他一起走下去，如此无愧于心便好。

作为新入职教师以及新班主任，我与学生一起成长。现在我可以回答自己的问题——何为教师？是自己提升自我成为光，奉献自我发散光，共同进步追逐光，是与学生一起在青春的纪念册上书写专属于我们的“只恨太匆匆”。

我们携手并肩，一路高歌，踏着荆棘不觉痛苦，有泪可落却不悲凉，相信这场盛宴的结尾终将“不悔梦归处”。

三尺讲台育桃李　一支粉笔写人生

金　冉

如果将班级比作一艘帆船，那么班主任就是这艘船的船长，直接影响到这艘船的行驶方向。班主任是班级的教育者、组织者、领导者，班主任工作影响着每一个学生的成长，影响着他们的人生方向。下面浅谈我对班主任工作的体会。

一、用心用爱用情 守护学生成长

关于班主任工作艺术的书籍理论多如繁星、不胜枚举，但我认为再好的理论都不如老师对学生的用心，正如苏联教育家马可连柯所说的"没有爱就没有教育"。

在工作中，我努力做到真心地爱班里的每一位学生，平等地对待每一位学生，抓住每一名学生身上的优点，用欣赏的眼光来看待他们，让每个学生都能感受到教师的爱，树立起他们的自信心，让他们相信通过自己的努力完全可以成为一名好学生。我用心研究每名学生的个性特征，了解学生的生活环境，进而采用相应的方式与之交流，鼓励其进步。

二、改进工作方法 提高班主任工作的实效性

(一)注重情感投入

在工作中，我对学生严格要求、严格管理，充分了解、主动关心每一个学生，把学生当知心朋友。我努力处理好"严"与"爱"的关系。在纪律管理上"严"，在学习生活上"爱"，积极采用多种途径教育管理学生。例如，我得知班上有两名住校生不会理财，乱花生活费后，不仅及时与他们沟通谈心，让他们能够体谅父母的艰辛、节约开支，还帮他们代管生活费，教会他们记账，使他们能够合理地规划和使用生活费。我精心营造一种平等、和谐、友爱的气氛，让高一级 18 班变成一个温馨的大家庭，让这个大家庭中的每一员在自己的关爱中都如兄弟姐妹般互相关心帮助、鼓舞照顾，共同成长进步。

(二)注重心理健康教育

我注重对学生的心理健康教育，尤其关心单亲家庭、贫困学生的成长。比如，去年新学期开学不久，一名女生常常迟到，且性格孤僻、极端偏激、漠视一切，不和任何人说话，存在着严重的心理问题。我费尽周折找到她在初中就读时的班主任，了解到她的特殊家庭和从小所经历的不幸，千方百计来帮助她。为了保护她的自尊心，我从不问她迟到的原因，也不因此而批评她，而是给她讲励志的故事，让同学们主动和她交朋友、关心她的学习，并主动提供一些经济帮助。起初她对一切都拒绝，但我依然坚持主动关心她。一年过

去了,她变得开朗多了,不仅学会了关心别人,还主动向老师问好,努力学习,当然也很少迟到了。

三、用爱心浇灌 做好后进生转化工作

转化后进生是班级管理的重要任务,在后进生转化工作中,我尊重学生,建立平等的师生关系,利用课余时间多谈话、与家长沟通、表扬鼓励、正面疏导、指明方向,赢得后进生的信任,使其逐渐培养起良好的行为习惯。

四、以身作则 树立榜样

古人云:“其身正,不令而行;其身不正,虽令不从。”作为班主任要给学生树立良好的榜样,用自己的良好风范去吸引和引导学生。

在工作中做到为人师表,要求学生做到的自己先做到,要求学生不做的自己坚决不做,真正做到教书育人。

五、落实自我管理 提升管理能力

班级常规管理是一项琐碎的工作,要把学生的积极性调动起来形成合力,才能共同构筑学生自我管理机制。我主动征求学生对班级事务的意见,每学期根据班级的实际情况、学校的要求和学生的建议及时调整班规,使班规能够及时适应变化,促使学生通过自我教育、自我调整而不断成长。

六、转变评价方式 不以分数论英雄

什么是教育?教育给予学生最重要的不是知识,而是对知识的热情、对成长的信心、对生命的敬畏和对美好生活的向往。

“有些孩子,能让他出类拔萃才是成功;有些孩子,能让他自食其力就是成功;有些孩子,能让他成为守法公民就是成功;有些孩子,能让他快乐生活就是成功。”一枝独秀不是春,百花齐放春满园。作为教师,我们要转变传统的以分数论英雄的评价方式,努力捕捉每一名学生的闪光点,让每一名学生都能体验到成功的喜悦,从而激发他们对未来的美好向往和不断探索的勇气。

三尺讲台虽小,但播撒下的却是无尽的爱与希望;一支粉笔虽小,书写的却是祖国花朵的未来。未来,我将牢记教书育人的使命,不断激励自己在立德树人的道路上继续前进。

他律·自律·自主

——班级建设杂谈

王　举

班级建设是项复杂的事，可谓千头万绪。我在班级建设上，一直坚持一条主线：培养学生从他律变为自律，走向自主。

一、从他律变为自律

长期以来，部分学生把学校的纪律管理作为对立面，认为就是限制学生的自由。基于此，以学校校园文明建设为契机，转变学生的错误认识，培养学生从他律变为自律，即从外在的强制约束转变为内在的道德准则。

1. 认真学习学校相关的规章制度，举以大量的实例，使学生认识到这些规章制度的初衷是保护学生自己以及他人的安全、学习和自由，认识到违反者对自己、家庭、班级、学校造成的危害，从而从内心深处感受纪律的重要性。纪律不但是学生的行为底线，更是学生的道德底线。

2. 后果教育。针对现在的学生大多数是独生子女，在家中娇生惯养，做事不考虑后果的现象，在安全、纪律教育中，举大量实例，使学生充分认识到自己的行为可能导致的不良后果，做事三思而后行。特别是针对犯错误的学生，坚持教育为主，惩戒为辅，必须让学生认识到这种行为造成的现实后果和如果不及时发现和纠正可能造成的各种严重后果和危害。

3. 责任意识。现在的学生，很多都事前不考虑，事中鲁莽，事后缺乏担当。因此，注重培养学生的责任意识。

（1）为自己的前途负责。在主题班会和课堂思想教育中，分析当前社会需要的人才特点，特别是对道德行为的要求，使学生认识到当今社会需要什么样的人才，自己该怎么从小事做起，成为符合社会需要的德才兼备的人。否则，面临的将是被社会所淘汰。

（2）敢于承认错误，勇于承担责任。针对犯错误的学生，教育其主动承认错误，积极承担责任，尽力弥补造成的损失和危害。使学生认识到狡辩和找借口只会引人反感，加重处罚，造成更大的身心打击。这一点，我所带过的几届学生做得比较好，面对错误能够主动承认并积极改正。

总之，教育学生把外在的正确约束，通过自己的理性思考和感悟，转化为内在的行为道德准则，把他律转为自律，这是班级走向稳定和发展的重要途径，是学生自主发展的重要基础。

二、从自律走向自主

一个由自律的学生组成的班级，必然是一个学生能自主管理、自主学习的班级。这样，班级的每位学生才能最大限度地获得自由发展。为使学生从自律走向自主，主要从以下几个方面引导。

1. 班级民主决策和管理。

为了培养学生的自主意识，形成民主自由的班级氛围，促进班级自主发展：

(1)班级定期召开班会，让学生提出班级近期主要存在的问题，就班级近期存在的问题展开讨论，分析其原因，寻找解决的方法，由班委会形成解决方案并付诸实施。

(2)班级重要活动，召开主题班会，由班委会提出实行方案，全体学生讨论修改并表决通过，方可实行。实行过程中学生发现问题并及时提出，作为修改依据或经验教训总结的资料。

通过以上两方面，全体学生会逐渐形成班级主人翁意识，自主进行班级管理，自愿为班级服务，形成良好的班风和学习环境。

2. 自主学习。

自主学习是学生充分发挥自己的学习潜能，提升学习成绩和能力的重要方法，是自由发展的关键。

(1)纠正学生学习误区。针对我所带的班级学生的特点，主要帮助学生从被动学习转为主动学习，从学完转为学会。很多学生不会听课、做笔记，不主动思考、质疑，死记硬背，下课完成老师布置的作业就算完成学习任务，缺乏整理所学内容、构建知识结构体系的能力。因此，经常通过班会引导学生认识初中和高中学习上的差别，高中学习更注重知识的理解和应用，认识到被动学习在高中学习中不会取得优异的成绩，要学会主动思考，理解并运用知识。

(2)给学生自主学习的时间。每位学生的记忆力不同，接受知识的能力不同，课程喜好不同，每一科目的学习效率不同，因此要给学生一定的自学时间，提升自己的弱科，总结学习规律和方法，提升学习能力。

(3)寻找适合自己的学习方法。每个人的学习方法都是不完全相同的，学习方法不可模仿复制，只能借鉴吸收。班级定期召开学习方法座谈会，由单科成绩突出的学生介绍学习经验，其他同学结合自身特点讨论分析可借鉴之处，帮助学生逐渐形成自己的一套学习方法。

以上是我就班级建设方面对这条主线的理解和实践，当然在实际中可能是并存，并不是直线发展，但是作为班级建设的主线我会一直努力坚持并不断改进。

换位思考　成就英才

任永平

在教育教学中，会碰到各种不同的问题，这时经常会用到一些像“将心比心”“站在学生的角度来看原因”等观点，这其实是一种关于换位思考的设问。什么是换位思考呢？如解决一道数学问题时，学生为什么做不出来，上课孩子为什么会犯困等情况，不仅是从我们自身的认知考虑，还需要设身处地从对方的立场考虑。换位思考既是一个分析问题的思考方法，又是一个解决问题的思维方法。我将其运用到班主任工作的具体操作中，从而达到了很好的教学效果。让学生不好意思犯错，犯错后能主动承认错误并改正。

一、日常相处中的换位思考

班级日常管理是教师工作的主要部分。而班主任也只是班级的管理人员与教育者。管理和犯错、纠错是一种矛盾关系，怎么能和谐相处呢？我们不是培养听话的好学生，而是培养有正能量的有志青年，如果“对立面”得不到合理的处理，“听话”的“好学生”势必和管理方式相抵触，或因逆反心理的日益滋生而趋向极端。为了防止此类后果的再发生，换位思考也不失为一个好思路、好办法。首先，我们应该清楚自己的角色，其次，我们更应该关注并明确学生的主体地位。正基于此，在班级生活管理工作中，我们既要充分发挥好学生班“导”的功能，更要经常站在好学生的立场考虑，进一步发展好学生的主体作用。有了这个换位思考，一方面，我们就会想方设法地去建立公平、民主的师生关系，另一方面，加强教师内部的交流和互动性，让每个学生“亲其师，信其道”，让教师“亲其生，导其行”，就构成了一个健康、良性、相互促进的教育管理系统。

我现在所带的班级有一名学生，前几天跟我起了冲突，学生的理由是说我只针对他，同样的错误别人就没什么事儿，他犯了，就会把这个事情无限放大，可他却没发现他犯的次数比较多。后来，我就让他说出了他的心里话，我站在孩子的角度也可以去想一下啊，确实有一些好像是针对他的意味，后来那我就问他怎么办。他说：“我可以去改，但是老师你不能针对我！”我一听既然他愿意改，我怎么会去刻意针对他呢！

有了这种换位思考，我们能结合学生成长的特殊阶段的特征，以平常心看待他们的“非正常”言行，甚至是一些棘手的“青春期叛逆问题”。在学生成长的过程中，难免会出现我们视为“不好”的言行，如化妆、早恋、疯狂的手机控……这些貌似“叛逆”的言行，我们若能从他们成长的不同阶段去分析，置身学生所处的环境来看问题，你就会更好地理解学生，至少可以认为是正常的“叛逆”现象。像早恋问题，几乎每个班主任都会碰到，我在处理的时候，把它看成是学生成长的一段小插曲，和学生去用心交流，可不可以把喜欢换成动力，我们任何一个个体都没权利为了自己的喜好而去影响别人，做好眼前的事情，只为更好的将来；学生厌学了，不能不闻不问，更不能严词斥责，而是想办法走进学生的内心，去寻求根源，和家长及时交流，让学生感到你和她站在一起，唤醒也是教育的内涵，孩子们是单纯的，我的付出赢得了孩子们的尊敬，孩子们变得更懂事了。

二、表扬或批评学生需要换位思考

表扬激励和批评纠错是班主任工作中常用的教育手法，可是在具体的教育活动中，要想达到好的教育效果并非易事，学生偶尔会犯些低级错误，如上课吃东西、玩手头各种不是玩具的笔、发呆、开莫名的玩笑、把手机带入班级，要是盯着学生的这些缺点不放，批评多而表扬少，班级不是鸡鸣狗吠，就是冷酷到底；还是换位思考，要查找为什么会出现这样的现象，事出无常必有妖，认真分析，方能对症下药。批评教育学生时，只要我们能换位思考，好多问题都能迎刃而解，而且效果比我们预想的要好得多。

加大表扬的力度，全方位地发现学生的优点，用优秀的事例逐步引导，形成一个健康的、积极向上的班风班貌。

三、帮助学困生的换位思考

在班级总会有一部分同学在学习成绩、言行举止、为人处世等方面相对落后于同龄的小伙伴。也就是我们说的学困生，转化学困生是班主任工作的一个重点，也是一个难点。为做好学困生的帮扶，班主任更应多点换位思考，多站在学困生的立场看问题，任何一名学生都想有一个好成绩，都希望得到家长和老师的认可，由于种种原因，使得这部分学生暂时处于班级的下游，怎么让学生把不知道自己不知道，变成知道自己知道，是一个学校、班级、家长、学生产生合力的过程，这里更多的是理解和支持、陪伴和鼓励，这样总能得到意想不到的收获。

通过换位思考，我发现学困生更渴望得到老师的关爱，更渴望得到与优秀学生平等的地位和人格尊重，更渴望自己优秀起来。于是，在转化学困生的过程中，我会尽可能将爱的叮咛多向学困生倾斜，在生活上关心他们，在学习上帮助他们，班级的日常活动中尊重他们，拉近与他们的距离。让学生真正做到“亲其师，信其道”；让教师真正做到“亲其生，导其行”。

总之，换位思考使我明白面对高中学业负担较重的孩子，多一些理解，多一些宽容，面对小大人的学生，多一些耐心和等待，让我们静待花开！

信心呵护　阳光成长

——自信教育案例分享

刘　静

不知不觉，我在班主任岗位上已经工作了四个年头。在班主任的道路上，我不过是个初出茅庐的小白，班主任工作复杂玄妙，我还有很长的路要走，还有很多的知识需要学习。“君子博学而日参省乎己，则知明而行无过矣。”经过四年探索，虽未必知明，但也想反思一二，以为日后之鉴。

G2017 级 23 班是个相对活跃的班级，男生 25 人，女生 22 人。成绩中等，学生基础普遍比较薄弱，学习习惯有不足，学生自律性不是很强。为此，我定的基本带班原则是“严当头，勤当先”。从高一入学就开始严抓习惯，夯实基础。而且我自己也下决心勤于管理，勤跟班，勤沟通。总体看，效果还是不错的，班级在高一一年取得了一定的成绩，如成绩进步、纪律保证、活动效率高等。

但是，随着时间的推移，这一方法应对层出不穷的问题却日渐捉襟见肘，在我的班级，仿佛问题永远比方法多，我总是不断发现问题，不断批评指正，并冠以“严格”的名义，实际操作结果是，教师和学生陷于一种“问题不断、打压不完”的对立状态，长久下去，没有正面榜样，反而形成了更多的负面典型。在这一过程中，学生不能发现自己的优点，教师更找不到信心和乐趣，师生都身心俱疲，持续时间越久，管理效果越差。

《老子》有言：“胜人者有力，自胜者强。”强调的就是自信的力量。在教学中，自信教育对学生的身心发展有重要意义。现行的“素质教育”强调注重形成人的健全个性，要想使学生成为一个健全的人，首先必须是一个充满自信、健康活泼的人。苏霍姆林斯基说，人性中最本质的需求就是渴望得到知识、尊重、理解和爱。而只有自信教育才能满足这一需求。只有自信才可以激发孩子的潜力，让孩子在“我很优秀”的心态中觉醒，生命状态得以舒展。我班两位同学的例子，就是最好的说明。

案例一：自信满满——成就自我的听障女孩

班级建立之初，还没有正式上课，我就收到一个孩子的微信，她很坦白地告诉我说自己听力有障碍，并且佩戴助听器，希望老师能在安排座位时关注一下，但是并未提出特殊要求，并且向我保证自己会好好学习。从聊天中我能感受孩子应该是个比较积极的人，可以坦然面对自己的情况，不会自卑，就不会自怨自艾。

开学后，我第一次见到这个学生，是个短发的女孩，皮肤比较黑，大眼睛，五官还是比较漂亮的。但是她的听力情况要比我预想的严重得多，听力距离在 3 米左右，是由于 2 岁时用错药物导致的药物性耳聋，而且由于发病早，发现和干预治疗又比较晚，孩子的语言表达严重受损，发音非常不清楚，交流比较困难。但是，也如我判断的那样，她的性格非常阳光、乐观，一点不为自己的缺陷而悲观。因为她比较喜欢摄影，可以负责给同学拍照和美篇制作等工作，在班委竞选中，她主动竞选班级宣传委员。这项工作是需要很强的表达交流和沟通管理能力的，我真有点担心她能否胜任。

班委竞选时，她站起来做了热情洋溢的自我介绍，并大胆宣布自己的竞选目标。我非常欣慰，觉得仅凭阳光、乐观这一点，就足以让她赢得大家的尊重，至于工作，可以给她一些指导，她以后一定会是一个非常优秀的委员。全班同学也都被她的精神感染，为她热烈鼓掌。我借此机会，在班级做了一个简短的励志班会，号召全班同学都学习她这种乐观积极的品质，并任命她为班级的宣传委员。

在后期工作中，她非常尽职尽责，不仅在拍照摄影方面发挥自己特长，在板报组工作方面也表现出了自己的工作能力，她充分发挥了班级同学的各项才艺，让大家都有机会展示自己。同学们都被她的自信和乐观感染，都愿意接受她的统筹安排。我也抓住机会及时对她的工作给予表扬和鼓励，推选她为优秀班干部。

宣传委员的工作得到了老师和同学的认可，给了她非常大的鼓励，后续，她在运动会、篮球赛等活动中都表现得非常积极，日常生活中也特别有责任感，关心同学，乐于助人，热爱集体，表现非常优秀。

三年如一日的工作，培养了她在学习上的自信心。在高三复习阶段，她的爸爸妈妈在感情上出现了一些问题，家庭经济条件也出现一些困难。这种情况下，我不断帮她分析父母之间的问题，开导她正确对待。其实，我更多的是充当了一个倾听者的身份，后续她也很快走出困扰，进入专心学习状态。最终，她以 411 分考入内蒙古农业大学木材加工专业。这个成绩对她来说已经非常不容易，尤其进入高三后，习题讲解速度快、难度大，听力上的障碍成了她学习的最大困难，即使坐第一排，也还是很难跟上老师的节奏。她是在课下恶补和同学的帮助下，才取得了这样的成绩的。

案例二：信心缺失——不能抹去遗憾

长久缺乏自信，会让人陷入自卑的泥潭，不及时救治，必然深陷其中，甚至可能导致严重的后果。

班级有位陈同学，男生，个子不高，长相比较显老，有小胡子。他比较邋遢，不修边幅，衣服换洗不勤，不干净还不整齐，不是衣领翻进脖子里边，就是下摆一半塞在裤子里、一半露在外面，扣错扣子更是家常便饭。他的日常习惯也不很好，不注意自己的形象，挖鼻孔、擤鼻涕不避忌同学，吃大蒜、香菜后也不注意刷牙漱口。此外，在和同学交往时也不太考虑同学感受，说话比较自我。

这位陈同学性格偏内向，不善言辞，略有木讷，但是成绩比较优秀，成绩最好时排名班级第五，而且担任了比较难的物理学科课代表，工作也非常认真负责。但是，由于他个人生活上的这些毛病，大家都非常不喜欢他，不仅不支持他的工作，甚至每次安排座位都非常困难，没有一位同学愿意和他同桌。陈同学更加内向了。

如果说这些是日常积累的问题，那么导致问题彻底激化的，是他和班级一位同学的矛盾。

有一次，他和班上一名人缘非常好的王同学发生了一些不愉快，王同学公开在班级说了一些陈同学的缺点，引起了全班的附和和共鸣。虽然当时没有其他严重后果，但是这件事给陈同学造成了极大的心理压力，他变得非常敏感，只要看到同学聚在一起说笑，就觉得是在嘲笑他；只要听到有同学小声说话，就觉得是在背后议论他。这令他非常苦恼，慢慢变得孤僻起来，不愿意和同学交往，甚至一度不愿意来上课，出现失眠、焦虑等症状。去医院检查，果然患上了中度的焦虑症和轻微被害妄想症，甚至需要服用镇静性药物才能保证睡眠。学习成绩也一落千丈，由班级第五下降到班级三十几名。

针对这一情况，我非常焦急，觉得需要采取全方位的措施才能保证他的顺利成长，因此，我采取了以下措施：

首先，我先解决他的不安全感问题。为此，我多次找他谈话，询问他的问题并向他保证班级同学不会伤害他；如果有伤害他的情况，我一定会坚决保护他。另外，向他保证我会时时刻刻关注他，安排班长等他可以信任的同学暗中“保护”他等，让他首先找到安全感。

其次，我让班长主动提出和他同桌，再请一些乐于助人的同学关注他的情绪状态，平常多主动和他聊天，缓和他的紧张情绪。

再次，找到和他有矛盾的王同学，了解并调解二人之间的问题。其实，这位王同学只是日常爱开一些略不得体的玩笑，根本没有把这件事放在心上，也并没有要针对陈同学的意思。我特意提醒王同学一定要注意和陈同学交往时的言行，因为有些话放在普通同学身上可能不是问题，但是到了陈同学这里就变得非常敏感。活动中我也尽量避免二人之间过多的正面接触，并提醒王同学不许故意针对陈同学。

做了以上安排后，陈同学基本可以稳定心态，不至于每天胆战心惊、畏畏缩缩，他也对我有了基本的信任，可以安心正常上课了。

但是，这还远远不够，因为以上那些都是外界因素，要想从根本上解决问题，还得从陈同学本身入手。他首先要改变自己，从根本上改变自己的不良行为习惯，大家才可能会改变对他的看法。他也才可能树立自信，才能积极面对自己的问题。为此，我后续又采取了以下做法：

第一，由我出面提醒他注意自己的日常行为。这项工作只能由我来做，是因为这一环节中必须指出他的不足，如果言语不当，极有可能刺激他本来就敏感的内心，原来建立的安全感就会前功尽弃，必须是一个他非常信任的，而且是对他绝对无害的人来担任这一角色，这个人，只能是班主任。经过和他的几轮谈话后，我们之间建立了基本信任，再向他委婉地提出一些改进措施，用他容易接受的方式指出他的问题，让他慢慢改变。

第二，安排班级几个热心的同学轮流主动提出和他同桌，让陈同学感受到班级的温暖和善意。

第三，联系家长共同管理。虽说高中孩子应该已经可以照顾自己的日常生活，但是作为监护人的家长也不能完全放手不管。为此，我联系了他的家长，这才得知他的父亲长期在外地工作，对孩子的关心不够，偶尔打打电话，沟通也很不愉快。而孩子的母亲也因工作关系每天早出晚归，基本没时间照料孩子，孩子的三餐基本都是自己解决，这也就可以解释为什么他在饮食上不注意细节了。看起来这项任务还得由我承担一部分，于是在学校期间，我会私下提醒他注意整理自己的衣服，注意自己的个人卫生等细节，并鼓励他以大合唱的标准打理自己的着装，尽量帮他树立一个全新的形象。

第四，针对他的孤僻和多疑，我帮他分析了原因，认为是不自信的表现。因此，我尽量鼓励他建立自信。从学习、成绩、课堂表现以及学习态度等方面，让他努力发现自己的优点，建立自信。其次鼓励他做好独特的自己，只要是正确的，就不必在意别人的眼光和看法，每个人都是独特的自己。

经过上述一系列的干预，陈同学的状态有所好转，基本可以保持情绪稳定，对同学的敌意也减少很多，同学对他的态度也有所转变。但是，自信心不足依然是他最大的问题。而这一问题能否解决取决于诸多因素，环境、个人都很重要。

进入高三后，随着学习压力的增大，再加上长期服用药物导致了一些副作用，陈同学还是不能走出自卑阴影，焦虑情况出现反弹，身体和精神状况每况愈下，最后不得不休学接受治疗，没有和我们一起走到最后。

反思陈同学的经历可以发现：一个人的行为习惯固然重要，会影响周围人的看法和态度，这些看法和态度反馈到本人身上会引起什么样的反应，就取决于一个人对自我的认可度，也就是自信程度。只有充满自信、积极乐观的人，才能真正悦纳自我并勇敢面对、改正自己的问题。面对问题与改正问题本来就不是一个愉快的过程，这就更需要乐观的心态，而这些都是陈同学所缺失的。即便在这一过程中，我和班级部分同学极力想为他营造他适应的环境，但是，外力终究很难发挥决定作用，当出现问题的时候，自身自信心不足和内力缺失，最终留给我们无尽的遗憾。

总之，通过以上两则案例，我总结以下几点：

1. 作为班主任，我们对学生的关注不应该只停留在问题的发现和解决上，我们的目标不是发现“学生的问题”，也不是发现“问题学生”，更应是发掘学生具有的优势和潜能，帮助学生增强应对心理困扰的能力，发挥其自身积极的力量。只有这样，才能真正帮助学生在今后的学习和生活中，用积极的能量完善自己。

2. 班主任在日常管理中严格要求无可非议，尤其对于行为习惯还不是很好的学生，更应当建立严格、明确的规定来规范其行为。但是更应想办法激发学生的内驱力，让他们有“向好”的愿望。为此，一定要及时发现各种优点，多树立正面榜样，让孩子们看得到应该怎么做。比起一味批评“不能怎么做”，明确“应该怎么做”或许会更加直接，也更易于接受。

3. 树立孩子的自信心，班主任首先要有自信心，只有班主任对自己有信心，对孩子有信心，他们才能感受到这种信任，才会促使自己向更好的方向努力。这一点不容易做到，尤其是班主任看到孩子犯错误的时候，很自然就会批评甚至大发雷霆。当然，批评也好，雷霆也罢，这都只是手段，只是表明班主任对某件事的态度而已，不能作为教育的根本目的，批评与雷霆过后，还是要让孩子感受到责之切背后深沉的爱和期待。

自信是成功的基础，是人生的阳光。《老子》有言：“胜人者有力，自胜者强。”强调的是自信的力量，有了自信，我们才能对自己、对未来充满信心，才能创造更好的未来。在今后的工作中，我愿努力做一名阳光的播撒者，努力让每个孩子在自信的呵护下健康成长。

心向彼岸　荡起双桨

陈　钢

很赞同这样一句话："教育孩子就像划船，家长和学校一人一只桨，只有双方都坐在自己的位置上，齐心协力，劲儿往一处使，教育这艘船才能载着孩子驶向美好未来。"在教育孩子的过程中任何一方的缺席，都会导致这艘船的失衡，任何一方的不积极、不配合都会导致这艘船的失控，归根到底受伤的还是孩子。在教育孩子这条漫长的路上，既然家长和学校都有相同的目标——希望孩子优秀，那么，这两者必须积极营造并保持和谐的关系——学校做引路人，家长当好榜样！

2020年，学生不能按时返校学习，改为线上教学，使我们教师和学生面临从未有过的挑战。在这种情况下，我校李煜川同学手持691分的高考成绩，成功叩响了清华大学的校门。这个勇敢追梦的少年，以最自信的姿态，为奋斗的高中三年画上了圆满的句号。

李煜川同学出生于锡林郭勒盟二连浩特市，父母一直在二连浩特工作，初三毕业考入锡林浩特六中，中考成绩在2017级学生中并不是很突出。高中阶段他一直住校，一家人只有在节假日才能见面。在父亲李进忠的眼中，儿子从小就是阳光、热心、独立的大男孩，从来不曾因为父母工作忙碌，对他疏于陪伴和照顾而有过埋怨。即便曾因高二下半学期患上眩晕症，无法正常上课，只能躺在宿舍床上自学，孤独无助时也没有对父母展露丝毫。在辗转于医院治疗直至病情稳定后，仍拒绝父母陪读，坚持让父母快回去，别耽误工作。

在和李煜川家长交流的过程中，我们深刻地感受到了一点，教育孩子的过程中，最不该缺席的就是父母。良好的家庭教育给了李煜川同学最原始、最强大的动力。听李煜川父母介绍，他们一直在二连浩特市工作，而且工作很辛劳，但即使再辛苦、再累，他们也会抽出时间陪伴在李煜川身边，并经常给孩子讲他们在工作中发生的一些事情，兢兢业业、乐于奉献、乐观积极的精神给小小的李煜川树立了榜样。高中阶段每逢节假日一家人都会在一起度过，美满幸福的家庭也给了李煜川巨大的鼓舞。高中三年，在李煜川成长的每个阶段父母都给予了他最大的帮助。

教育最怕的是什么？教育最怕的就是该管的时候家长没有管，不该管的时候家长事事处处什么都管。很多人可能有这样的感受：孩子小的时候，父母忙于工作，没有时间照顾家庭，特别是缺席于教育孩子，等到了有时间教育孩子的时候，发现孩子已经悄悄地长大了，想管也管不了了。

谈到学习，李煜川说："想要学好，首先不能讨厌学习。树立人生目标，有理想和信念做支撑，会发现学习是条捷径。拓宽视野，尽早确定自己努力的方向。学生和家长之间不能搞对立，要谈诉求。学生应体谅家长，同时拥有自己的想法，家长应尊重孩子的天赋和爱好。"他坦言在学习上，爸爸给他的影响是最大的。从初一时，爸爸就向他提出英语学习的一个方法——阅读原版名著,他一直将这个习惯坚持了下来。大量阅读,积累词汇,充分利用工具书,正是凭借这些方法,他在高考中取得英语单科接近满分的成绩。

在教育孩子的这条路上,比起其他的一切教育资源,父母是最不该缺席的。每一次这样"无意"的缺席都有可能是孩子人生中无法弥补的遗憾。

作为载着孩子远行航船的另一只桨的学校,班主任是其中的主力军,谢明锴老师是李煜川同学的班主任,一位高中化学教师,他是学生精神上的钙镁钾,是学习上的超级催化剂。三尺讲台是他的阵地。谢明锴老师说:"李煜川的中考成绩并不理想,高中三年却凭借过人的学习能力和扎实的学习作风,使成绩得到了稳步提升。"交流过程中通过谢老师介绍,李煜川睿智、热情,个性突出,在学习上,明确自己的知识掌握程度,做到当堂消化,理解能力和获取知识能力很强,课堂学习效率极高。

谢老师还经常劝导他要时常翻阅一些报刊,关心时事,关心国情,拓展知识面。谢老师在高考最后阶段告诉学生主要以'夯实基础,总结规律'为原则,并没有过多刷题。把之前做好的错题本和笔记,拿出来仔细浏览一遍,将之前做题跳过的坑填平,总结做题的经验和规律。考场上,减少失误是制胜法宝之一。三年的底子已经基本定型,我们要做的就是发挥出自己的最高水平,而不是想着在最后几天创造奇迹,提高分数。在李煜川感觉疲倦的时候,谢老师通过和家长联系沟通,经常给李煜川打气鼓励,排解学习生活中的困惑,帮助他保持良好的心态。正是因为时刻保持着这份平稳积极的心态,在备考阶段有序运转,才得以跬步终臻遥程,百炼终成好钢!

在人生的道路上,教师虽只能陪伴孩子一程,却能影响孩子的一生。在教育的路上,老师就像一个孤独的守护者,护送孩子走过他们人生中的一段路。在中学阶段的这条路上,老师把一批孩子送到了终点后,又悄悄地原路返回,继续守护另一批孩子,从相遇、守护、送别,年复一年,如此反复。

好的父母必定言行一致,以身作则。想教育好孩子,首先要使自己成为孩子值得学习的榜样。托尔斯泰曾经说过,全部教育,或者说千分之九百九十九的教育都归结到榜样上,归结到父母自己的端正和完善上。当父母成为照亮孩子一生的光时,又何愁孩子的人生不会熠熠生辉?

好的老师必然管教同步,严慈同体。有一篇《别逼老师放弃你的孩子》的文章里这样写道:"孩子在学校最大的悲哀不是成绩差,也不是经常被老师叫到办公室,更不是叫家长到学校,而是老师不再关注他,他做了什么老师都不会在意,是一个彻底被老师放弃的孩子,这样的孩子在学校的生活绝对是灰暗的。"这样生活环境下的孩子,这样教育环境下的孩子,就会存在极大的安全隐患和心理扭曲。

李煜川的清华之路告诉我们,最好的教育是家长配合老师,老师支持家长。苏霍姆林斯基曾说:"教育的效果取决于学校、家庭的一致性,如果没有这样的一致性,学校的教学、教育就会像纸做的房子一样倒塌下来。"

教育这件事,不是父母单方面的努力,也不是学校老师单方面的作为,而是老师和家长齐心协作、各司其职,前者负责学校教育,后者负责家庭教育,彼此支持,相互配合。家长和老师荡起双桨,心往一处想、劲往一处使,共同驶向鲜花盛开的彼岸。

春风化雨　润物无声
——论锡林浩特市六中道德讲堂的育人功效

马宏丽

我校“道德讲堂”自2013年4月8日正式启动以来，坚持每日一讲，在师生间引起了巨大反响，达到了教育人、启迪人、引导人的良好效果。如今九年的时间过去了，道德讲堂始终以创新发展的理念为指引，不断拓宽思路和模式，开启了一条独特的育人之路，成为我校德育工作的重要阵地，在过程中积累了一些独特的育人方法，在此愿和大家共分享、同进步。

一、开发课程体系，规范课堂流程

道德讲堂的德育课程以“五个一”环节体现德育主题，增强课堂感染力和德育实效。“五个一”即通过“唱一首经典歌曲，看一部道德专题片，讲述身边好人好事，诵读一段道德经典，送上一份吉祥”五个环节，大力倡导“身边人讲身边事、身边人讲自己事、身边事教身边人”，让学生以身边的凡人善举和模范事迹作为楷模，便于效仿、学习和借鉴，以此弘扬中华民族传统文化，推进社会主义核心价值体系建设，提升师生思想道德水平。

道德讲堂的德育课程内容围绕“四德”展开，即社会公德、职业道德、家庭美德、个人品德。经过长期的摸索和实践，我校道德讲堂形成了六大类三十余种课程，其中知恩感恩课包括“学会感恩 懂得施恩 ”“父爱如山 知恩莫忘”“小爱无边 大爱无言”“感恩与孝道”“师恩难忘”；理想励志课包括“迎接挑战 直面人生”“做最好的自己”“我的青春我做主”“小人物，大梦想”“自信自立自强”；爱国明理课包括“深入解读社会主义核心价值观”“道德守礼 文明守纪”“振兴中华 扬我国威”“拒绝贪腐 光大中华”“铭记历史 珍爱和平”“遵纪守法 从我做起”“拒绝校园欺凌 建设平安校园”；立德修身课包括“托举中国未来的孝心少年”“学雷锋精神 做美德少年”“健全人格幸福人生”“做一个热爱朗读的人”“诚实守信”“珍惜生命 健康成长”“平淡是真 知足是福”“学好人做好事”“助人为乐”“团结友爱”“团结奋斗 爱校如家”；传统文化课包括“上德若谷”“上善若水 厚德载物”“静以修身 俭以养德”“学用弟子规 弘扬真善美”；环境教育课包括“热爱家乡 情系草原”“保护环境 从我做起”“舌尖上的节约”等。随着道德讲堂的发展，道德讲堂的课程内容还在不断调整更新中，这些内容涵盖了中华民族传统美德和社会主义核心价值观的各个方面。

二、课上明德课下践行

“文化不等于文明，教育不等于教养”，道德不仅要内化于心，更要外化于行，为加强和巩固德育成果，道德讲堂融入了社会实践并充分发挥向社会实践延伸和借力的方式，通过收餐盘、外出参观、小手拉大手、志愿者服务、清扫校园和拾捡白色垃圾、慰问孤寡老人和残障儿童、每日升国旗和国旗下的演讲、主题班队会等多种方式开展德育教育，使得每一个孩子都能在道德讲堂课上明德的同时，通过丰富的社会实践活动践行道德，从而培养兴趣、磨炼意志、体验生活、重塑人格。

这种课上明德、课下践行的方式让学生学会了关爱他人、奉献社会；学会了感恩父母、团结互助；学会了珍爱生命、健康成长。在大力推进德育教育的今天，我欣喜地看到了这种教育模式让孩子们身上产生的成长与变化！

三、用《道德小故事》将课程内容延伸化

我校道德讲堂为了让课程内容在课下得以延伸，增强课堂德育实效，特编写了《道德小故事》，如今共收到《道德小故事》三万余篇，字数达到一千多万字；截至目前共印制《道德小故事》12 期，每一期都有着精美的封面和插画。

《道德小故事》记录了同学们在课堂上的收获与感悟，以及很多生活中的感人故事，这些故事表达了日常生活中的诸多美好情感，是对课程的回味、反思和记取，让短短的一堂课变成了永恒的文字，被分享、被传播。同学们的文笔自然真挚、发人深省。大家争相传看，爱不释手，这些文字是他们对人生的领悟和理解，更是课堂实效的延伸和体现，是对德育课堂教学的很好反馈、延伸和放大。《道德小故事》仿佛是枝头盛放的鲜花，使得道德讲堂的育人效果持久、芬芳！

四、全面开启微党课为爱国主义教育助力

古语云：“知之愈明，则行之愈笃。”为了让广大学生提高党性修养，及时了解国家大政方针，深入学习贯彻习近平新时代中国特色社会主义思想，从 2017 年起道德讲堂又开设了“微党课”，为同学们全面解读社会主义核心价值观的深刻内涵、中国梦、党的十九大精神、民族团结、习近平新时代中国特色社会主义思想等内容。除此以外，我校还依托中学生业余党校、团课、主题班会、思政课、爱国主义教育基地参观学习等方式不断加强党的政治理论宣讲，努力吃透党的精神要义，使得师生在最短的时间内掌握最大的信息量，让党的理论政策和主题教育精神及时入脑入心，达到了为党育人、为国育才的目的。

道德讲堂通过党史国史大讲堂、唱红歌、讲故事、看视频等方式回顾党的辉煌历程、歌颂党的正确领导，进一步激发广大师生的爱国主义热情，同时还利用主题班会、国旗下的演讲、专题讲座、参观红色革命基地等方式，培养学生爱国主义情操，增强维护民族团结、维护祖国统一的自觉意识。“微党课”的开启使得道德讲堂发挥了双重作用，它既是德育讲堂又是学习讲堂，成为我校爱国主义教育的重要阵地。

近年来，我校利用道德讲堂又开发出一大批有教育意义、成效显著的爱国主义课程，如“美丽中国”“国防和爱国主义教育”“我和我的祖国”“厉害了我的国”“辉煌中国”“振

兴中华 扬我国威”“铭记历史 珍爱和平”“勿忘国耻 振兴中华”等;同时不断加强民族团结进步教育,开设了“加强民族团结 共建和谐社会”“反对非法宗教 共享美好生活”“中华民族一家亲 同心共筑中国梦”等课程。近期又开设了“决胜全面小康 决战脱贫攻坚”等课程,课程开发根据时间节点和当前时事的变化而不断调整,使得学生能够有切身体会和亲身经历,感人故事和先进人物就在身边,以此不断加强学生的家国情怀,教育学生从小立大志,听党话、跟党走。

五、道德讲堂坚持每日一讲

任何德育成果的取得都不是一挥而就的,如果没有长期持续不断的坚守,道德讲堂的德育实效也只能流于形式。我认为我校道德讲堂的成功贵在坚持。九年来,锡市六中道德讲堂坚持每日一讲,寒来暑往,从未间断,每学期授课一百余场,九年来累计授课1600余场次,受益人数达到七万余人。正是这种长期的坚守才换来了德育实效仿佛春风化雨、润物无声般持续不断地滋润着孩子们的心田,让中华民族传统美德和社会主义核心价值观的理念深深扎根学生们的心田,成为社会实践一天中同学们最期待、最暖心、最喜爱的课程。

六、道德讲堂走四方,德育成果共分享

道德讲堂不仅在校内讲,还走进市内中小学校、社区、银行、厂矿企业、联通公司、集通铁路锡盟分公司等多处进行宣讲,讲座主题包括知恩感恩、诚实守信、珍爱生命、自立自强、爱岗敬业等多种内容,九年来共外出讲课十余次,这些课程给大家带去了坚实的精神力量和饱满的工作热情,受到热烈欢迎。同时我校道德讲堂也愿意将宝贵经验和大家一起分享,九年来有来自全盟各地的中小学校长、老师、各单位负责人等前来听课,听课人数累计达到八千多人。

随着道德讲堂的社会反响越来越大,自2013年9月起,自治区、盟市各级宣传部门、教育部门、文明办的领导陆续到道德讲堂调研指导;锡盟文明办、教育局分批组织全盟教育行政部门领导、中小学书记、校长、教导主任、政教主任观摩学习;2016年10月14日全区文明校园创建推进会在锡林浩特召开,200多名与会代表观摩了道德讲堂示范课;还有其他各种渠道的传播,使道德讲堂在一定区域内起到了辐射、引领、示范作用。

道德讲堂如春风化雨,似一泓净水,给师生以思想的洗礼、心灵的净化、情感的升华,师生在努力践行中广收德育实效,道德讲堂经过九年的发展和成长逐渐走向成熟,成为我校德育建设中的闪亮名片,为培养德智体美劳全面发展的有用人才贡献着力量,为营造和谐校园和推动学校文明水平的日益提升发挥着重要作用!

用心搭建学生与父母沟通的桥梁

高　根

我认为，作为一名班主任，除了与家长和学生进行必要的沟通外，还应该用心搭建家长与学生沟通的桥梁。通畅的亲子沟通非常重要，它可以改变学生的精神面貌，提高学生的学习效率。我常用的方法有以下两种。

1. 写信交流。家长会前要求每位学生给家长认认真真地写一封信，内容不限，想和父母表达什么就写什么，可以是学习方面的，也可以是生活方面的。写完信密封交给我，信封上注明收信人，单从信封的称呼上就能些许感受到他（她）们的关系，有写"亲爱的老爸"收的，也有写"老王"收的……在家长会上，我会特别留出一个分发书信的环节，家长们收到信都会倍感意外，都会小心翼翼地打开信件认真阅读。用不了多久，很多家长都在用纸巾擦拭眼角。然后我抓住机会站在孩子们的角度替他们说一些话。其实每个孩子内心深处都有一颗积极向上的心，有时也需要家长们设身处地地为孩子们着想，希望家长们在做好后勤保障工作的同时，在学习上不要一味地只看成绩或过多指责，也要帮助孩子多分析问题，想解决办法。最后我还会请各位家长会后认认真真地给孩子们写一封回信，表达出他们想对孩子说的话。在这个过程中，我只是一名组织者，不会看到双方的书信内容。

2. 做家务。我会在每年假期给学生们布置一个特殊的假期作业：做家务，可以是一次大扫除，也可以亲手为父母学做一道菜。总觉得现在很多孩子认为家务劳动与自己毫无关系，只要学习就好了。但其实不然，孩子可以通过简单的劳动消除学习的紧张感，减轻疲劳度，使精力更充沛。同时这也是一次增进亲子沟通的好机会，通过劳动中的聊天可以拉近彼此的距离，亲情的交融能为孩子的学习生活注入新的力量。

作为教师，我们应不忘初心、牢记使命，以人为本、关爱学生、关注教育，在日常的工作中重视亲子关系，希望通过自己微薄的力量改进更多家庭的沟通方式，改善亲子关系，引导家长和学生构建良好的沟通渠道，建立和谐稳定的家庭关系，为孩子的健康成长营造良好的氛围。

捕捉亮点　点亮人生

史志书

2012 年我担任 2012 级珍珠班班主任。珍珠班是一个特殊的群体,由浙江新华爱心教育基金资助,从家庭困难、品学兼优的考生中选拔出 50 人,组成珍珠班。

这些学生学习一级棒,但却因为家庭贫困而面临失学,他们就好比一粒粒珍珠,爱心基金的资助把这些珍珠捡回来,将来这些珍珠一定会发光,照亮社会。

带班不久,我就发现班级有位刘同学,总是一个人待在教室角落里,性格孤僻,每天愁个小脸儿,从不见笑容。

珍珠班学生都是在困难家庭中长大,他们容易敏感自卑,这就对我的工作能力提出了挑战,我暗自给自己定了一个目标:必须让从珍珠班走出去的每一个孩子,都内心充满阳光,自信自强。

我开始观察刘同学,发现他爱劳动,每当轮到他值日,总是提前到班,把地板擦得干干净净。我又进行了家访,他和爷爷奶奶生活在一起,爷爷奶奶靠收破烂儿维持生计,刘同学经常帮爷爷奶奶整理垃圾,所以比较勤快。

观察了一个月后,我让刘同学担任了生活委员。刘同学每天总是早到,带头值日,特别勤快,物品摆放得井井有条,教室干净整洁。

期中考试,我设立了班级劳动标兵奖,刘同学高票当选,上讲台领奖时,同学们热烈鼓掌祝贺,那一刻,我终于看到刘同学露出了灿烂的笑容。从此,他变得更加自信,后来考入了大连大学。

作为班主任老师,要善于捕捉学生身上的优点,并将这个优点不断放大,不断激励,让优点变成亮点,用亮点点亮人生。

以心育人

王晓丽

我担任班主任工作八年，体会了班主任工作的挑战与付出。现在我就工作中的一些经验与体会和大家分享。

一、规范在先　严格管理

我一直担任的都是成绩比较好的班级的班主任。人们普遍认为，学习成绩好的孩子不用管，都特别自觉，那就大错特错了。每个学生都需要老师和家长的耐心陪伴与长期督促。成绩好的学生也是孩子，而且都是比较有个性、有想法的孩子。违反纪律的方式会更有创意，更难以处理解决。所以，在高一一入学，首先要做到师生一起规范班级各项制度，并且一视同仁，严格执行。我现在所教班级的几位学生就从自己的角度出发，“为大家着想”，觉得班级同学不能一直学，需要缓解，于是就在课间在班级里面放音乐跳舞，被发现之后仍然振振有词。我首先从校规班规角度，对他们做出一定的处罚，然后在班级进行辩论，到底什么是“为大家着想”，让他们心服口服。老师不是父母，也不是朋友。除了父母与朋友的角色，还要担任管理班级，公正、严格地规范他们行为的角色。

同时，要规范学生的学习习惯，抓学习效率，培养学生的关注度，重视细节。高一一上来，有很多孩子是聪明有余而定力不足。或者说，就是学习能力还有欠缺。一个成功的学生不是掌握了多少知识。知识的掌握只是核心素养培养中最基础的部分，更高的素养是知识应用和自我管理。所以，自我管理能力的培养更重要：学习计划的制订执行能力、时间管理能力、长时间专注的能力等。因此，在高中阶段一开始就要规范学习习惯，重视细节。多年的一线教学给我的体会是：习惯决定命运，细节决定成败！

另外，要家校合作，帮助家长规范学生在家的电脑和手机使用。在这个信息化的时代，电脑和手机是必备工具，不可能不用。但是，越是成绩好越自觉的学生，越需要在高一帮助他们制订使用规范。到了高三再管理，难度很大而且会伤害亲子关系。

二、树立目标　快乐学习

成绩好的学生的一个特点就是精力充沛，所以，一入学就要引导他们树立远大的目标。高中生必须得明白，考上好大学是你最好的选择！家长、学生和老师就此必须得达成共识，唯有此，才目标一致，形成合力。所设定的目标是要跳一跳才能达到的目标。求其上，得其中；求其中，得其下；求其下，无所得。所以，目标，必须高远。一个远大的目标就需要加倍的努力，这样有助于他们静心学习，忙碌起来，也就少一些沉溺于电脑游戏、网络小说、手机等的问题。而且，有了目标也有助于他们顺利度过高二困难期。高二阶段，很多学生如果目标不明确，既没有高一时的雄心壮志，也没有高三面临高考的紧迫感，是一个容易出现动荡和茫然的时期。

有了目标，学生们学习才有了动力。但是，很大一部分学生的压力也随之而来。因为在之前的班级，每个孩子都是前几名。而到了这个班级，前几名只有那几个名额。这个时候，就需要在日常工作中，多次灌输考试的作用：考试是练兵，在考试中要积累经验；考试是体检，发现问题解决问题，不要被分数牵着鼻子走。发现问题是好事；将平时的作业当考试，那么考试就像平时作业。而且，最关键的是老师们不会因为考试成绩而批评学生。越是成绩相对较差的学生，越要帮助他们分析成绩，寻找解决问题的方法。要表扬鼓励那些一直在努力，但成绩仍不理想的学生；要批评那些成绩不错，但是努力程度不够的学生。对考试和成绩有了正确的认识，他们慢慢就形成了积极的心态：快乐学习，幸福吃苦！通过平时的各种机会，向他们灌输，能吃苦是幸福的。帮助他们甩掉负面情绪，积极面对困难与挑战。

三、因材施教　个性发展

学生的能力水平是各不相同的，对于不同的同学要有不同的要求。同时，我们也要注意到，学生的性格更是完全不同：有的安静；有的张扬；有的表面大大咧咧，实际非常敏感。在日常处理班级事务的时候要始终记得把学生的性格特点放在首位。我现在所教班级学习成绩最好的两位学生都是比较安静的学生。让他们做经验分享、喊口号的可能性为零。他们也有远大目标，区别就在于他们不愿意大声说出来，只在心里默默坚守自己的理想。我们做老师的，就是尊重他们的性格特点，默默在一旁陪伴、督促并给予必要的帮助。

在以前，我会认为有爱好会影响学习。现在，我学会了通过他们的爱好引导他们去发展自己的特长，通过爱好促进他们的学习。我们班有个孩子热爱电脑，也打游戏，为此和家长冲突不断，影响学习，影响家庭关系。现在，他把计算机当成自己未来的专业，并为了上最好大学的计算机专业而不断努力，成绩突飞猛进。但是，爱好是有底线的，老师和家长一定要干预、管理，毕竟高中生的一项主要目的还是考大学。

四、团结合作　隐性竞争

作为一个来自于不同班级的尖子生组成的班级，最怕学生们不能团结友爱、共同进步而形成恶性竞争，这对于青少年的成长极其不利。所以，在日常班级管理中，不能过度关注成绩，不能以成绩将学生分等。不偏袒成绩好的学生，要对他们严格要求；不歧视成绩不好的学生，要对他们倍加呵护。这样，学生们也就不会在日常相处中将成绩放在首位了。

但是，这样班级的学生一定是好胜心强、积极上进的。只要树立好的榜样，就能形成隐性竞争，你追我赶。这些榜样必须是努力的，而不是只是聪明；是积极向上的，而不是愤世嫉俗的。以我的英语教学为例，我们高一要求每天两篇阅读，我很快发现一位每天做多篇阅读，比其他同学做得多得多的同学。那么，我就不动声色地当着全班同学问他做了多少阅读。其他同学受到刺激，有能力的同学也不甘示弱，形成了做阅读的热潮。还是这位同学，疫情期间把背一遍 3 500 个单词的任务，完成了好几遍，发到家长群，带动了全班背单词的竞赛。

作为一名班主任，希望自己不辱使命，无愧于心。

走进学生心灵　构建和谐班级

王继群

从事班主任工作多年，一路上我用汗水和努力换来了许多收获与快乐，一届学生三年时间并不算长，却可以让我们班级的同学与同学之间、同学和老师之间达成一种默契，而且这一份默契也足以使得我们这个班集体友爱、团结、温暖、和谐。这份默契体现在生活中的点点滴滴，也体现在班里的每位同学身上。我们班是一个目标明确、友爱团结、进取积极、拼搏向上、班风和谐、学风严谨的和谐班集体，同学们各方面都能严格要求自己，各种活动中均有出色表现，各方面都能在年级中起到表率作用。在学校领导老师的关怀下，我带的每一届班级都是具有极强凝聚力、文明向上、蓬勃朝气的和谐班集体。“沉静去浮，务实求精”“让我们用责任和担当成为父母、亲人的骄傲”一直是我历届班级的口号，和谐的山与水使人赏心悦目，和谐的音乐使人妙趣横生，和谐的集体使人奋发向上。在班主任工作中我努力将我带的班级构建成和谐班级。

一、优秀的班主任是建立和谐班级的基础

一个优秀的班主任要具有“五颗心”：

责任之心，是做好班主任工作的基础。责任心是道德的基石，要在日常工作中无怨无悔地，自动地把分内的事情处理好。

宽容之心，是后进生前进的动力，是良好教育教学效果的保证。

公平之心，能平等对待班级里的全体同学，是获得同学认可的关键。

精细之心，是做好班主任工作的强力助手。

博爱之心，是班主任走近学生心灵的法门。爱是学生人生的必修课程。要在班主任工作中努力工作，求真务实，深信爱心的力量。

愿责任之心、宽容之心、公平之心、精细之心和博爱之心始终伴随着你，它们能让班级具有奋勇向前的活力。

二、班主任走进学生的心灵是建立和谐班级的前提

苏霍姆林斯基曾说过：“教师的职业就是爱的教育。”作为教师必须要真心热爱自己的每位学生，走进学生的心灵，才能教育好他们。冰心说：“对孩子要有真挚的感情，要满腔热忱地亲近他们，爱就是教育的前提，会爱孩子，才能教育孩子。”教师对学生有真诚的情感，关心学生，尊重学生，学生才能“亲其师，信其道”。对学生严格仅是一种教育的方式，爱才是根本。因此要教育好学生必须做到严中有爱，爱中有严，要将严与爱有机结合

起来,动以情,晓以理。爱学生最重要的是帮助学生树立起自信心。而信心来源于被老师积极正向的肯定。苏霍姆林斯基说:“人类本质中最殷切的要求是渴望被肯定。”利用肯定去积极发现,挖掘学生的优点和长处,让闪光点成为孩子们成长的动力。老师利用学生们的闪光点及时给学生充分的肯定和鼓励。再辅以宽容心、热心、细心、信心、耐心、真心等一定可以建立起和谐的班级。

三、构建和谐班级的关键因素是处理好四个关系

一是用真心与任课教师处理好同事之间的关系,充分挖掘合作师资团队的最大潜力。对于任何班级来讲,班主任与任课教师的关系都如同鸟儿与翅膀、车子与车轮之间的关系,唯有相互帮助、共同努力、目标一致才能促进学生的全面发展。一个优秀的班主任能代表一个好的班集体。一个优秀班集体的荣誉不属于班主任个人,它应该属于以班主任为代表的班级任教团队。我认为,作为班主任教师要以真诚的心与任课教师进行情感沟通,尊重每一位任课教师的教育教学理念,用共同的成功,即教书育人伟大事业让他们获得成就感。我在从事班主任工作实践中,特别看重与任课教师合作,在班级班干部的选用、孩子们座位的调整安排、三好学生名额的分配、班级活动的谋划,甚至连黑板报内容等方面,我都要和任课教师们讨论协商,与任课教师一起用心构建和谐班级。

二是处理好与班干部的关系,班干部是班主任老师管理班级的有力帮手,发挥班干部在班级管理中的带头示范作用非常重要,班级干部也是同学的各个方面的楷模。我要求班上的干部们要能吃亏、能吃苦、肯付出,要有全心全意为同学服务的意识,让他们从为老师、为同学服务中增长才能,增强自信,找到快乐。

三是用爱心建立起和谐的师生关系,在和谐班级中,一种平等、民主、和谐的新型师生关系逐步确立,良性师生关系的缔造者是教师,且其中很大的主动权掌握在我们班主任的手中。班主任在工作中要把对学生的爱通过实际行动表现出来。鼓励的话语常挂嘴边:“你真前途无量”“你真行”“你最棒”“你思维真好”“你能力真强”成了我们班主任老师的口头禅,学生在我们的“忽悠中”健康成长,我们的师生关系也变得更加亲密、和谐。

四是用心换心建立和谐的家校关系,发挥家长协同助力,学生的成长离不开家庭、学校和社会的教育。加强家校联系早已是班主任工作的一部分。

回顾自己的多年班主任工作历程,我深刻地体验到了班主任平淡、烦琐的生活,体会到了班主任老师工作的压力。我热爱我的班主任工作,以“爱岗敬业,教书育人”为己任,关爱学生,用我所学,尽我所能,与人为善,团结协作,做一个负责任、有爱心的班主任,全心全意地做好班主任工作。

第二集

严也·慈也

软硬适人手　百管不差一

——班主任管理中软和硬的问题

董　岩

我要谈的主题，是班主任管理当中的软和硬的问题，说白了就是什么情形下适合软的，什么情形下适合硬的。这在很多人那里并不是多大的问题，但是它曾经给我造成了不少困扰。因为我管理班级时有些方面的分寸掌握得不是很好。所以以下的内容，其实是我对这些困扰的一个反思和总结。

我所谓的硬，代表讲原则、讲命令、讲执行，是从行动上着手的硬性的东西；我所谓的软，代表讲沟通、讲觉悟、讲风格，是从心灵上着手的软性的东西。我准备从三个方面总结。

一、处理学生矛盾

刚带上届 24 班第一天，发生了一件难以调和的事。女生两个宿舍各有一个上铺女生说不想睡上铺。这是学校分配的，像座位一样，一旦分好铺，再换就有难度了，关键是她们不想睡，别人也不想换，于是陷入僵局，双双来找我，家长各种打电话，要求调铺。硬调不好，同宿舍几个人重新抓阄也不好，正在头大，牛明老师路过，告诉我说，把两个宿舍所有人找来，劝她们下铺的哪位同学能发扬风格换一下。

真是简单又高明的办法。我感觉他像一个背着行囊行走江湖的侠客，路过的时候出了一次刀，然后插刀入鞘，又飘然而去。回头一看已经取走敌人首级。哎！真是太帅气了。不过也许大家都会这样做吧，但我当时确实是没想到。然后我把她们叫来，给她们讲了好多大道理，讲了半天才让她们自愿举手，说少了都怕达不到效果。你简单说几句就问："谁答应换请举手。"结果没人举手，作为带她们的新班主任，这岂不是很下不来台。当时我用同学情谊和班级团结来打动她们，同一个屋檐下谁还免得了别人帮忙来诱惑她们，直到看到她们当中有些人眼睛里出现亮光，欲言又止，手都快举起来了，我才住嘴，然后我问："谁答应换请举手。"唰，两个人举了起来，正好一个宿舍一个。这事儿就这么解决了。

我感觉这事儿还真的对宿舍团结起到了积极作用。后来两个女生宿舍的孩子们感情特别好。其实后来我想，我可能真的不用说那么多，这些同学人品真的都很好，帮同学的事儿对她们来说太简单了。她们跃跃欲试地举手可能是实在不想听我啰唆了，想用举手这个动作来促使我住嘴。

这次用了软性的办法。但是也并非总是管用的。如同学打架，我们班同学自己打过架，和别的班同学也打过架，我们是如此彪悍以至于还在学校里落下了不太好的名声。我感觉可能跟我某一次没处理好有关系。处理不好会埋下以后再打架的隐患。处理不好大概有两方面:一个就是不管自己的班占不占理,老师只是向着自己的班。这是明显有后患的,不说了。另一个就是:“你别管谁对了谁错了,就是不许打架,所以俩人都有错。”所以各打五十大板,然后再要求发扬风格,既往不咎,并要求在老师面前握手言和。这个做法的理论基础是“一个巴掌拍不响”,但是北京十一中的魏勇老师的一篇文章说,这是不对的,这其实是在和稀泥。

学生打架,有可能都有错,但也确实有可能一方占理另一方不占理。比如校园欺凌,这时候你如果不去详细了解真实情况,就说你俩都有问题,这怎么能行呢。被欺负的人有什么错呢?欠揍?欠揍也是错吗?客观地说,欠揍有可能真的也有错——但更有可能就是很无辜。这个时候我们老师必须了解清楚这个事件的前因后果,把每个同学的做法分析明白,谁错在哪里。即使占理很多的那个同学,做得不对的地方也要指出,要让彼此对各自的对错都心服口服。打人的人更要批评,用暴力来抒发内心情感就不对。我们老师的角色不仅仅是去除矛盾,更是要主持正义,还要去除孩子心结。这就得了解清楚事实,讲明白道理。

学校的规定是,只要打架,双方都不对,严重的学校都开除。这个原则是为了给孩子们一个观念,就是不要用暴力解决任何问题。这是很好的初衷。但是必须有一个配套办法,就是得教会学生一旦出了矛盾,如何和平、理性地化解,如何正确应对。如果没有这些,出了矛盾,学生打不敢打,化解又不会,就活活把学生变成了没血性的胆小鬼,或者没理性的暴力狂。

在同学闹别扭的时候,我认为也是一样的道理。这时我们想用和稀泥的办法化解他们的矛盾,让他们发扬风格,说都是同学,有什么大矛盾,他们会很失望,即使嘴里不说。我觉得还是要尽可能了解清楚,再给他们指出各自做法中的不妥。有时候别扭就是化解不了的,但仍然要尽最大可能让他们明白对错。我读过一篇讲家庭教育的文章,说如果家里有两个孩子闹了矛盾,我们不能总对大的说:“你是大的,让一让小的。”因为大的也是孩子,如果他是那个占理的,你却总让他让那个无理的小的,你就压抑、忽视和伤害了大的,还会把小的那个惯坏。所以这时一定要分清楚谁是谁非,错的就要批评,不管大小。家长和老师的一个重要职责就是主持正义,所以永远不可以和稀泥,永远要讲是非。在是非面前,发扬风格有必要吗?太有了,它的意义是第一位的,但是顺序上是第二位的。比如这位家长,小的错了,批评小的。批评完小的,可以问大的,弟弟妹妹已经知道错了,你可以原谅他吗,可以更爱他吗?这就把这个事件从对错的层面提升到了宽恕和爱的层面。如果仅有规则,那就太硬了,机械冰冷,没有温情,这不是人想要的世界,这是机器人想要的世界。

另外这还涉及一件事,就是要想主持正义,就得要求老师和家长养成正确的是非观念。修养永远很重要,否则我们连自己的孩子都对不起。

调宿舍铺位要讲风格,而调节打架要讲是非,讲原则。这两个例子其实同样是出现了矛盾,但一个讲软,一个讲硬,那它们的分界到底在哪里呢?我目前的结论是,什么事都要先讲原则以保证公平,然后再谈风格。在硬的保证了之后,再谈软的。哪怕你没谈硬的,那也得隐含着它已经被保证了的前提。如班级临时需要出去搬书或其他东西,或者考试前布置考场等需要人手，我们是怎么做的？谁也不会硬性规定谁谁去干，或者分好任务按顺序轮流之类的，这时最好发扬风格，随便上班级找几个愿意干的同学干干就行了，这是软性的办法。但是次数多了，我们就得注意换换人，不能可一只羊身上拔毛；还要记得在合适的时机表扬他们一下。这又要保证公平了。

有两句老话，一句说先小人后君子，另一句说仓廪实而知礼节，我感觉都是这个意思。先小人，先讲好硬的规则，后君子，然后才可以谈发扬风格。仓廪实，先保证硬性的物质基础，知礼节，然后才能谈道德。道德不能代替物质基础，只有在物质基础被保证的前提下才能谈道德。其实道德和法律的关系不也类似吗？我觉得在班级管理上，先有一些不讲情面的原则是很重要的，然后再尽可能多地讲一些风格，因为讲风格是更重要的东西。硬的是为了保证游戏规则，软的是为了保证发挥每个人的自由意志；硬的是为了让人控制自己，软的是为了让人拥抱他人；硬的是为了消除人们的妄想，软的是为了激发人们的正念；硬的是为了保证真，软的是为了保证善和美。太偏重硬或太偏重软都不好，软硬兼施，张弛有度，班级管理才可以顺当。

二、班级日常管理

我们班有一阵子课堂风气很差，同学们上我的课也常常是没精打采、不反应，少数反应的时候又反应过度，乱接话茬，出怪腔。我头疼了很长时间，用了很多招都不行。也跟很多老师都请教过招数。当然后来是治过来了。但现在我分析那些没起作用的招数为什么没用呢？因为多半是训他们、劝他们、搞个活动释放一下，等等。其实都偏软性的一面了。所以应该在带班之初，就硬性规定：上课必须坐直听课，注意力必须在老师那里，必须和老师交流，绝不允许说和课堂无关的话。我觉得这个症状的主要问题就是规则不到位，没有这个前提，就想靠他们调整状态、发扬风格来解决问题是不现实的。

当然，还有另一个层面值得反思，那就是造成这种情况的原因跟我和学生的交流方式有关系。我最近观察了几个小孩子跟父母的交流，有个小孩子不停地淘气，父母的话什么都不听；有个小孩子有点不顺心就委屈地哭个没完没了，越哄越厉害；有个小孩子是经常性撒泼，软硬不吃，越闹越凶。我由衷地感觉到，这些坏结果都是大人对他们的沟通方式不对路导致的。当然跟孩子天生的脾气秉性也有关系，就好像每个班级的风格它也不一样。我们班它天生就有这种狂躁加抑郁的倾向。但是老师在课堂上的方式、状态，也肯定把他们的这一面给引导出来了。同样的班级，老师换个风格可能就不是这样，当然同样的老师换个班级也不是这样，这结果恰好就是这样的一个我和这样的一个你在这样的一个时间地点碰撞出来的。总之，坏结果往往都是我们的方式刺激出来的，想改变这种情况，老师得改变一下上课的方式以及跟学生的交流方式。

以上是班级日常的管理。总之是硬为基础，然后再谈软的。

三、针对不同学生个体的教育

这个我觉得最难。比如跟学生谈话。这个工作实在是挺煎熬的，我们费尽唇舌谈了一次又一次，有时不但没把一个学生劝好，反而劝得更坏了。有时我真觉得，和学生谈话是没有休止的苦役，万言不值一杯水。它的难在于每个孩子的情况不一样，各用什么办法教育最合适真是千差万别，不能全靠谈。有时得来软的，有时得来硬的，有时要软硬兼施。还得拿捏分寸，还得把握时机。

这一点我很佩服李老师，我带他们班物理，班上有两个一直不学的同学，都上了高三该学了吧，结果一两个月过去了，还是一副生无可恋的样子。我劝了几次都没用，想想都这时候了还不学，都想放弃他们了。结果奇怪的是，过了不久俩人开始学了，高考考得还不错。我特别好奇地问李怎么做到的，他说，甲同学吧，他吃软不吃硬，乙同学吧，他吃硬不吃软。不知道他所谓的硬和软和我的硬和软是不是一个概念。

在我理解，硬是什么，就是比如在跟某些学生讲学习的时候，什么话也别多说，就问你想不想学，想学就按我的来，然后规定今天学什么明天学什么给我做到了。他跟着你走上一阵子就进入正轨了。我们班有这样的两个同学，老跑我那里要求老师提供心理力量，今天徘徊了，明天忧郁了，结果你跟他疏导半天，他回去认真看半小时书，然后又照旧了。这种孩子缺的不是软性的心理力量，缺的是硬性的任务。你就学，别想其他的。替你分压，没门儿，挺住。对这种孩子其他的方面，如纪律、习惯、心态等问题我觉得也都一样，都少说话，直接给他任务要他去做。

而软呢，一定要看是对什么孩子，即使是那种确实需要这种方式教育的孩子，也不能给他过多。我认为，我们学生的人品都很好，对事理也都很明白。当然他们有时也撒谎，也言不由衷，也对老师有心防，不交底。这时如果我们直接开始谈我们对他们的要求，或希望他接受什么道理是没有用的。你说不到他心坎里，你抓不住他的要害，而且很多孩子的心智是很高的，你那些道理他比你还知道，你说很多话时他从心里上甚至对你有一种俯视感，这时还不如不要轻举妄动。我感觉解决这个问题的办法，不如先多问、多听，先不妄下判断，等彻底把这个孩子摸清了，办法真正想好了，再说、再做。而且力争一次到位，火力集中。

毕业后我问过几个这样的孩子，我说你有没有努力过？几乎都说没努力到那么理想的状态。我问你觉得要怎样才能到那种状态呢？多数孩子都说讲道理没用，不如创造一个契机刺激我一下。我感觉他所谓的契机其实就是软性教育的关键，这个关乎班主任的能力，也关乎孩子的素质，还关乎机缘。今天杨老师讲的学生假期社会实践就是在创作契机。在这个面前，我深感自己能力低微。欧阳修有句诗，说软硬适人手，百管不差一，他是在赞美制毛笔的高手笔做得好，管是毛笔的意思，我觉得用来形容管理很贴切。我想，班主任中的高手，管班时软和硬的分寸一定也拿捏得非常好，就是这种境界。我身边就有很多这样的人，都是我的榜样。

以上都是在讨论软和硬的边界问题。除了软和硬，我还长期迷惑于这样几组概念：如幽默和轻浮的边界在哪里；老师的自我展示和显摆的边界在哪里；严肃和冷漠的边界在哪里；正当惩罚和羞辱的边界在哪里？可能很多人觉得这些是很浅显的事情，但会困扰我很久，尤其放到具体的事上。

我记得《战争与和平》里写有这样一件事情。主人公皮埃尔是一个心神恍惚的人，因为他对所有的事情怎么做都充满迷惑。最终他想通了最重要的一件事，就是人该怎么活着才是对的，然后其余的具体的事该怎么做，他一下子就全明白了。

我也是个对各种事怎么做经常迷惑的人，但我有一种感觉，我觉得我做教师的各种困惑确实跟我没想通最重要的一件事有很大关系。这就是做教师的角色感。就好像皮埃尔想通了的，是人的角色感。人对某些事迷惑，问题往往不是出在对待事情本身的技巧、技术或者知识储备上，而是更深层次的某种迷茫导致的。

那什么是教师的角色感，想想我们心目中好老师的样子就知道。除了认真负责地干好本职工作，我们还期望他有什么特点？就是他们充满人的尊严，充满教师这个职业的尊严。他们有正确的价值观，身具正能量。在学生眼里，他是个公正的法官，是明智的长者，是导师，也是朋友，是严父，也是慈母；是低谷中的支撑，是迷途中的路标，是远望时的旗帜，是回首时的港湾。他可以懂得不很多，也可以做错事，但他有那种求公正求进步的姿态；他也可以哀其不幸，也可以怒其不争，但他一切行为的背后都能看到对学生的爱和尊重。说了这么多好像给我们老师无形中加了无数高标，照样去做还不累死，但我有这样的体验：有一次我被一个场景触动，内心突然升起了做教师的强烈的尊严感和角色感，在那种心境中，我忽然觉得以上列举的这一切都变得非常理所当然、水到渠成，而我之前纠结的各种概念的边界问题，一下子也都简单多了。

回到软和硬的问题上来。孔子是我想到教师的角色感时的楷模，他的学生这样形容他："子温而厉，威而不猛，恭而安。"温是什么，软性的；厉是什么，硬性的。其余概念也可以这样分开。我们试想一下，如果我们需要进入孔子的角色，我们该用什么心态？应该是这样的：我不会想从我的学生那里得到什么，也不怕失去什么，我不需要讨好他，也不需要俯视他，我和我的学生就是两个尊严平等的人，我在毫无私心传道学道，我们在学业和做人上一是一、二是二，但是全无芥蒂。我们发现一旦进入教师的角色感之后，温而厉，威而不猛，恭而安，竟然都成了比较简单的事了。

为什么没有角色感就会对很多事怎么做混乱起来？我觉得关键是私心的干扰、情绪的干扰，这些太自我的东西往往让人把事情做得失去了分寸。比如想获取学生肯定，怕学生轻看我，生了学生的气，内心不尊重学生，等等。如果师生之间把这些去掉，其实事情会简单很多。而正确的角色感会把这些杂质去除，甚至会引导出正面的状态来。所以我感觉"温而厉，威而不猛，恭而安"这几个词里边的"安"字下得最关键。孔子为什么分寸感这么好？他心安，他无欲无求坦坦荡荡。我们常常看到很多人"恭而不安"，他的"恭"后面有讨好，或者有逃避，或者有企图。而孔子的恭，干干净净，仅仅是从尊严上尊重你。所以不断让自己进入一个角色是挺好的方法。我很欣赏我的一个朋友，她遇到棘手的情况时，常常问自己"如果我是某某我该怎么做?"我觉得这就是擅长建立角色感的人。而做到这一点，我们需要楷模。

当然我说我纠结的各种概念的边界问题都变简单了，也只是变得比以前清楚明白了一些，并没有全部迎刃而解，还是需要学习与涵养。而且想建立稳定的角色感，让那种心境持续下来，真的挺难的，我想这更是一个慢慢提升涵养的过程，连孟子都要涵养他的浩然之气。我谈这些并非标榜自己，其实我对自己的这一点认识还算比较清楚，那就是在个人修养的漫漫长路上，我还任重道远，但我不会停下进步的脚步。

心之所向　无问西东

李学敏

“同事十年,我该怎样评价学敏呢?流水的班级,铁打的班主任,对,这句最贴切。2010年我校刚组建初中部,学敏任五班班主任;2013年第二届,学敏任九班班主任;2016年第三届,学敏连任九班班主任;2019年第四届,学敏任六班班主任。十年里,她有九年当班主任,一年因休产假,暂时缺席班主任行列。”这是我的同事志春笔下的我。这个“铁”字所包含的情感,我相信身在这个队伍的同仁们会深有感触。感恩我现在亲爱的搭档志春,感恩我过往可爱的战友们,感恩我流水的班级,感恩我的莘莘学子。班主任是一份极具责任感的职业,从教第11个年头,无愧于心,砥砺前行。

一个班集体就是一个家,家是港湾,应该是温暖的、有安全感的。要建设好这个大家庭,需要制度的约束和文化的引领,需要我们每个家庭成员的精心呵护。中学生行为规范,锡林浩特六中学生纪律要求“八不准”以及集体合力制定的班级公约是我们全体成员的行为准绳。

一、做好每一个“第一次”,树立良好的班风

第一堂课,第一次收发作业,第一次值日,第一次班会,第一次考试,第一次集体活动,第一次自习课,第一次指导小组合作,第一次处理违规违纪行为。每一个第一次,都要监督到位,做到言必行,行必果。每一个第一次都要严格要求,字字千钧,要注重细节,培养习惯。我班班训“团结、拼搏、勤奋、求实”是学生的行动指南,听课“眼到、耳到、口到、手到、心到”的领悟与执行是学生听课效率提高的有效保证。班中大小事务责任到人,切实做到“人人有事做,事事有人管”,以此来强化学生的责任意识、主人翁意识。我班的“护花使者”小石同学成绩不算优异,但对花草情有独钟,视班级的几盆绿植如珍宝。每个课间都能看见她侍弄绿植的身影,她的心情似乎也被这几盆绿植牵动着,时而露出会心的笑容,时而摇摇头,叹着气,嘴里嘀咕着“这次水浇多了,没控制好湿度”“怎么就蔫了呢,换个向阳的位置试一试”。每到寒暑假,她都会主动地把生命力脆弱的绿植带回家照顾。在她的精心照料下,教室里的那一抹绿色总是生机盎然,这何尝不是一种隐形的动力呢!

二、抓好班风,打造持续动力

良好的学习环境会潜移默化地对学生产生积极正向的影响,通过营造“班风正、学风浓”的班级文化,建立积极健康的班级舆论,对学生的言行产生同化力和约束力,充分地调动每个学生的积极性,提高集体凝聚力,全力以赴地迈向共同的目标。

1. 实行小组管理制度。

从学生性别、性格、爱好、学习习惯、学习成绩等角度综合考虑，把全班分成实力均衡的12个小组，实行组长负责制，对小组成员从纪律、卫生、学习方面进行综合评价。在执行的过程中做到“制度面前，人人平等”，客观公正地评价每一名学生。各个小组和谐共进，竞争激烈。对学生的点滴进步都予以发自内心的表扬和赞赏，努力让每个学生都能感受到正能量的引领。每个月会以各组的考核成绩为依据，评选月冠军，每个学期评选一次季冠军，每学年评选一次年冠军并颁发奖状奖品，因此班级同学之间的团结意识和集体荣誉感日渐增强。以集体的力量做导向，用舆论的力量来制约违反班规班纪行为，效果显著。

2. 培养一支高效率的班干部队伍。

班干部是师生有效沟通的桥梁，是自我管理体现最明显的一部分。在选举班干部时遵循两个原则：一是针对学生个体差异，通过自荐与民主选举相结合。选举出责任心强，办事公正，品学兼优，有较强的组织能力和活动能力，善于与他人沟通的同学。每一届新生报到之日，我会让每位同学填写一份班级建设意向表，表格中包含小学阶段班干部履历以及是否愿意承担班干部工作一栏，针对同学们的自荐情况，利用军训及秋季运动会期间的观察，结合民主选举，确定班干部人选。二是各类特色学生，扬长避短，最大限度地展示他们的能力，切实起到了模范带头作用，利于体现师生的需求。同时班主任要对班干部的工作进行及时跟进、有效指导，帮助他们树立为师生服务的意识。从班委会成员到课代表，学习组长、值日组长的选拔与培养都极其重要。例如，一名优秀的课代表会对班级同学在本学科的学习上起到积极的调动作用。我班各科课代表在工作上一丝不苟，与各科教师积极配合，保证了作业质量及各学科教学工作的顺利开展。小包同学是我班的生活委员，做事认真，责任心强，他带领的值日小组各个环节都力求完美。因此我及时组织各组值日组长进行值日观摩，取得了很好的效果，这样室内外卫生井然有序，为同学们提供了舒适的学习环境。

3. 抓好教育契机，会起到事半功倍的效果。

参与每次学校组织的集体活动，就是最好的教育契机。学校倡导学生参加全盟电视杯创意作品大赛，我认为这是一个难得的教育契机。既能够丰富学生的课余生活，缓解学习压力，又能激发学生的创作潜能，增强学生的合作意识、环保意识。因此我在全班发起倡议，我班学生参与度极高。各小组发挥优势，配合默契，在有限的时间内，他们的作品闪亮登场，令人叫绝。主要作品有磁悬浮列车、蒙古之家、十三敖包、架子鼓等。更有几件作品代表学校到市里参赛，获得了充分肯定，小迪同学的作品十三敖包，获得了全盟最佳创意奖。过程大于结果，孩子们在参与活动的过程中，各小组集思广益，各显神通，收获满满。

学校每一次组织的集体活动我都精心策划，给每个孩子展示的舞台，增强他们的信心。这些活动，人人动手，人人参与，培养了他们的团体意识、竞争意识。做班主任最幸福的事莫过于在见证孩子成长的同时，也见证了自己的成长。

三、眼中有光，心中有爱

"'原来是你这个孩子呀，以后就是一家人了，跟我走吧！'她温柔地把手递过来。'好啊！'我笑着牵过她的手，我知道那是最美的邂逅。"这是小马同学描述的我们第一次相见的场景。小马同学入学时间较其他同学晚了一星期，当看见一个长着一双会说话的大眼睛的漂亮小姑娘怯生生地站在我面前时，就注定我们的师生缘就此开始了。从我牵起她的手的那一刻起，她的那种不安与焦虑感缓解了许多，从容地跟着我进了教室。从此我们又增加了一名优秀的家庭成员。一句问候，一句叮咛，一句呵护，一句关怀……会在孩子们心里留下深深的烙印，这大概就是为人师者最大的意义所在。往后余生，不问西东，潜心育人，静待花开。

教师的简单幸福应该就是"心中有梦，身上有情，眼中有事，手中有书，工作有心，生活有色"。班主任工作是平凡而充实的，让我们在实践中去探索行之有效的工作方法，使班级管理工作更胜一筹。

班主任前行路上的些许感悟

王元春

电影《老师好》曾多次引发了广大观众的强烈共鸣，让我们一同回到了那段与老师和睦相处的美好时光。我们来到这个世界总要经历一些事情，遇到这样或那样的人，要试着走很长的一段路。就这样不知不觉地走进对方的心里，走进彼此的真实人生，无论回忆多么酸甜苦辣，多么五味杂陈，那些带着真情实意相待的人，在时光里总是最美好的。我想这也是所有当过班主任老师的真实感受。做一名优秀班主任就要全情付出、真诚相待，这是最基本的前提，基于这种真情和博爱的师生关系才是最健康、最持久的一种师生关系，当然仅仅只有真情和爱还是不够的，还要有一些科学理论的指导，有了这些科学的理论指导，我才能顺利地开展班级的德育工作，自从去年加入了我校班主任工作室以后，我便开始了学习践行之路，期间我研读过《苏霍姆林斯基选集》《班主任工作漫谈》《陶行知教育论著选》《爱的教育》等书籍，学然后知不足，教育专家的理论值得我们用一生去研究。通过实践我发现良好的师生关系是班级德育工作顺利开展的前提，那么如何建立良好的师生关系呢？我有以下几方面的感悟。

一、用情感温暖学生

教育家苏霍姆林斯基曾说："热爱孩子是教师生活中最主要的东西。"教师不能对学生投入情感，就注定没有好的教育。一个教师只有满怀着对每个学生真挚的教育情感，才能真正去爱每个学生，才能体会把每个学生看作是自己的朋友、子女，才能把一颗爱心奉献给学生。在当班主任的过程中，我深深感悟到情感教育的重要性。

接班之初，我就把班级作为一个"家庭"来经营，当我用鼓励、肯定、关爱、支持的态度对待学生，我的"家庭关系"就比较和谐，当我下达指令时学生就比较容易接受，正所谓"亲其师，信其道"。相反我用批评、指责的态度对待学生，我们之间的情感就疏远了，而一旦让学生觉得老师对他是一种欺骗，学生就不会信任老师，进而出现信任危机，"家庭关系"也随之破裂。这一结论在与某同学的几次过招中得到了验证。

初识赵同学是在阳光灿烂的九月，然而我却没有感受到阳光的温暖，不久我就见识到了这个身材矮小、弱不禁风的孩子的能量。当时学校强调不准带手机，可是他依然不顾老师三令五申的强调，铤而走险，当我发现以后把他的手机拿走了，他表现得很平静。我原打算放学时对他进行教育后把手机还给他，然而事情并没有按着我的意愿发展。放学时分这个孩子突然出现在我的办公室，一副视死如归的严肃样子，气冲冲地说："把手机给我！"看到他的这个态度我改变了主意，我说："为什么要给你？""我的手机，你没有权利拿我的手机!”我灵机一动，就势说:“那你的父母有这个权利吧？我给你父母打电话听听她的意见如何?”他表示默许，接通他妈妈的电话，说明情况，妈妈表示手机不能给他，在听到这个结果后这家伙摔门而去，留给我一句话:“手机我不要了!”面对如此嚣张的态度，我火冒三丈，再次拨通家长电话，家长说:“您在办公室等我一下，我接上孩子去找您。”晚上七点，母子二人出现在我的办公室，我扫了一眼赵同学，他依然昂首挺胸。这时妈妈让他给我道歉，孩子很不情愿，我说:“算了，不用道歉了。”妈妈觉得孩子没有礼貌，又大声训斥了几句，就在这时这孩子一下子爆发了，大喊一声:“我不活了!”一头撞向镜子！我眼疾手快，一把拽住了孩子，妈妈见状冲上来就给了孩子一记耳光。打完后，母子二人抱头痛哭，一时间我陷入了尴尬的境地，一边安抚一边劝说。在与妈妈谈话中了解到了孩子的家庭情况，我深感内疚，为什么不能及时了解孩子情况再做决定呢。有了刚才孩子的表现，我决定打情感牌，对孩子进行了安抚教育，我发现孩子态度也缓和了很多。在这之后这孩子大毛病没有，小毛病不断，我一直本着关心爱护的态度和他相处，慢慢地，孩子也意识到了我对他的好，在一次作文的周记中他写道下面的话:

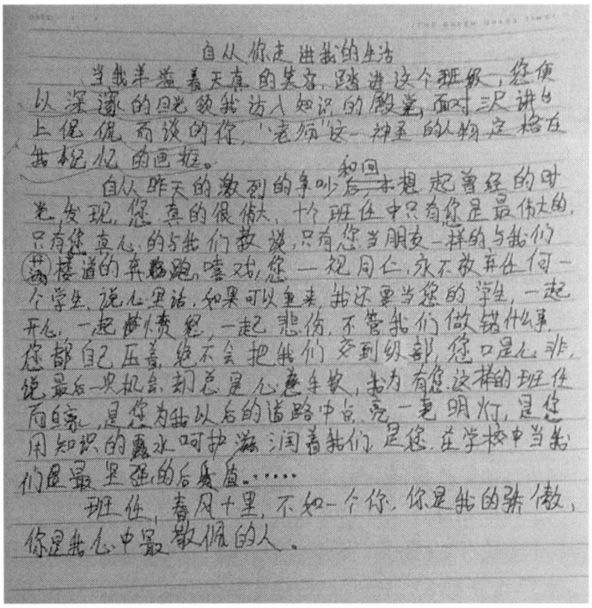

自从你走进我的生活

当我羊溢着天真的笑容，踏进这个班级，您便以深邃的目光领我访入知识的殿堂，面对三尺讲台上侃侃而谈的你，“老师”这一神圣的人物定格在我记忆的画框。

自从昨天的激烈的争吵和回想起曾经的时光，发现您真的很伟大，十个班任中只有您是最伟大的，只有您真心的与我们教谈，只有您当朋友一样的与我们开玩楼道的奔跑，嬉戏，您一视同仁，永不放弃任何一个学生，说心里话，如果可以重来，我还要当您的学生，一起开心，一起愤怒，一起悲伤，不管我们做错什么事，您都自己压着，绝不会把我们交到级部，您口是心非，说最后一次机会，却总是心慈手软，我为有您这样的班任而自豪，是您为我以后的道路中点亮一盏明灯，是您用知识的露水呵护滋润着我们，是您在学校中当我们最坚强的后盾……

班任，春风十里，不如一个你，你是我的骄傲，你是我心中最敬佩的人。

班主任对学生的感情、语言、行为起到非常重要的作用。学生只有被你的言行所感动才能“动情”，才能从心里接受你，才能信服你，班级工作才能顺利开展。

二、用德育润泽学生

我们都知道新课程改革的根本任务就是立德树人，我作为一名思政教师，更应该把班级的德育工作渗透到班级的管理之中，于是我确定了初中三年的德育主题:初一主要是感恩。先后召开了以感恩为主题的班会，并将其落实到具体的行动中。2020 年我们进行了线上教学，开学复课后我发现，亲子之间矛盾激化。在了解了班级的情况后，我让同学们把最想说的话以书信的形式写出来，然后单独发给家长，在了解孩子的真实想法后让家长把对孩子要说的话以视频录制的方式发给我，经过半个月的编辑整理，我做了一篇《你们的样子是我喜欢的样子》的美文，得到了家长和学生的一致好评。除了感恩父母以外还

要学会感恩老师。我做了让学生体验当班主任的一天，因为懂得所以珍惜，知道了老师的辛苦和班主任工作的艰辛，孩子们对老师的感情都很深，每个教师节他们都会偷偷地给老师惊喜。

到了初二，责任就显得尤为重要，尤其是当今物质条件优越的情况下，孩子们的责任意识很弱。为了增强孩子们的责任意识，我经常给学生放一些军人的视频，军人有军人的责任，我们有我们的责任，并把这种责任意识贯穿到班干部的培养中。

初三最难的就是坚持，为了给学生打气鼓劲，我经常播放《士兵突击》中的许三多的视频资料，让学生懂得坚持的重要性。

“智育不好是次品，体育不好是废品，德育不好是危险品。”这个评价似乎有些偏颇，但在某种程度上反映出德育教育的重要性。

三、用“示弱”征服学生

道家学派创始人老子在《道德经》中曾这样评价说：“天下莫柔弱于水，而攻坚强者莫之能胜。”“示弱”，同样也是教育者手中一剂良方。

有名李同学，曾经因为骑自行车撞在了停在路边的出租车上，导致自己受伤，被同学戏称为“李逵”，从称呼里可见这个学生的性格。一次上我的课，他坐不住了，用粉笔头打别的同学，不小心扔到了班级前面，由于要讲课，我没有搭理他。不管又不行，于是我想化解一下，就说：“谁想暗害老师呢，子弹都快打到我了！”本来以为他会消停，谁知他变本加厉，于是我一股怒火上来，心想班主任的课都这样，别人的课更不知道怎么样呢。我大踏步走向他，真想给他一巴掌。在走下去的过程中，我大脑迅速地旋转，冲动是魔鬼，要克制，尤其是这样的一个同学，一旦激化矛盾不知该如何收场，但是已经冲下去了，我就拍拍他说：“你就欺负我吧，打我也打不过你，你看你比老师都高了。”在孩子们的笑声中化解了一场危机。

四、用沟通转化学生

教育家乌申斯基说过：“如果教育者希望从一切方面去教育人，就必须从一切方面去了解人。”真正起到教育作用的对话是从我们心灵的对话开始的，而心灵间的对话又是从真诚沟通开始的，一个真正合格的班主任也是一个善于沟通的人。

有名张同学，有着很好的表演天赋，她本身很喜欢明星，但是对自己将来要做什么很迷茫，家长又不赞同她学艺术，就这样这个孩子的成绩逐渐下滑，等到初二的时候成绩已经下降到上不了高中的境地，父母也很着急，对于这样一个孩子怎么做工作呢？经过观察，我发现这个孩子特别喜欢某个明星，为了有共同的话题，我恶补了这个明星的一些知识，在与她的交流中从她喜欢的事入手，很快打通了沟通的障碍，这个孩子经常把一些想法和我说，我们成了无话不说的朋友。经过我们的共同努力，最终孩子考上了高中。

有效的沟通，耐心做好学生工作，让有上进之心的孩子发生质变！

路漫漫其修远兮，在班主任自我求索修行的这条人生道路上我将通过自己的努力不断提升自己，做一名虔诚的修行者！做一名开启学生心灵的摆渡人！做一名不忘初心，行者无疆的教育人！

细微之处见真情

张　艳

从事班主任工作以来，我始终坚持正面引导和鼓励，努力做到细致入微，全面管理，于细微处见真情。

一、细致入微，从细节入手关爱学生

班级的常规管理常抓不懈。卫生纪律是每天强调的问题，大多数孩子们习惯成了自然，一天下来，班级卫生保持得非常好。在纪律方面，面对自制力差的学生，我做到了勤到教室，每一个课间，与学生交流，发现问题；按照学校管理实施条例，严格管理班级，制定表格，学期末对每个学生都进行量化考核，进行表彰。经过一学期的精细化管理，一切井然有序。我在管理中也及时发现一些小事，并对这些小事进行感知、洞察、思考和处理，做到见微知著，从细节中认识学生。关爱学生要从细节入手，正所谓"于细微处见真情"，比如提醒同学们随着天气变化换衣服，或者提醒大家带水杯、拿雨具、叮嘱喝药。本学期又到寄宿生所在的阿姨家，进行了实地了解，并对阿姨家管理人员提出了具体要求。

二、培养骨干班委，成为自己的得力助手

明细班委职责，班干部的责任要明要细，让班委各司其职，无缝隙管理。如卫生委员每天最后走，检查门窗，把桌子对齐，多媒体都关好。卫生委员学习成绩一般，我常用做这些事表扬他、激励他，让大家向他学习。我们的班长很有组织能力，像大合唱订班服，他都能整理得井井有条，对于日常的班级事务经常给我做提醒，我俩也经常在微信中互动，他及时向我反映问题，真的是我的左膀右臂，不可或缺。总之，本学期我进行了精细化的全面管理，管好了很多小事，班级总体情况越来越好。

三、让学生在表扬中进步

每一位同学都希望得到老师的鼓励，我设置了各种奖项，如进步之星、文明之星、礼仪之星、最佳表现奖，激励他们前行。寻找小的契机，当众表扬学生。班级管理花卉的同学每天早早来浇水，从这件小事专门对他进行了表彰。王同学把地理笔记做得非常漂亮，地图画得精美细致，我在全班对他的笔记进行展览。孩子们在鼓励中学习不断进步，班级的氛围越来越好。

四、与科任教师形成合力

班级部分同学学习主动性不强，缺乏上进心，班级一部分同学有掉队的危险。

针对以上问题，我更主动定期向各科老师了解学生的学习情况，我与几位科任老师经常在一起讨论班级同学的情况，我向科任教师了解学生的思想动态、作业情况、上课表现，科任老师有时会向我提一些建议，如谁和谁挨着会互相激励，水平相当，座位的调换我也认真听取科任老师的建议，一学期下来，班级同学互帮互助，后进生的尾巴小了很多。

班主任工作任重而道远，今后我要不断地探索新方法、改进新措施，真正地关心、爱护学生，为创建更良好的班集体而努力。

在摸索中,学“慧”教育

毛全义

我非常荣幸成为六中人,蓬勃发展的六中在郑校长的领导下正在稳步提升教育教学质量,各类教育教学成果均位列全盟前茅。新六中,新风采,新发展,在郑校长的领导下,在思想道德方面,对我们六中人有着更高标准的要求,积极开展更具有实效和特点的道德教育,感受道德、体会道德、实践道德是六中做好未成年人思想道德教育的基本三部曲,在努力将道德渗入课堂的同时,我们也尤为重视校园文化建设,牢牢确立了教育为本、德育为首的教学宗旨,着力打造师生共同成长的精神家园。

在摸索中,学“慧”教育。我一路走来,想了很多,做了很多,整理了很多,也收获了很多。2010 年我以当年笔试第一名的成绩考到了六中,在这十余年的教育教学生涯中,我始终都在担当着“后爸”的角色,因为总是在初二时接手班级,大家都明白,其实初二的学生是最难管的,接班之后,班级问题一个接着一个,困难重重,但最终,在校领导和同事们的大力帮助下,我用我的智慧和热情把问题逐一解决了,使班级得到了良性的发展。在和孩子们相处的过程中,我在不断地反思,不断地总结,我们在共同进步,今天和大家一起分享我的案例。这个案例说的是我对学生吸烟问题的教育引导。

孩子,你能懂我吗?

又一次,你吸烟了,应该是第 N 次了吧,今天你又让我碰上了! 我将视线投向了你,表情凝重。你快速地看了我一眼,深深地埋下了头。很长时间,无语的我深深地叹了口气,你来我办公室吧!

8 月份,咱们师生还没有见面,我就通过你的前任班主任了解到你,经常打架,容易激动,容易发怒,两句话不对,就和同学打起来了。

后来,偶然的机会,我听我们同事说,你和他的孩子小学在一个班级,小学还可以,挺懂事的,见了人也很有礼貌,你还经常去他们家里玩儿,一起写作业,我同事的孩子在咱们学校非常优秀,老师心里常想起一句老话“物以类聚,人以群分”,你这是怎么了呀?

有一次,你在跑操的时候,体育委员说了你两句,你俩就又打起来了,后来老师处理你俩的事情,处理完后,中午老师请你们去学校对面吃了顿饭,你和老师也聊了很多,聊了同学,聊了父母,聊了自己,说以后再也不打架了,也不吸烟了,好好听话,好好学习。

后来,老师让你当上了矛盾排查的小组长,你打架的次数也少了,老师心里很高兴,心想,孩子大了,懂事了!

然而,有一次你和赵同学又悄悄地躲进了厕所,当我进去后,你的身边烟雾弥漫,我说你不听话又抽烟了,你死不承认。强压怒火的我低声说:“我真的很失望! 你怎么将老师对你的信任扔在九霄云外了呢？我又该如何说你呢？”你深深地埋下了头一句话也不说！

于是，我和你定下了协议，写下了协议书。

协议人：×××

监督人：×××

协议内容：今天我与毛老师达成协议，从今以后再不抽烟，远离烟友。上课认真听课，不再扰乱课堂！

所以，我将信任的眼光再一次投向你，同时也希望你改过自新，因为好习惯才可以造就好未来！

可是，没过两周，你满身的烟味儿从我身边走过，我是一个不吸烟的人，对烟的味道特别敏感，我说你又抽烟了，你说没有，是厕所里的人抽了，你的身上吸上了烟味儿，我很无语！

没过一个月，你又一次“旧病复发”，我愤怒了！我和你说了，按学校的规章制度处理吧！

是呀，一次次的，你怎么就没读懂我的心呢？而我，又怎样才能唤起你沉睡的心灵呢？

后来，你悄悄地发短信告诉了我，你不是你爸妈亲生的，你的爸妈不能生育，所以要了你，你的亲生父母抛弃了你，自从你知道此件事后，你觉得这个世界抛弃了你，你讨厌现在的生活。

每天你的心里非常郁闷，后来，在一个同学的教唆下，你就学会了吸烟。此时此刻，我的心情也沉重了许多。我也开始自责，如果我真的关注你的内心世界，怎么会有你今天的违纪呢？

虽然，我对你彻底改正错误没有信心，但是我还是没有把你吸烟的事上报学校，我让你回班级继续上课！

但是没过多久，我在厕所看见你又抽烟了！我走进你的身边，满身烟味儿，你又一次给我写下了保证！

在后来的日子里，我经常让你和班里的不吸烟的孩子去打篮球、踢足球等，并且经常给你安排一些任务，参加科技创新活动，让你去做很多作品，故意让你减少吸烟的机会。

你离校的那天，走过来悄悄地和老师说，我现在很少吸烟了，一个星期最多吸2支了！老师笑了，相信你，也许你读懂了毛老师的心！

我事后反思：第一，我们要把爱转化为教育力。教育需要爱，爱是教育的基础。面对学生存在的问题，我们要去分析具体的原因，做多种假设，科学地去求证。

第二，至于吸烟的原因，我总结了以下几种：

(1)成人意识和独立意识增强。

(2)虚荣心理作怪，想引起老师和同学们的注意。

(3)从众心理。

(4)困惑多，压力大，意志力不稳定，靠烟草来缓解压力。

分析这些可以帮助我们从整体上了解学生吸烟的原因，以便于我们以正确的态度看待学生的吸烟问题，并为下一步寻求合理的解决办法做准备。

第三，我总结一下应对措施。

(1)明确立场,做教育者、协助者,而不是管理者和胁迫者。

(2)开主题班会,在整体上形成抵制吸烟,抵制二手烟的氛围,尤其是突出二手烟的危害,面向全体学生进行教育引导。

(3)坚定信念,帮助学生做好戒烟的心理准备。让学生明确,坚信不良习惯是可以改变的。

(4)给学生提供一些可行的办法,如说六步戒烟法,据说很有效。

第1步:分析自己的吸烟原因。有些时候,你为什么得必须吸烟。

第2步:下决心,永不再回头。写出戒烟的原因或理由,在你实际行动以前,应该让你自己认为,戒烟很值得去一试。

第3步:从日历上选择某个日子,在这一日绝对不再吸烟。

最成功的方法,同时也是痛苦程度最小的改掉抽烟坏习惯的办法,以小题大作的方法向人们宣布你要戒烟了。

第4步:在刚开始的戒烟困难阶段,尽量使用那些能够取代香烟的物品。

第5步:体验不抽烟的快乐！不抽烟,一次就能省下十几至几十元钱。你可以把原本用来购买烟的钱去购买一样物品当作对自己的奖赏。

第6步:在戒烟前期的最后几周,尽可能地多食用自己想吃的低热卡食品和饮品。你的胃口肯定会变得好过来。在戒烟的前四周是最艰难的,但大约八周后你的戒烟目标基本实现。

(5)帮助学生交一些不吸烟的朋友,避免和吸烟的人在一起。

(6)我们要积极跟踪,允许反复,在反复中看到进步和希望。

总之,吸烟在中学生群体中时有发生,我们可能都会遇到,希望我们用自己的智慧,帮助这些孩子们改掉恶习,健康成长!

管好自己 帮助学生

刘玉国

我从1995年开始担任班主任,至今已是第九届班主任。27年,班主任工作已经成为我的生活常态。今年,我的高中第一届班长帮我专门建立了一个班长群,9届班长全在群里(包含现任班长)。对此,我感受颇深。9届班级构成了我的生命主线,提升了我的生命质量。所以,我总在想,只要身体许可,班主任的工作我一定要坚持干下去。虽然总被杂务缠身,虽然有时力不从心,偶尔也会牢骚满腹,但总而言之,班主任工作让我收获了真情和真感动,我的生命因为班主任工作而充满了成就感和幸福感。不论现在还是过去,自己对班主任工作的这份坚持,我一直引以为豪。

2010届学生小高(北京外国语大学研究生毕业),特意邀请我为她做证婚人,并且在婚礼仪式上专门展示了我们班当年的班训,使在场的嘉宾感受了一场特别的婚礼庆典,用心良苦,感人至深。

2013届学生小强(曾获得第一届,也是迄今为止唯一一届,感动六中校园学生奖)来信说:"咱们班的班训对每位同学的影响是深刻的、长远的,它将指导我们走好生命的每一步。"

G201012这届学生多数来自农村,家庭教育及早期教育相对较差,所以我认为只有比别人付出得更多才能追赶上别人的步伐。我与任课老师共同努力,培养学生的自信心。我们坚信:没有笨学生,只有懒学生。激发他们的兴趣以及对大学生活的憧憬,让他们相信未来生活的美好。课堂上,鼓励他们挥舞自己的"刀枪",答疑解难;生活中,培养他们坚持的品质。每天坚持跑步,这是我带班的硬要求。无论严寒还是酷暑(恶劣天气除外)从不间断。同学们都认为每天的跑步既释放了学习压力又增强了体魄,也培养了同学们的坚毅品质。这群可爱的学生从来不惧怕劳动,而且劳动效率高。每遇大雪,男同学到校第一件事就是拿起工具奔赴所辖区域进行打扫,确保在6:45之前完成,尽量不影响学习。男同学的防护、防寒用品都是细心的女同学给准备的,这是一个温暖的大家庭。

学习方面,同学们采用互查的方式对学习资料进行整理,避免出现冗乱杂的现象。我一直教导学生:学习资料应该是越学越少,脑子里则是越装越多。最终功夫不负有心人,G201012本科上线率达100%。每年的"一二·九"长跑我们都是第一名,这体现了同学们勇争第一、永不服输的精神。女子排球赛、男子篮球赛我们班肯定捧大奖。排球赛场上大比分落后的情况下,每位选手都咬紧牙关不敢出现一个失误。最难忘的是,观战的同学们自发地齐诵起班训,场上的队员们再一次燃起激情,一鼓作气拿下冠军。篮球赛场上每一位选手拼尽全力,只为能超越对手。赛后大家都露出喜悦的笑容,双眸被泪水浸湿,这是对集体努力成果的肯定。同学们紧紧相拥,品味胜利的荣耀。这是一个团结奋进的集体,这更是一个温暖的家。我们所做的这些在潜移默化中培养了学生的集体主义精神,也让他们明白了只要不放弃,胜利就在前方。多年后,G201012 同学们都感慨:“班训是一生的财富,无以言表,只能用心感受,用行动证明。Time will show(时间会证明)。”

2013 届学生小李(曾参加国庆 70 周年阅兵)带领军校的同学诵读我们的班训并给我发来视频。观看视频的那一刻,我瞬间泪崩。

2013 届学生小鹏(毕业于安徽陆军军官指挥学院,现在是一名真正特战队员)对我说:“小学时无数次被叫家长,初中时每学期都会被叫家长,高中三年没有一次,感谢老师的宽容。”

2019 届 14 班同学们在 2020 元旦之际,用各自大学的信纸书写我们的班训,用最真挚的方式辞旧迎新。天南海北,汇集一起,岁月不老,我们不散。

2019 级学生在寒假里,每周一清晨都会在班级群里集体诵读班训(我班的惯例:每周一集体诵读班训,假期期间依然在坚持)。有同学说:“我真切地感受到班训所被赋予的内涵。它在我的生活中学习中满满地充斥着!疫情期间,最让我明白生命的可贵。当我看到白衣天使们勇敢地冲向抗疫一线时,当我看到那些痊愈者脸上的笑容时,我真正地体会到了‘相信生命,相信自己’这句话所带给人的力量!以前觉得读起来没有特别强烈的感觉,我想那是因为我没有思考、没有经历,脑子里仅仅只是这几十个字。但是现在我逐渐明白了每一句话的含义,我发现每次我遇到一些困难、一些挫折,我会想到班训的“坚强如铁”;我发现每次我懒于整理书本材料,导致自己静不下心来学习,我会想起班训的“勤于分类”……一点一滴间,班训已经真真切切地成为我生活学习的一部分,并且受益匪浅!所以,感谢老师的给予!”

……

生命不息,叙事不止。

成为第 9 届班主任之际,自己越发珍惜班主任工作所带来的那份难得的真情,也越发坚定“管好自己　帮助学生”的教育理念。在教育教学工作中,我努力做到立足整体规划,不急不躁,学会坚持。多年以来,我一直秉承“最重要的事情是学会坚持,最简单的办法是管好自己”的教育原则,始终遵循“先坚持后积累,先自己后学生”的教育方式,坚信潜移默化必会厚积薄发。最好的教育一定是修心,最好的方法一定是用心。我始终把“做一个真实的人,不负内心;做一个智慧的人,不负韶华”看作教育引导的第一目标。听学生的一点心声,学会尊重;想学生的一点好处,学会宽容。慢慢地,班集体变成一个大家庭,师生关系升华为兄弟姊妹情谊,一起学习,一起坚持,看他们成长。祝福我的每位学生人生之路都可以走得更顺、更远。

“以术求术,术不可得。”班主任工作没有秘籍可言,唯有用心,管好自己,帮助学生。

眼中有光芒　手中有戒尺

郭晓霞

白居易在杭州，听闻道林禅师的美名，慕名拜访，一番交谈后，不禁对其敬佩不已。于是他问道林禅师："何谓佛法大义？"白居易以为禅师会和他讲一番深奥的道理，没想到禅师只说了八个字："诸恶莫作，众善奉行。"

听到了这句话，白居易不免有些失望："这个道理三岁的小孩都明白，大师难道没有其他的高见吗？"禅师接着说："三岁孩儿虽道得，八十老翁行不得。"诚哉斯言，不仅善恶如此，世事皆如此，最简单的道理，却是最难做到的，并且是坚持始终，始终如一。

班主任工作十多年，遇到的学生形形色色，每一届的学生各有特点，但是我一直秉持这样一个理念：眼中有光芒，手中有戒尺。

班主任常常会遇到这样的情况：批评某些学生时会遇到他们"殊死抵抗"，要么拒不承认，要么把责任推到他人身上，总之会找各种理由为自己开脱，此时应该怎样选择呢？是维护班主任的尊严，用严厉的不容置疑的语言批评他，直到他认错，还是用班规纪律一把尺子来衡量，用违反纪律的高压，迫使他认错？可是这样的批评教育会收到很好的教育效果吗？真的能触及他们的心灵吗？

那是2006级，班上有个男同学，瘦瘦弱弱，皮肤白皙，性格内向，不善言辞，成绩一直不理想，他也总有些自卑，和其他男同学相处得不是很融洽，高三时还早恋，女同学也是我班的同学，是个体育生，不仅高高大大，还为人开朗活泼。我不止一次地严厉批评他们，严肃地警告他们，但是收效甚微。一天早自习，这位男同学慢慢腾腾地最后一个跨进班级，我不由得火了，大声冲着他喊："把你的头发剪了，那么长，哪里像个学生！"他也不甘示弱："天这么冷，剪短冻死我。"这么不合逻辑的理由，简直就是挑衅，我立刻火冒三丈："包同学的头发比你的短多了，冻死他了么？"他很平静地说："他那么胖，当然冻不死。"我已是怒不可遏了："小李同学比你瘦，冻死他了么！"他不依不饶："他穿的羽绒服比我的厚！"……在所有同学面前，我的尊严被公然挑战，我哪里肯罢休，我们唇枪舌剑地在全体同学喊了半天，同学们看到我气急败坏的样子，都不敢喘大气。不论结局如何，我都认为这件事我处理得很失败。此事表现出了我对这位男同学的不满，而他也发泄了对我的强烈不满，仅此而已。

十多年过去了，也许这件事孩子们早忘了，但我一直记忆犹新，随着时间流逝，我一直以此告诫自己，不要逞口舌之快，言语的冷暴力伤害性更大，学生在校期间，学习的压力自不待言，还有成长带来的种种困惑和痛苦，而此时以势压人，用校规迫使其就范，并不能达到教育的目的。

规则约束，让学生明白规则的重要性，明白不遵守规则要受到规则的惩罚，这在学生教育中是非常重要的一部分。然而仅有这种冰冷的规则约束的教育是不完整的，不能真正体现教育的魅力。而对学生的教育，在强调规则意识的同时，要用精神力量去感化他们，帮助他们提升做人的底线，帮助他们阳光、自信、快乐、幸福地成长。

情感教育专家朱小蔓说："学校德育中情感的缺失很严重，而那种概念化、浅表化、教条化的德育，由于不重视人生命的内在情感，主要靠外部的知识灌输和行为规约，其实效果很有限。"我一直觉得强权管理只能滋长对教育的仇视，虽然高压统治能迅速起到表面效果，但最终只能培养学生的奴性，将一些深层次的问题掩盖。真正的教育是润物细无声的教育，需要通过美好情感的不断熏陶，潜移默化地使他们走向高尚。真正触及心灵的情感教育，必将能从根本上改变一个人对世界的看法。

有时候我们自身处理问题的心态会直接影响教育结果。时隔十年，2017级，我遇到了类似的一件事，高三下学期，小龙同学和其他两位同学下了晚自习后翻越学校的大门，私自出校，被监控拍下后，按照校规给予退宿及严重警告的处分，小龙平日里淘气些，但是学习较努力，最重要的是家境不好，父母在北京打工很辛苦，三年来的家长会从没参加过，他也很懂事，需要家长处理的违规之事，他从来不做。这件事的后果可是他承受不起的，于是他各种狡辩，我问："为什么翻越大门?"他急着答："学校没有水，出去到超市买水。"我问："既然没水，那么多住校生，为什么只有你们三个需要买水。"他生气地说："我们宿舍值日生不打水。"我接着问："你们三个人，谁是始作俑者?"他答："我同桌。"我问："那你同桌为什么没翻越大门，你却第一个跳出去，"我始终心平气和，他却表现得很委屈："他胖，没翻出去。"我想再问下去，他也不会承认错误，因为认错意味着退宿处罚就合情合理，意味着他的家长必须来盟里陪读直至高考。最后我对他说："这件事我也需要面对学校宿舍科的压力，我需要面对级部领导的责问，我需要面对如果你们翻越大门遇到意外伤害的种种后果，但是这件事我的确有不可推卸的责任，我从来没有告诫你们不能这样做及这样做的后果，现在高三学习压力大，你们需要一些释放，你也很心疼父母，不想给他们添麻烦……"没等我说完，他就泣不成声了，他的眼泪说明我的话触及了他的心灵。最后我给宿舍科的老师写了保证书，承担他住宿期间的一切责任，这件事才算结束，最后小龙同学高考以580分考入东北林业大学。

我觉得处理问题要做到理解宽容在前，惩戒处罚在后，事件已经发生，已不能挽回，问题本身便不再重要，老师的理解也许会让他们放下心理的包袱，从而深刻地认识到事件背后是自己没有规则意识和责任感缺失。老师的宽容也许会让他们因为感恩而自律，而不是因为惧怕处罚而遵守纪律。

老师眼中的光芒，有对学生的赏识、赞美、鼓励，更有对学生的呵护、理解、宽容，这个道理每个老师从任职的第一天就知道，但是就像道林禅师所言："三岁孩儿虽道得，八十老翁行不得。"

生命中的每一个学生在某种意义上都是我的老师，他们教会我，并且不断地提醒我，用眼中的光芒不仅能照亮学生，也能照亮自己。

班主任心得

杨勇强

从事班主任工作近二十年，在此，把自己的一些心得感悟总结如下：

一、从教育思想的框架来讲

避免生硬的说教，保持教育手段的多样性，善于适应社会，处理新兴矛盾。

大道无形，上善若水。面对思想日益独立的高中生，面对不断变化的教育形势，要不断提升自己的理论素养，善于调整自己的管理方式，及时处理工作中、师生关系中出现的种种问题，像流水一样，百转千回；不断适应环境，不停地调节自己，如春风化雨，润物无形。

二、从教育体系来讲

教育孩子，不是教师一个人的事情，作为班主任，应该倾心打造以下几个教育途径。

1. 形成学生、家长、老师、级部领导、校级领导的交流系统。

2. 形成学习、品德、体育锻炼、审美情趣、劳动能力、公德心、爱心的个人评价体系。

3. 形成社会评价、家庭评价、自我评价的多维评价系统。

4. 从时间轴线来看，高中的学生从高一到高三，从懵懂少年到有为青年，心理上、生理上都产生了巨大的变化，要从三年一体化的角度进行统筹规划，甚至从更为长远的角度考虑。

教书育人，提升学生各学科的核心素养，立德树人，为社会主义教育事业发展服务。教师职位不高，但是责任重大，用于漪老师的话来说，一个肩膀担着学生的现在，一个肩膀担着祖国的未来。班主任工作影响深远，要在有限的时间、精力和能力下，统筹学生、家长、任课老师、学校领导、社会等多方面的诉求和思想，从学生生理成长的角度布局，从三年一体化的学习方面进行统筹。班主任工作是一个巨大的系统工程，统筹规划、量化管理、兵团作战可能更适合现代的班主任工作管理。

三、从教育的方法论来讲，借鉴采用控制论、统筹学等

1. 学习素养培养。学业成就一直是学生进步和综合素质评价的重要依据。高中三年，一直都要紧抓学习这条主线，作为班主任，要对六个高考学科进行统筹规划，对各个学科建立量化统计表格，建立知识点框架，对每个知识点进行七星练习。所谓七星练习，是指对重要知识点，通过七次以上各种练习或者检查，巩固知识点，提升学生能力，完成质的

提升。

2. 学生管理上,借助学校的班级管理手册,对于违纪、懈怠的学生,量化管理,及时进行家校沟通。对于不好的现象,能够及时发现,及时处理;对于学生身上的长处优点,及时鼓励推进,发挥学生个体优势,找到学生自己喜欢做的事情,乐此不疲地做下去,孩子们就很有可能学有所成,甚至取得巨大的成就。

3. 班级事务管理上,把班级事务进行统筹,卫生纪律专人负责,及时反馈处理,大事小事,化烦琐为简单,简化环节,以服务于学生为本。作为班主任,按轻重缓急把自己的事情安排好,每天努力完成六件主要工作,把工作做实做好,日积月累,自然能把班级统筹得当,取得师生满意的成就。毕竟一个人的精力是有限的,抓好当前主要工作,抓好最重要的事情,有的放矢,做好针对性工作。

四、从学习主体的角度出发

我所带的年级是高中学段的孩子,从 16 岁成长到 18 岁,从少年到成人。他们从生理上和心理上,都经历了重大的转变。随着力量的增长,自我意识的不断提高,学生对人格尊重的要求不断提高,要求学生的同时,对教师的本身也是一个不断学习提升的过程,教师在人格魅力、个人修养、教学水平上,都需要自我反省,自我提升,适应新的教育形势,勇于面对现实,改变自己,获得普世智慧,成为学生佩服的、可以信赖的长辈和师长。

从学生特点而言,学生有着不同的特点,可以分成不同的管理层次,采取不同的手段方法进行管理。

1. 对于学习上、生活上自觉自律的同学,要充分发挥学生的主观能动性,充分相信学生,发挥榜样作用,起到带头人的作用;

2. 对于大多数同学而言,需要建立健全的班级制度和规范,班级制度到位,奖罚分明,对不利于班级发展和学生成长的事情要坚决整治、严格约束,对符合班级文化建设和学生成长的行为举止要充分表扬,发扬光大;

3. 有些学习上自制力稍差的同学,需要在入学阶段就加大管理力度,不向不好的行为妥协,同时还需要加强班委培养,协助班主任来进行管理,多项举措并行,及时纠正不良行为,以免对班级的整体班风造成大的影响;

4. 对于整个班级,班主任要做到宏观管理,由班委会统筹协调,推进班级自主运行,以期起到水到渠成、自理自治的效果。

五、把握关键时点,不同的关键时期管理内容和方式各有不同

1. 就管理时间而言:新的班级成立的时候,如军训期间,正好是班级的风气形成期,班主任必须盯紧学生动态,遵循学生管理规矩,绝不能姑息、纵容不好的行为习惯,争取养成良好的班风;中期阶段最好是在已经养成了班级风清气正的基础上,有规则坚决遵守,奖罚分明,保证班级的良性高速发展;在高三阶段,班主任负责引导方向,凭借班级良性的自主运行,发挥班委会作用,鼓励学生高度自治;冲刺期,如高考前两周,回归班主任的严格管理,因为越是接近成功时风险越大,需要班主任亲力亲为。总地来讲,要顺乎学生成长规律,功夫到处,则水到渠成。

2. 就常规管理而言：班主任应该具备包容心，有容乃大，能包容学生的失误，但是绝不是姑息各种恶劣的行为举止，更不能一错再错，屡教不改。要帮助学生从一次次的失误中成长起来，对待学生的错误不能一味指责或者横加批评。更多的时候要学会放平自己的心态，和学生一起分析原因，从心理层面入手，引导学生避免同样的失误。

班级管理，贵在有恒，稳定平和的心态与言行一致的管理方式，是一个班级健康成长的基石。班主任教育学生的过程实际上就是培养学生良好习惯的过程，促进学生内生力的过程，在学生的成长中，教师也得到了心灵的升华。

严管厚爱　润物无声

张　娜

作为刚刚走上班主任工作岗位的新人，我的班主任工作经验还并不是很成熟，通过几年来教学工作的耳濡目染以及向经验丰富的班主任请教，现将班主任工作心得分享如下：

一、班级建设，民主规范

根据《锡林浩特六中文明班级创建评选办法》《锡林浩特六中学生纪律管理八不准》《锡林浩特六中宿舍管理办法》等一系列管理规定，本着学生参与、民主管理的原则，由班委带领全体学生建立本班《学生行为规范奖惩细则》，本细则根据全体学生意见，采取积分制考核。如所有学生带智能手机到班扣 10 分；获得个人荣誉或为班级赢得集体荣誉贡献突出奖励 5 分。该细则既能很有效地将学校各项管理规定进行量化考察，同时又让学生明确哪些行为是明令禁止的，哪些行为是努力的方向。

二、严管厚爱，宽严相济

对于普通班，班级纪律管理是个慢功夫。我认为对违纪学生的管理是最能检验班主任的管理能力的“试金石”。作为新班主任，起初总会有种错误认知，即违纪学生“明知故犯”，挑战班级管理的权威性。但是，通过几个月的班主任工作，我慢慢明白大可不必如此“动肝火”。班级管理是个细功夫，所有的纪律管理理念都是需要不断加强、反复申明的。一旦出现违纪现象，我们按照规定对学生进行处罚，同时正好对全班同学进行机会教育，以示警诫。同时，要主动与被处罚学生进行积极交流，必要时也要与家长做好沟通，了解违纪情况前因后果，找到问题结点，厘清问题，讲明道理。

三、帮扶后进生，提升薄弱科目

在管理好班级纪律的同时，学习成绩的提高是班主任管理工作永恒的主题。为了进一步提升各科成绩，根据班委会建议，由课代表组织班级各科成绩中的佼佼者，对班级全体同学进行习题讲解，以强带弱，整体提升。班级每一学科都有成绩相对较好的学生，也有成绩相对较差的学生，利用一些课余时间，将学生分为学习小组，组内讲题，组外评比，比学评优；同时，让各科成绩优秀的同学出题为班级同学讲解习题，既能够提升后进生的成绩，也让成绩优秀的同学进一步夯实基础，进而提升班级薄弱科目成绩。

以上是我对班主任工作几点粗浅的认识,还有很多不足之处,需要在今后工作中进一步完善。总之,班主任工作任重而道远,希望在今后的工作能够继续保持初心,为了每个学生的发展砥砺前行。

春风化雨　以德育人

白　茹

我当班主任的时间不长，是班主任队伍中的“新人”，现在依然在探索学生工作该怎么做，如何有效地管理班级。回想得知我要当班主任的时候，心里想的是：“为什么是我？”因为对班主任工作知之甚少。然而真正以班主任的身份站在讲台上的那一刻，看到台下学生充满期待的眼神，我忽然明白了班主任工作不是看书能学会的，因为我的工作对象是有思想、有个性的少年。我只能一边自己摸索一边观察身边的班主任是如何做的。我发现不论是教龄数十载经验丰富的老班主任们，还是初出茅庐的新班主任们，他们都做到了值得我学习的以下三点：

首先是关注学生的“小事”。学生工作很少有“大事”，但是各种小事却可能累积成大事，这就需要班主任多做一些实实在在的小事，用心服务学生，用情感染学生。

比起言传更要注重身教。现在的学生不喜欢空洞的说教和各种“大道理”，这就需要班主任用自己的实际行动去影响他们，用自己的三观去影响他们。

要创新班级活动的内容和形式。精选班会主题和形式，调动学生的积极性，给予学生更多展示自我、表达自我的舞台。

跟着前辈们学习的同时，我也不断地自我总结、自我反思，逐渐有了一些适合自己班级的管理方法。首先，要尊重每一位学生，不能因成绩而否定任何一个学生。我发现在我所带的班级很多同学在求学的过程中，得到的批评多，获得的肯定少，他们慢慢地开始习惯挨骂，习惯负面评价，甚至部分同学认为自己就是差的、不好的。从当上他们的班主任，我就不断通过班会等形式告诉他们：成绩从来不是衡量一个人的唯一标准，每一个学生在我心里都是平等的，比起成绩我更看重的是他们每一个人的品行！班级里只要是值得表扬的行为，我都会表扬。慢慢地，我发现尊重他们的人格，表扬他们的优点，他们也会注意自己的品行，学习成绩也会慢慢提高。

其次，要给学生输入正确的价值观、人生观和世界观，用自己的三观去影响学生。我会把感动自己的正能量新闻分享给学生，和他们分享自己对这个事件的看法并让他们就此进行讨论。在一次次的讨论中，我发现学生们从最初的聆听变成了越来越多的表达自己的观点，并且从他们的讨论中我可以观察出有无极端想法的同学。我发现随着不断打磨学生的“三观”，他们的心态越来越积极向上，学习成绩也会有所提高。

最后，要开好班会，但对学生的教育又不能拘泥于班会。班会从选题到具体流程班主任都要心中有数，班主任先“打样”，慢慢给同学们一些开班会的机会，让他们自己选主题，自己主持。一来锻炼他们的能力，二来我可以从他们的发言中发现问题。但对学生的德育教育又不能拘泥于班会,而是利用一切机会将德育教育、生命教育、安全教育融入班级管理中。

我觉得首先要做好自己才能做好学生的班主任,班主任的气场阳光、健康、自信,才能带给学生这样的正能量。在这个瞬息万变的社会里,作为老师,我们要不断充实自己,丰富自己的内心。一个精神富足、充满能量的老师才能教出阳光自信的学生。当老师的感觉或者说当班主任的感觉,我想其中滋味,苦乐自知！有被学生气炸的时候,也有被学生温暖的时候;学生成长的点滴可能就是我们作为老师的初心！春风化雨,以德育人可能比要求成绩更重要！

严抓细管　共同促进

李　雅

执教23年,任班主任工作10年,我是个老班主任,但对每一届学生来讲,他们的性格经历、学习状态等均有很大的差异,每一届我都得以新班主任的心态来工作。著名教育家陶行知先生的一句话特别震撼我的心灵:"真教育是心心相印的活动,唯独从心里发出来的,才能打动心的深处。"尤其是在我从事了班主任工作之后,我越来越深刻地感受到:只有做到真诚、尊重,班主任才能与学生和谐友好相处,帮助孩子健康、阳光地成长,让高中阶段的学习生活成为实现同学们人生理想的铺石路,这也是我一直努力奋斗的目标。

一、用心管理,潜心育人

(一)了解学生,分析学情

我班的孩子积极热情,但是做事拖延;善良单纯,但学习缺乏毅力;有一定的上进心,但缺少追求卓越的动力。作为班主任,我在想如何帮助孩子们在短暂的高中三年踏踏实实,一步一个脚印,用心去学习、生活,努力成为最好的自己,并在高考中取得理想的成绩。

(二)严格管理,由严到松易,由松到严难

1. 日常管理。

有人说,教师干的就是一种良心活。也许从教育产生的那天起,我们就与责任紧紧地连在了一起,我认为,班主任工作中,责任比能力更重要。班主任是世界上最小的主任,管的事却不少。班级的纪律,卫生检查,学生的学习、生活,处处需要班主任操心。班主任工作日常:查出勤,查早读,查作业,看仪表,督卫生,跟跑操,跟眼保健操;除此以外,填表,交材料,开班会,做学生的思想工作,调节同学间矛盾,了解学生思想状况,保持与各科任教师以及家长之间的沟通,有时还要处理学生玩手机、早恋等违纪事件。班主任的工作琐碎而繁杂。我的感受是:不能嫌烦、嫌累,因为学生无小事,而且只要心中装着学生、想着学生,把它当作是一种责任,就一定能做好班级管理工作。

为了保证班级各项事务顺利进行,防患于未然,我采取的办法是:勤进班,细观察。每天早上7:15,下午14:20,我准时进班,平时课间也会进班转转,细心观察是否有异常情况,如有问题争取做到及时发现,及时处理。如不愿穿校服的,不厌其烦提醒他穿上,直到他自觉穿上为止;有的学生神色倦怠,我会提醒他,注意听课质量,实在困倦,可以站着听讲等,让学生们感受到班主任的真诚与关心。因为我努力做到以身作则,同学们也尽力严格要求自己,达到了润物无声的教育效果。

要求学生遵守校纪班规，没有规矩，不成方圆。对于一个班级来说，严格的纪律、具体的要求、及时的检查、恰当的评价、严明的奖罚措施都是必不可少的。经过一段时间的努力，班级管理就渐渐步入轨道。学生的仪容仪表、班级的纪律卫生、晨读晚读、跑操等方面，有了明显改善，朝着班风正学风浓的方向发展。

2. 学习管理。

学习是同学们在学校的主要任务，也是家长们最关心的事情。在学习管理方面，我以规范习惯为主。例如：每天我都会向各科课代表询问作业情况，对于没交作业的同学，我会挨个询问原因，对于会做而没做的同学，我会让他在活动课时间补作业，让他明白，应该按时认真完成作业，否则用课活玩耍的时间补作业，是一件多么不划算的事情。每天作业中出现问题的学生，我都会当面指出他作业中的错误，询问原因并指导改错。还有一些学生是缺乏良好的习惯的，习惯的养成难以一蹴而就，强制的效果也不太好。我带的上届即2016 届 20 班中有一位男同学的成绩为中上等，但书写特别乱，每次作业纠正都起不到明显的作用，于是我让他把每次各科考试卷中因为字迹潦草不清、书写不规范而失分的情况做一个统计，让他清楚看到自己总不以为意的习惯给他带来的直接影响。这位同学很配合我的建议，我也逢考必查，慢慢地，这位同学平时的作业工整清晰，考试中此类失分越来越少。在 2019 年高考中，他以 592 分的成绩被哈尔滨工业大学的船舶与海洋工程专业录取。其他同学也都取得了理想的高考成绩。2016 届 20 班学生中考平均分 457，最高 498分，最低 411；高考平均分 494. 4，位居同层次班级第一，最高 610，最低 423，最高提分 137分，本科率 100% 。

和家长们通过电话、微信、校信通等方式沟通会更有效促进教育。高一第一次月考后，我邀请班级后十名同学的家长来学校开了一个小型家长会，在 2 个小时当中，我从孩子的听课状态、作业完成的质量、学习习惯、学习态度、困难科目等方面分析了孩子成绩不理想的原因，根据孩子的不同情况，和家长们制定了相应的解决方案，从学生后来的学习情况来看，那次的家长见面会起到了一定的作用。

二、家校合作，追求卓越

教育的终极目标：成就学生的美好人生。我们要告诉孩子们：学习的目的不是为了混口饭吃而是为了今后能选择有尊严的生活。

（一）明确初高中学习不同之处

刚升入高中的高一学生会有诸多不适应，家长不要急躁，多给孩子一些时间，毕竟高中与初中不同。

初高中学习内容难度不同，学习方法不同，老师的授课方式也不同。高中学习的知识量大，难度增加，更注重培养学生的独立思考问题、独立分析问题、独立解决问题的能力。在老师眼中，他们都是小大人了，老师们会侧重培养他们的自主学习能力。因此，高中生的学习方法要灵活多样，多和周围同学老师沟通交流，尽快适应每位教师的教学方法，找到适合自己的学习方法，提高自学能力，并科学合理分配学习时间。我希望通过细致认真的家校沟通，让每一个家长重新认识孩子，认识到孩子的不足与长处，从而因势利导，精准施策。

（二）培养孩子管理时间的能力

高中三年，看似很长，实则很短。高中的三年都是为高考做准备，为人生的飞跃做铺垫。前段时间，一位清华大学的学霸作息时间表在朋友圈刷了屏，这份时间表记录了这位学霸一周的整体安排，一天当中的每个时间段该做什么，都安排得非常清晰而充实。学霸们尚且如此努力，况且我们普通人？时间是公平的，每个人拥有同样的 24 小时，但因为不同的分配，因而造就了不同的人生。对于高中生来说，自习时间的高效利用就显得尤为重要，建议大家最好做以下几个事情。

1. 先回顾知识点，再做作业。目的：重新将知识点加深记忆，做作业时不用翻书，提高效率。

2. 先挑自己不擅长科目的作业先做。目的：在精力最好的时候去攻克不擅长的科目，对提高弱科有显著效果。

3. 对自己的短板进行有针对性的专项训练。

4. 预习。目的：有针对性地听课，提高听课效率。

利用好碎片化的时间也有助于提高学习效率，如睡前和醒来的两个黄金记忆时间，等公交车的时间，跑步的时间，午饭后 12:30 ~ 13:00，下午 14:20 ~ 14:30，晚饭后 18:30 ~ 18:50 等，利用这些碎片化时间背英语单词或古诗文 64 篇等。

（三）陪伴是最长情的告白

我自己也是一名高中生的家长，我们一定要创造和谐、安静、温馨的家庭氛围，让学习了一天的孩子回到家里，感受到的是轻松和愉快，是父母的好情绪，让家成为孩子温暖的港湾和积蓄力量的源泉。同时，家长学会倾听，孩子学会倾诉。初中到高中，孩子心智会发生重大变化，我们不再是单纯说教，不是讲大道理，更多的时候是倾听孩子的想法，让孩子勇敢地表达自己的观点，倾听他们心中的烦恼、与同学交往的困惑、学习中遇到的困难、生活中产生的焦虑……教会孩子独立思考、勇敢面对，适时适度介入正确的世界观、人生观、价值观。

在这里，还想和大家分享我上届一个学生的故事。在高二下学期的时候，我注意到班里的一个男生突然郁郁寡欢，不喜欢和同学交流，成绩也不稳定起来，经过和该同学聊天了解到，他的家在东乌旗牧区，父母都以放牧为生，家中还有一个上小学一年级的妹妹，最近，随着课业内容增加，学习压力越来越大，在学校全住的他越来越想家，他特别渴望妈妈能来陪读，但他知道，无论父母谁来陪读，家中牛羊就会无人照顾，一家人将失去唯一的生活来源。几次周末给父母打电话，他欲言又止。了解了这个情况，我几次打电话和孩子的父母沟通，实情相告孩子的想法和学习状态，以及马上进入高三，学习时间的紧迫性。再三斟酌，最后这位同学的父母决定，将家中一半的牛羊送到亲戚家寄养，把妹妹送到姑姑家附近的小饭桌，平时姑姑照顾，周末爸爸接回，妈妈来锡林浩特市租房陪读。自从妈妈陪读开始，我又看到了他脸上开心的笑容，孩子知道陪读机会来之不易，他更加积极努力地投入到高考备考中。2019 年高考中，他以裸分 610 分的成绩被华北电力大学的电子信息专业录取，实现了自己和全家人的梦想。

十年育树，百年育人，培养一个孩子成为对国家社会的有用之才十分不易。让我们努力去做智慧的老师，让我们都为梦想努力，成为孩子们人生路上的明灯。

第三集

智也·爱也

以有效批评　促学生成长

班向丽

当一名班主任，遇到学生犯错，免不了要批评学生。我们批评学生的最终目的，是希望他能认识到错误进而改正错误。怎么能让批评有效，并让学生接受呢？下面是我的几点体会和做法：

一、迂回萦绕换气氛，旁敲侧击入话题

有时候双方都在气头上，不要急着步入正题，可以先缓和一下紧张的气氛。如我们可以关心一下他最近的身体状况。如前段时间感冒了，问一问好了没有？比如前一段时间受伤了，问一问休养得怎么样了？晚上几点睡，是不是熬得有点晚？最近在哪科学习上有问题，等等。总之，让学生感觉到你对他的关心。谁对关心自己的人心里不会产生一点好感呢？这样后面的谈话就容易进行多了。

有时候学生犯了错，他还不知道你已经知道了，或者这个学生比较好面子，这时可以先谈点最近班里的新鲜事儿，问一问他的看法。有时候不经意间，就可以从这些事儿上引入我们的主题。但注意，我们的意图不要太明显。也可以问问他最近心情如何？有没有遇到什么烦心的事情？也许他直接就把这次问题的原因告诉你了。

二、追究因果详了解，批评教育指要害

有效的批评，肯定是让人心服口服的批评。如果对情况了解不全面，或者仅仅是单方面的了解，然后对着学生就是一通批评，效果肯定大打折扣。如学生不交作业，那我们先要了解学生完不成作业的原因。学生完不成作业的原因其实很多：或因为懒；或因为病；或因为家庭原因；或因为作业量实在太大；或因为其他学科的作业太多；或因为作业偏难或者偏易，学生不会做或者不愿做。所以，有的时候学生犯错，是有他自己那么一套“苦衷”的，我们一定要先表示理解，然后再指出他的错误。这样才更能帮助其解决问题。

三、冷静对待先表扬，平等交流促反思

有时学生犯了较大错误时，如违反了校规校纪时，我们更要冷静，不要做出过激的行为。这时温柔的方法也许比声色俱厉、暴跳如雷效果更好，也对我们自己身体健康有好处。批评他的目的是希望他知错能改。这时可以先表扬他的一些优点，如懂礼貌，关心同学，在老师心目中多么看中他，对他之前的印象好，对这次他犯这样的错误痛心疾首，没想到他会犯这样的错误。可以听听他到底怎么想的。也可以让他坐下来师生平等地交流一

下。这时学生本来做好承受暴风骤雨的准备,而我们的平静,对他的关心反而对于他来讲,可能会成为一种无形的教育力量,会促使学生对自身的错误行为进行强烈的反思,这样我们的批评也就达到了目的。

同心共济
——开好家长会

卢广凡

我的学生时代，因为父母都是学校老师，所以对家长会的感触并不是很深，然而很奇怪的是同学之间流行的一个关于家长会的“梗”却让我记忆犹新：家长会后——打一文学作品，谜底：《暴风骤雨》（周立波长篇小说）。这一貌似打趣的谜语却道出了孩子们对家长会或无奈，或调侃，抑或是抵抗的情绪。直到我当上班主任，我也面临着主持家长会的时候，才对这个“梗”有了不一样的理解：学生（尤其是在考试后成绩不理想的学生）害怕开家长会，于是我就在想，怎样开出孩子们“不怕”的而且还有些许期待的家长会，我给自己的家长会写下几条要求。

1. 三年的家长会要有主题和连贯性：

高一第一学期期中考试后，是高中阶段的第一个家长会，也是与大部分家长第一次见面，因此，这次家长会的主题是沟通、理解、合作，家长会上班主任和任课教师与家长见面，详细介绍孩子们高中的学习和生活（配图配视频），让家长了解孩子们在学校的情况，同时建立与家长的有效联系，让家长也参与其中。

高一第二学期后的家长会，是孩子们多姿多彩的高一生活就要结束的时候，因此，这次家长会的主题是回顾、分析、共勉，回顾一年以来孩子们取得的成绩（包括参加学校活动、参加各级各类竞赛的得奖情况），分析面对即将到来的高二孩子们可能出现的问题，共同努力服务于孩子们。

高二第一学期的家长会，高二是一个平稳的发展时期，没有了高一时的新奇和暂时压力，也没有高三面临毕业升学的高强度，这一时期是潜心努力学习的时期，也是一个产生剧烈变化的时期，甚至有时候我们会用“逢二必乱”来形容高二的重要性，在这样的情况下，这次家长会的主题是承前启后，至关重要。

高二第二学期的家长会，还有不到三个月的时间孩子们就是高三的学生了，对于家长绝对是一个挑战，于是，这次家长会的主题定为齐心协力，共迎高三。

高三第一学期的家长会，高三已经过去的三个月的时间，有些家长适应得很好，而有些家长则不然，这次家长会的主题定为坦然面对，从容不迫。在这次家长会上，我会让家长畅所欲言，可以介绍自己的孩子在家中学习生活的情况，如果家长自愿，也可以说说自己的困惑，相互学习、相互借鉴，解决问题。

在高三第二学期，如果需要，我也会在开学之初加开一次家长会。

高三第二学期的家长会，距高考还剩两个月的时间，孩子们苦读数十载，即将面对人生一大考，家长如何稳得住，高中阶段最后一次家长会主题：充满信心，静待花开。

2. 家长会上多报“喜”，少报“忧”，不是说有问题不说，而是寻找恰当的方法，在家长面前多介绍孩子们的优点和闪光点；告诉家长其实孩子们也能体谅父母的不易，只不过有时候不善于表达，于是在开家长会之前我会让孩子们给家长写一封信，把平时想对父母说却又说不出来的话在信中表达出来，效果非常好。对于需要通过与家长见面解决的问题孩子，单独把家长留下来沟通，所以我的家长会一般都会开到很晚。

3. 我带的班级是文科班，除了2006级（当时班级63人，男生21人），就再没有超过十个男生了。同样，我发现一个现象，在我的家长会上，父亲很少。老师的工作经历告诉我，优秀的孩子往往是和谐的父母共同教育出来的，但开家长会为什么父亲来得少，我还专门做过一个小的调查，五位家长说出了四种理由。其实，孩子进入高中，父亲的角色是很重要的，所以我给家长们建议是多让孩子的父亲参加家长会。

曾在一篇文章中看到过这样一句话：家长与老师的相遇，是一场信任的邂逅，恰到好处的家长会会在不经意间建立起老师和家长之间的信任，也会让孩子们更加信任老师，就比如有一天，一个文静的小丫头哭得上气不接下气地来找我，当时我心里就想这得多大的事儿呀？经过孩子的描述我了解了事情的经过：孩子养了一只可爱的小猫，发自内心的喜欢，而爸爸非得让猫去抓老鼠，孩子和爸爸沟通无果，于是来找我，希望我给爸爸打电话说一下，结果大家肯定也能想到，孩子的父亲接受了我的建议，圆满解决。

其实，老师、孩子、家长应该是世界上最和谐的关系，只要我们彼此多为对方想想，与家长共同见证孩子们成长的点滴，将来都会成为我们记忆中的瑰宝。

爱与智结伴而行

马晓伟

有爱的管理才会有温度，有智的教育才能见成效，班主任工作最需要把这两者完美结合。

一、巧妙处理生生间的矛盾

作为班主任，每当接手一个新班级，必做的事可能就是对学生进行凝心聚力方面的教育了，实际上让四五十名学生处在一个班级里没有矛盾是根本不可能的事，尽管这样，我们还是可以用技巧化干戈为玉帛。

我曾经处理过一件在学生看来情况非常严重的事情。一天一个女生哭着来找我，委屈得话都说不出来，我耐心地等她哭完，向她了解了事情的详细经过后，明白了事情的原委：这个同学说她要进座位里，她同桌不让她进，这样的事已经发生过好多次了，今天又是这样，她实在无法忍受了就来找老师要求换同桌。她的同桌在班级的行为举止确实我也有点不喜欢，大大咧咧，不拘小节，平时说话嗓门也大，做事不管不顾，我的怒火也被眼前这个同学的泪水激起来了，但我为了不失自己的形象压了压火，走到班级，向她同桌了解了情况，她同桌也一肚子怨气，看起来也因这件事气得不得了，比我的火气还大呢，我一听事情来龙去脉，庆幸自己没有听那位同学的一面之词，否则可能会把事情搞杂，这时候上课铃响了，正好是我的课，我只好先上课，想等下了课再处理这件棘手的事，说来也巧，那天讲课的内容不知怎么就让我想到了处理这件事的方法，我和同学们说，我最怕听一种声音，就是炒菜时铁铲碰铁锅的声音，我也不知该怨铁锅还是该怨铁铲，而且生活中又没法舍弃其中一方，问学生该怎么办，学生们积极帮我想办法，有的说换锅，可以把锅换成现在新型材料的，比如麦饭石的，有的说也可以换铲，比如换成硅胶的，我还挺佩服学生们，知道这么多生活用具，看来他们的家庭生活环境真的是不错，我趁势又补充道：虽然换了材质，但锅还是锅，铲还是铲，它俩还都能更好地发挥各自的作用。说这些的时候，我用余光扫了一眼她俩，发现她们已没有了刚才生气的神情了。下课了，我把她俩叫到了办公室，没等我开口，她们主动向我承认了错误，互相也道了歉，并表态以后一定改变自己的性格和做事方法，两个孩子做到这一步了，我还能说什么呢，只能心里偷着乐了。

二、用心维系师生关系的和谐

学科成绩的好坏很大程度上取决于师生关系的和谐与否，师生关系的和谐与否取决于老师对学生是否真心对待。作为一个有着与学生同龄孩子的家长来说，我很能体谅学生家长的苦与乐，也能从自己孩子身上知道学生们的悲与欢，所以我尽量以一个母亲的身份来对待我的学生，接纳他们，关心他们，爱护他们，急他们所急，想他们所想，多称呼他们为宝贝儿，尽量叫他们小名，这样一来，拉近了我与学生的距离，学生也能把我当作知心的人来说心里话，遇到困难还能向我寻求办法。一次假期，我在家里收拾屋子，收到一位同学的求助微信，他首先表示假期里打扰我不好意思，但又没有别的办法，我知道他是真遇到困难了，坐下来用微信向他了解情况，他把自己的苦恼全告诉了我，主要是父母关系不和谐，到了经常打架还扬言要离婚的地步，我一听事情有点严重，就又向他了解了一些细节，他毫无保留地一股脑全向我倾吐出来，我也针对他家的情况给了他一些好的建议和可行的做法，他听后心情由阴郁变得豁然开朗，他说放下手机，马上按我说的去做。后来我问他效果怎样，他说好极了，爸爸妈妈再也不提离婚的事了。我在心里为自己点赞，我觉得自己从来没有这么幸福过，既成功帮助了一个孩子，又挽救了一个家庭！

三、家校联手促进学生发展

对学生的教育绝不仅是学校一方的事情，家庭教育更为重要，可我们面临的现状是，大部分同学只重视老师说的话、留的任务，对于家长的忠告，简直是充耳不闻，这也让众多家长抓狂，我也是做过青春期孩子家长的老师，对于家长的无奈十分同情理解，但我没有袖手旁观，我主动承担了许多家长无法让孩子顺利接受的事，以我的名义来要求孩子们去做，这样一来，他们心里尽管有一百个不愿意，但也不得不去完成任务，这样一来，家长省了不少事。有一次我发现班级里佩戴手表的同学越来越多，而且大有攀比的势头，上课总是摆弄，有一个同学还把手表说明书都带来摆在桌子上进行研究，我把那些东西都没收了放在办公桌上，但后来就发现不见了，我觉得问题很严重，这样戴表就失去了手表的真正意义，所以我在家长群中发了一条禁止学生戴手表上学的公告，并把摆弄说明书的同学也点名批评了，他放学后在群里非常没有礼貌地质问我他炫耀什么了，我当时也很生气，但没有立即回复他，第二天，我到了学校，在家长群里发了一封致歉信，内容就是：昨天在家长群里让大家看到了某同学很不礼貌地质问我的话语，让大家见笑了，是我教育无方，这里向大家表示歉意。没想到家长全力配合我的工作，在家长群里发动孩子们一定听从老师的教导的内容，那位同学的家长也借此机会好好给孩子上了一堂德育教育课，我相信其他家长也会借此机会对自己的孩子进行德育教育，而且效果还不会差。

班主任工作就是这样，没有什么经天纬地的大事件，但件件都是学生成长中必须及时解决的，如果这些事得不到及时合理的解决，可能对孩子们的一生影响都会特别大，我们要做一个有耐心、爱心、责任心的好班主任，助力孩子们健康、茁壮成长。

创意激发活力

李宏孜

转眼间，我在教育领域工作十年有余，班主任工作也已过七年。没有较强烈的倦怠感，是因为不管是教学，还是带班，我都深感这是一份能激发创造力的工作，而大多的创意都来自学生给予的灵感；创意激发活力，活力产生动力，推动自己和学生不断学习，共同进步。

一、对学生的思想教育

1. 学科教学中的渗透。

班主任对学生的思想教育有很多途径，可以是精心设计的班会，也可以是平日的碎碎念；但我认为走入学生内心的思想教育其实可以在每日的教学中进行。就以英语教学为例，英语学习的文本大多是励志故事、哲理故事、社会现象等，在英语课上，我和学生一起剖析文本传递的深层含义，对简单的故事所蕴含的道理做深度的挖掘。比如，对狼来了的故事，我们解读体会到：不能过度消耗别人对你的信任；Aron Roston 的故事，我们体会到，唯有真正的热爱才能做成一件事。教材文本中的很多简单故事，蕴含着深刻的道理，让我们理解了情绪管理是何等重要。同时对社会现象进行开放式谈话，了解学生所想，再把正能量的价值观传递给他们，影响他们的思想与行为。

2. TED 演讲。

TED 演讲中有一部分适合初中学生看的视频，我会分享给他们共同学习。比如 Tim Urban 的“你有拖延症吗”，从这个演讲中，我们知道了 life calendar（生命日历），了解如何计划时间，自我治疗拖延症。再比如“如何掌控你的自由时间?”，通过这个演讲，我们才真正意识到“没时间”是一个借口，很多时候并不是我们没有时间做某事，而是愿不愿意做某事，如果愿意就一定能抽出时间去做它。学生听完后，也感触颇深，并在接下来的时间里每周制订计划，完成必做清单上的三件事。

3. 定期不定期的严抓纪律。

针对班级存在的“歪风”问题，我们会适时开展严抓律行动。比如说脏话现象，首先我们提出班级的这个问题并达成共识：说脏话不仅是不文明的表现，还会引发其他意想不到的严重后果。接下来的两周由班级文明礼仪监督员负责把说脏话同学记录到后黑板上，“榜”上有名的同学就要为此付出代价，写反思，在班级群里推送文明故事，准备文明主题班会等。经过这样的两周，班级说脏话现象明显减少。

二、与学生沟通的方式

我认为，沟通的原则是：真诚、情绪平衡；特点是：启发性；目的是：解决问题。与班级整体沟通的方式可以归纳为：

1. 真诚以待，直面错误，分析利弊，达成共识，共同寻找解决方案并执行。

2. 针对出现的问题，不过分指责，不埋怨；而是直接表达出老师的心情和对此事的看法，表达希望。

与学生个人沟通的方式有：

1. 定期或不定期的谈心。

定期谈心由班级生活委员负责安排，固定时间，每周 1 ~ 2 人。不定期谈心是随时发现学生的行为问题、态度问题和心理问题进行当面沟通。这也是每位班主任都在做的。

2. 新学季“红包”。

每年春节过后的开学季，我会送给每位同学一个“红包”，并为他们量身定制一句激励的话。这种特殊的红包，也备受学生的喜爱。

3. 烦恼咨询箱。

烦恼咨询箱是搭建学生与班主任沟通的桥梁，班主任能够及时了解学生的问题，并提供心理咨询或解决方案。

三、给学生的学法指导

在给学生提供学法指导时，我主要采用如下两种方法：

1. 共同学习并带着学生练习。

利用班会时间我带着学生学习了艾宾浩斯遗忘曲线规律、番茄时间管理法等，并让学生反思自己的不当的学习方法，适时调整，共同监督改进。关于如何管理时间，高效作业，我们共同设计了“善学册”，用于记录作业时间。在初一的时候，有部分同学注意力很难集中，我们利用舒尔特方格共同练习提升注意力。

2. 借助外力。

在各科的学法指导上，我在网易公开课购买了北大刘媛媛的课程“北大学霸告诉你如何三个月考上名校”，课程内容包括 30 多节，学生们选择了最想听的几节，包括：独创记忆法——告别死记硬背；如何对付考试；治愈偏科，让弱点和短板成就你；理科利器：做题三问法等。同学们都认真学习，做了笔记，并对学到的方法实践应用。

总而言之，管理好一个班级，班主任首先需要有和学生们共同成长的决心，还要有引导学生独立思考和学习的信心，当然，必不可少的更是三年如一日的恒心，这样，你的学生一定会突破自我，实现自我。

牛玉虹班主任工作浅谈

牛玉虹

2012年盛夏，我毕业了，走出大学校门的那一刻，苦涩，留恋，彷徨，甚至迷茫，仿佛一时间那些与青春有关的亮丽字眼都不再与我有任何关系，我的学生时代就这样结束了，然而也是在那一年的金秋，我又一次走进校园，是既熟悉又陌生的母校，没有太多的回忆，没有太多的感慨，甚至没有太美好的规划，我站上了三尺讲台，以一名教师的身份告诉下面坐着的33个青春蓬勃的少年："从今天起我就是你们的班主任老师了！"就是这一句话，瞬间让我明白了自己的责任——做一名让学生喜欢的好老师，做一名让家长放心的好老师；不负他们的青春，无悔自己的选择。

那时的我清楚地知道，我做不到让他们每个人都成绩优异，但是我能让他们每个人都快乐地度过初中三年，能让他们经历和我一样充实精彩的中学生活。开学的第一天我告诉他们，做我的学生，首先要懂得爱护自己并且尊重他人，其次要热爱自己的班级并且欣赏自己的老师，在这之后我才能希望并且相信他们能认真学习，努力奋斗；当然我也向他们承诺，做他们的班主任，我会平等地对待他们每一位并且发现他们的闪光点，我会在批评他们前先去倾听，也会在表扬他们后有更高的要求，我会和他们一起学习，一起进步，让他们信服，更让他们佩服。在一起相处的第一年我没有特别关注和在意成绩，而是树立班风让他们去适应，去改变。而我做的就是一边严厉地让他们怕我，一边温暖地让他们爱我，到现在回想起来，我给予他们最多的并不是知识，而是尊重，我每天都会问他们的家庭作业做到什么时候，时不时会问他们每门课程最近学了什么，有没有觉得难以理解，也会偶尔和他们聊起他们感兴趣的话题，比如游戏，比如偶像，有时在班会上也会给他们讲我自己的经历，一切有趣的事，一些悲伤的事。我做这一切并不是为了什么，也许是看着他们学习的压力比那时的我们确实大了很多，也许是对他们的好奇想多些了解，也许是自己对过去的怀念，总之渐渐地，我发现我和他们的距离近了，我不再把他们当作小孩子，他们也不再只把我当作老师，所以私下里我开始称呼他们的小名或者同学们给取的外号，也开始听到私下里他们叫我牛姐，那是我第一次体会到做老师的幸福，那种幸福便是来自于学生的尊重和信任。说到这里，我想把自己当时的做法分享给大家，这些方法并没有多么独特新颖，却让我的大一班、小一班都因此而团结，因此而勤学。

一、遵规守纪

新学期新开始，第一件事情就是要树立良好的班级风气，制定合理的班级管理制度，在这一点上我表现出了严厉的一面，我的第一点要求是遵守纪律，约束好自己，不可以在班级楼道追逐打闹,自习课上安静自习,约束好自己的言行举止,穿着得体等,这些班规班纪我没有张贴在教室,我告诉他们希望他们记在心里,我会用一年的时间不停地重复去提醒他们,一年之后相信这些一定会深深记在他们心里。我给他们讲我的初中生活,那些精彩,那些落寞,我希望用这样的方式告诉他们初中生活多么值得珍惜,也想通过那些事那些经历让他们明白,奋斗的青春最美丽。

二、学会做人

班规班纪是我制定的,他们需要做的是遵守,而有一些是他们自己带来的,比如行为习惯和品质,我需要做的是帮助他们认清自己的行为品质,可取的继续下去,不可取的丢弃,所以我告诉他们在我眼里最重要的不是学习,而是品质,所以希望他们在学习之前先规整自己的行为,优化自己的品质,和过去的不良习惯告别,初中是一个新的开始,不管过去是什么样,希望他们展示给我一个新的自己,我明白这是一个漫长的过程,所以那三年里我时常给他们看一些励志短片,希望他们从中感受那些精神和品质的魅力,希望对他们有所激励。

三、学会学习

慢慢地,班级的一切步入了正规,班级布置温馨励志,每个人的照片配上自己的一句座右铭贴在墙上时刻提醒他们自己的梦想,奋斗的青春最美丽的字画提醒他们努力学习,为梦想奋斗,“one for all,all for one”的班训提醒他们团结友爱,珍惜情谊,所以我们也开始了正规的学习,同样的我给他们讲自己当年的学习经验,讲自己当年的不足,告诉他们怎么学习,怎么劳逸结合,怎么克服学习中的惰性和学习成绩带来的影响,这样的方式真实生动,他们更容易接受,我向各位科任老师请教不同层次学生的学习方法,随时告诉那些学不得法的学生。

四、直面叛逆

我们度过了初中的第一年,转眼到了初二,是时候提醒他们更加努力了,所以我开始了漫长的道理宣讲和思想启发,定期不定期地告诉他们怎么学习,教给他们自己当年学习的方法,鼓励他们多去向各科老师以及成绩好的同学请教,让他们自己感受奋斗的青春最美丽,也许是初一良好的班级风气和纪律的保障,也许是这样时不时的鼓励和影响,这一年他们的学习劲头十足,学习风气更好了,然而我也发现班级的一些学生有了让人担心也让人生气的变化,那就是青春期的他们心里开始浮躁,想法多了,压力大了,开始叛逆了,其实说实话,我是从当了老师才经常听到“叛逆”这个词,我不知道这个词是怎么来的,什么时候就开始用它来形容青春期迷茫的他们,我甚至觉得正是因为有了这个词,他们才有了放纵和放肆的理由,把自己一切的过错推到“叛逆”这个理所当然的理由上,所以我从来没有用这个词形容过谁,就是不想他们借这个名义去犯不该犯的错误。那些和父母大喊大叫的学生,我把父母约到学校,和学生一起坐在谈话室,学生表达他们的想法,这个时候往往父母要妥协一些,要让学生感受到老师是站在他们这边的,是替他们做主的,毕竟他们还是孩子,哄着来还是最好的方法,当然也必须让他们知道对父母大喊大叫是不应该的;对那些有早恋倾向的学生,我会告诉他们这是正常的,没有初恋萌动的青春是不完整的,可是这一段经历是美好还是痛苦要靠自己把握,我承诺他们只要不影响成绩不影响形象风气,我不会过问不会干涉甚至可以替他们对家长保密,但是如果影响到学习我会用我自己最严厉最无情的方式去干涉,那时的他们还是比较在乎我的感受的,这算是达成了一种协议,所以那时班级的这一现象是有,却没有怎么影响成绩,班级一直是那么的和谐那么的团结,成绩也稳步前进。

五、尘埃落定

就这样,到了初三,当一切风波过去,沉静下来的他们都开始了紧张的中考复习备考,我看到了他们的疲惫,感觉到了他们的压力,所以我不再讲那些道理,而是开始讲笑话,不再看励志短片,而是开始看一些搞笑短片,我开始减免自己的英语作业,让我欣慰的是她们很懂事,知道我的用意,在临近中考最疲惫的时候,依然能听到她们响亮的向老师问好的声音。2015 年夏天,他们毕业了,最不善言辞的学生哭得泣不成声,家长的感谢短信,她们每个人写给我的信,看着这一切,我心里有种说不出的幸福,是那种见证别人成长,陪伴别人经过青春的幸福。现在,我又一次回到起点,除了时间和身边的人,一起都没有变,经历同样的故事,却有不一样的精彩,我重复着说过的话,重复着做过的事。蓦然发现,其实青春里的每个人都是一样的,只是有的人经历特别所以显得与众不同,所以,面对这一届学生,我做的就是发现那些与众不同的,然后让他们做真实的自己。

回首过往,初为人师的我,用一颗简单真诚的心实现了不负他们青春的诺言,那份简单就是从来没有把成绩放在第一位,而是让他们感受到班级的温暖和快乐;那份真诚就是从来没有随随便便的批评和指责,而是在了解他们之后选择相信,即使有时候知道他们对我是有所隐瞒的。这个过程是彼此的陪伴,他们学会了做人,学会了学习,而作为班主任的我学到的更多,更重要的是,和他们在一起,我仿佛重新走过了我的青春。

如今,他们都快大学毕业了,每年的教师节、新年我还会收到他们的问候与祝福,我们的微信群也始终那么热闹。我们都给了彼此一份美好的回忆,作为学生的他们,是青春无悔。作为老师的我,是感恩遇见。他们的学生时代即将结束,而我的教师生涯还在继续,我会带着他们给予我的那份最初的温暖和感动继续实现我作为教师的诺言——“不负你们的青春,无悔自己的职业”!

用文字架起一座连心桥

白　娜

用文字架起一座连心桥，让我和学生在青春的路上亦师亦友。

我相信语言的力量，更相信文字的力量。

到目前为止，十一年的六中教学生活，八年从事班主任工作。一直以来，我都认为做班主任，一定要全心全意爱学生，无论他是哪一类型的孩子，都要无条件接纳和爱护。这不是多么高尚的境界，这只是我们工作的本职要求，因为和我们打交道的是鲜活、蓬勃的生命。学生是早晨的太阳，有无限的可能性。

在我的班主任工作中，我愿意尝试用各种各样的方式架起和学生沟通的桥梁，增进彼此的了解，最大限度地走进学生的世界。这里主要分享我用文字和学生沟通的点滴做法：

一、颁奖词，特别的文字，写给特别的你

我所带的班级，每个学期都有一项重要的活动，就是选举本学期的"最美班级人"，每次选十名同学，并且要给这些同学颁发奖状、奖品并宣读颁奖词。每一个同学的颁奖词都是我根据他们一学期的表现字斟句酌后写下来的。这里摘录几个同学的颁奖词，做一个分享：

写给班长刘斯琦的颁奖词：

你说做班长，你只是想试一试。

语气里有忐忑，甚至惶恐。

于是你踏踏实实做事，认认真真做人，

你不是语言的巨人，你是行动的高标。

认真听课，争分夺秒，你以身作则为同学们树立了学习的好榜样；

温和恭谦，礼貌有加，你真诚文雅的举止成为尊师的典范；

事无巨细，事必躬亲，你用亲力亲为践行了一个优秀班长的职责；

你不会太多的表达，但是你忙前忙后为同学们服务的身影，你不声不响为班级出力的举动，都让我们感动。

你——当之无愧的最美十班人！

写给班级才女李蕙林同学的颁奖词：

北斗的天空，你是一颗闪亮的星。

你腹有诗书，用才气诠释"暗香"的美好，芬芳静美；

你宽容友爱，用接纳包容着老师同学，体现着"海纳百川"的胸襟；

你勤奋善学，用每一份优秀的作业和优异的成绩为青春解码；

你工作负责，用从未出错的数字统计展示了“优秀是一种习惯”的素养；

你的举手投足、一颦一笑间都散发着一种可贵的气息，这种气息有一个我们熟悉的名字——教养！

写给一个叫王梓的男生的颁奖词：

如果女生中真有校花、班花，那么论颜值你就是当之无愧的班草，

出众的外表，让你看上去就像个“王子”。

然而，你对青春的解读是深层次的：

每天向国旗敬礼的仪式，你都步伐铿锵，神情庄重，我想你会不会有一天从讲台的旗手成长为国家的旗手；

每次班级座位调动，你都沉默淡定，教室的前后左右你都能坐，班级的张三李四你都接受。

其实你也有困惑甚至有困难，作为老师，我怎能不懂？然而你总是能默默承担，甚至欣然接受。

十二岁的你，正用行动诠释着雨果的名言——世界上最宽阔的是海洋，比海洋更宽阔的是天空，比天空更宽阔的是人的胸怀。

仅凭这一点，你就是一位真正的——“王子”！

……

有时候我也让学生之间互相写颁奖词。学生们写的颁奖词内容更丰富、形式更多样。记得有一次，他们给一个同学的颁奖词是这样的：我们老是拿你开玩笑，你也不生气，那是因为你大度；你总是那么帅气，包括外表和内心，在我们看来，风中，你的那顶小蓝帽看起来都那么帅气。对于另一位热情善良，但是对自己没有信心的孩子，同学们是这样给他写颁奖词的：你是莘莘学子中最最普通的一员，但是你一直在寻梦的路上勇往直前；课堂上，你诚恳的提问，给了老师们无穷的探索力量；课堂外，你诚挚的态度，给了我们最纯洁的同学情谊；看到你，我们就看到了光阴里的善意，岁月中的馈赠，青春路上的温暖。你全力以赴的模样就是十班的模样，也是——青春的模样！

这样一种交流方式，让得奖的同学获得肯定和激励，让写词的老师、同学发现了他们身上闪亮的光芒。我觉得这是一个很有效的增进师生感情的方式。

二、扬文字，交流感情，互通心声

我是语文老师，所以经常有一些写作方面的作业，比如周记、读后感、激扬文字等，几乎每天都有。这些作业一方面是想锻炼学生的写作能力，另一方面也是想及时地了解学生们的思想动态和内心世界，所以我对这些作业没有形式和内容的要求，也没有语言和主题的要求，他们只要记录真实的生活，反映真实的自己就行：可以分享快乐，也可以倾诉烦恼；可以遗憾假期短，也可以抱怨作业多；可以长篇大论，也可以短小精悍……总之，只要是真情实感就可以。我在批改这项作业的时候，会针对每个孩子写的内容写上或长或短的评语。有鼓励有批评、有赞赏有反驳、有共鸣有争议。比如，有个调皮的小女生在她的周记里记录了上课偷吃东西的被老师发现的经历。我就在她的周记下面给她“出谋划

策”：上课想吃东西，你可以假装打哈欠，偷偷往嘴里放点吃的，然后低头假装记笔记。最后括号里补充：希望白姐的方法可以帮到你。但是，之后的课堂上我再也没有发现这个小孩吃东西，不知道是她的技术高明了，还是她听课更认真了。

还比如，我们班的萨日娜同学，来自牧区，家庭情况不太好，但是有一段时间，她特别注重打扮，喜欢在吃穿上和别人攀比。甚至有一天，她把头发下面烫了一圈之后就进班了。于是在课堂上我讲到了美，我说十三四岁的你们有着最天然、最纯净的美，不需要修饰，修饰了反而有点做作。当天的“激扬文字”的作业中，萨日娜同学就写道：“老师是在委婉地批评我呢！”然后我就在她的作业下面写了一段话：“其实，昨天在课上，我并不是批评你。只是说出自己的一个想法而已，我真的觉得你扎马尾辫的样子好好看，那么清纯和自然，让我好怀念自己十几岁的时候。昨天晚上我还回家打开电脑看了看自己十几岁时的照片。那份没有任何修饰的自然的状态真让我感叹岁月的无情。你一直是个懂事的孩子，你懂感恩、内心细腻，处世大方。我知道你的未来肯定是美好的，所以对于学习我相信你能做好。我就是想让你在青春岁月里留下动人和无悔的篇章。谢谢你对我的理解，在我的教师生涯中遇到你，是一种幸福。”这段话就一直被萨日娜同学记在了心里，她曾经在很多次作文中提到过这段话，看来对她的影响还是有的。

写评语这样一种沟通方式，让我了解了学生，对于他们成长中存在的问题及遇到的困惑都给予了及时的引导和帮助，也让学生感觉到，我除了是他们的老师，私下里也是他们的知心朋友。

三、写一封信，记录美好，分享感动

有一学期，临近放假，学生比较浮躁，我召开了期末动员的班会，似乎效果不是很明显。于是我花了一周的时间，给每个同学写了一封不少于500字的信，信里谈了我对他们的认识，他们目前存在的问题，以及我的期望，写得最多的话是鼓励和感谢。然后我把装好的信放到每个人的桌子上。第二天早晨，班级里是怎样一番场景，我不得而知，因为那天我故意迟去了几分钟。只是在我进教室的那一刻，孩子们整齐而响亮地喊了一句——老师，谢谢你！在以后他们写的很多文字中都提到了这件事，有些孩子一直都留着我当初给他写的那封信。由此可以看出，那封写在平安夜里的信给了他们很长时间的温暖。

我写信最多的时候，是学生初三备考的那段日子，因为他们时间紧，任务重，心理压力大，所以我几乎每天都会写信。考试前给那些心理素质不好的同学写，增加他们的信心；考试后给那些成绩不理想的同学写，鼓舞他们的士气；给成绩领先的写，告诉他们稳中求进，给成绩落后的写，鼓励他们坚持就有希望……哪怕是那些已经注定升不了学的同学，我也给他们写，让他们对班级有一份依恋，感到一份存在的价值。带2017届学生的时候，初三开学的前两个月，我坚持每天写一封信，记录了他们为备考而全力以赴的样子。这里摘录其中的两封，做一点分享：

听见时间走过的声音

亲爱的小四们：

距离中考还有236天，今天对于毕业这个词有很多感慨，写下来和你们分享。

早晨你们做化学卷子，我在教室最后一个座位批改语文作业。昨天的作业，很多同学仿写了余光中的《乡愁》,刘阳也是,诗的题目叫《幸福》,最后一节写道:明年/幸福是一张薄薄的通知书/我在校外/班任在校内。我仿佛看见手持高中录取通知书的刘阳自信而阳光地微笑着的画面。

我竟然就眼睛湿润了。初三这一年,不管你们以什么为学习动力,只要能有一种力量助你们坚持下去就好,我想等明年七月你站在夏天的骄阳下扬起手中的高中录取通知书时,因为什么而奋斗和坚持已经不重要了,你怀念的是那段深情忘我、披荆斩棘的拼搏时光。

下午辅导自习,我又趴在后门"看看"了。不禁感慨,这一间普通的教室被我们布置得越来越像个家了,尤其是像这样的冬天傍晚时刻,外面的天一点一点暗下来,教室里灯火通明,窗玻璃将你们每个人认真努力的模样映上去,在湖蓝色的窗帘的陪衬下,越发显得温馨而动人。满墙红的荷花、绿的荷叶、栩栩如生的白鹤、见证成长的奖状,都在诠释四班的美好。尤其是这几天的后黑板报,经过张凯旋、尚雅琪、郑怡敏和肖班的共同努力,又一次给我们呈现了别致的美好,那句"大美六中,最美四班人"的告白,道尽了你们中的每一个在集体的重要位置。给我的感觉就是——真好!

如果说有什么东西能勾起我们离别的伤感,触动我们紧张的神经,那就莫过于墙上的时钟,在它无声的行走中,时间也被一分一秒地带走。我们将会在一节课又一节课、一个星期又一个星期的匆忙中,将初三静静地走过。以是,你们要屏住呼吸聆听每一秒钟从身边走过的声音。那就需要你静下来。朱光潜说"有趣的灵魂都有静气",你们不觉得实现某一个向往已久的人生目标也需要静气吗?

因为,静下来,你才可以思考,也才会遇到那个更加全面而真实的自己。

在期中考试的成绩面前静下来,无论你是三百分还是五百分;无论是年级前五十,还是班级倒数后五名;无论父母给了你指责还是鼓励;也无论同学向你投去赞许还是鄙夷的目光,你都需要静下来,总结得失,继续前进。告诉自己,那一页已经翻过,我要走向的是明天。

在你的豪言壮语面前静下来,问问自己,我做了什么,而不是说了什么。看过一句话:梦想是什么不重要,为梦想做了什么才是最重要的。有同学几乎每一篇周记中都要发誓,都要"以梦为马,不负韶华",都要"我自己选择的路,跪着也要走下去",但是这些豪言壮语如果不用行动来实践,那就是装腔作势,自欺欺人。

在喧哗的周遭环境中静下来,始终不要忘记你目前的使命和责任。你是初三的毕业生,你有一个梦想,和未来有关。

亲爱的小四们,静下来吧,听一听时间无情流逝的声音。

一路上有你,辛苦一点也愿意

亲爱的小四们:

这些天生活看起来似乎有点忙碌。但是每天都有不同的经历,所以真是应该及时记录美好,分享感动。

我昨天早晨就出差回来了。火车 6:34 到锡林浩特火车站,回家简单洗漱完,7:15 出发匆匆赶往学校给培优班的同学们上早自习和第一节课。

火车上，一同出行的同事们知道我下了火车就要去上班，都觉得辛苦。其实，我知道辛勤工作的路上也有很多被关心的幸福。

在包头，打车去火车站的路上，一个家长朋友发微信问我什么时候回来，我告诉她时间。她说可以帮我去学校看早自习，让我回家吃完早餐再去。尽管我知道没有必要如此劳烦家长，但是盯着手机屏幕上那带着温度的文字，内心暖暖的，回家的路顿时一路繁华。

火车上，五班的“爱美丽”老师也关切地问我能否上成第一节课。我懂她的意思，如果我不能及时回来，她就会先上。内心除了感动还有很多敬佩。

星期六早晨七点半，当我站在三楼走廊里时，发现整个楼层异常安静。一霎时，我还以为自己记错上课的时间了。不过当我经过培优二班的时候看见座无虚席的教室里六班的郑老师正在陪学生上早自习，我悬起的心放下来了。然后我走进培优一班，全班三十三名同学都在埋头做历史卷子，没有老师陪伴，他们全神贯注、目不窥园。我静静地站在讲台上，看着奋笔疾书的同学们，心里充满骄傲。谁说北重一中的学生是最好的，我们的学生不是一样优秀吗？他们不是也可以在没有老师的情况下严格管理自己吗？那一刻，我仿佛看到了明年中考光荣榜上属于我们的灿烂辉煌。

课间十分钟，我回办公室喝水，走廊里肖班和周瑞涵像阵风一样从西边的培优三班飞过来。肖班张开双臂拥抱我——白姐，你终于回来啦！我微笑着拍拍她的背，有很多力量传递给彼此，坚定了我们一往无前的决心。

“白姐，你是昨天晚上回来的，还是今天早晨？”周瑞涵关心地问。

“今天早晨，6:34。”我说。

“那你是不是没吃早饭？”她一边复印数学卷子一边和我聊。

“嗯，没吃，没来得及。”

“哇，好巧呀！我正好也没吃早饭。”她回过头来语气激动地对着我说。

“怎么个意思，你是不是说咱俩现在一起去喝个茶？”我故意和她开玩笑。

办公室的老师和学生都笑了，周瑞涵也笑，露出两排整齐洁白的牙齿，小眼睛迷起来，仰着头。看着眼前快乐的她，我想到一个词——天使。

一瞬间，办公室门口挤了很多脑袋，王悦、王瑞坤、王成威……他们不说话，就站在门口瞅着我。我读懂了他们眼睛里的思念……

第一节课，当我抱着书本走到教室门口，看见二大爷已经在讲台上了。他说担心我不能及时回来上课，就提前来啦。我不知道该拿什么词语形容我的受宠若惊，只是看着二大爷走下讲台时的背影，感觉他更帅气了。那种帅气是人格魅力绽放的光彩。

上完课，迎着秋日的暖阳走在回家的路上，看到微信里一位同学表达对我的想念。

我抬头看看锡林浩特湛蓝的天，幸福向天边蔓延……

感谢身边所有的陪伴：一路上有你，辛苦一点也愿意！

写信，有时候需要花挺长时间，但是能一点一点靠近孩子们的内心世界。作为班主任，难道不是一件幸福而有意义的事情吗？

四、及时记录，真诚分享，因为懂得，所以慈悲

家校合作，共同助力孩子成长，也是班主任工作一项重要的内容。及时将工作的点滴分享给家长们，可以得到很多理解、支持和配合。在工作中形成这样一种习惯，家长会之后，我写《为了孩子，我和你们千千万万遍》的文章。记得有一位家长说：感觉您比我们还爱这些孩子；班级的社会实践活动回来后，我写了《给你们……》《冬阳里，我看到你青春的模样》；初三一起过中秋，我写了《花好月圆，祝福初三》，给予鼓励；初中最后一个学期的开学初，我写了《写在新学期的扉页上，写给七班的小二们》，语重心长地表达我对他们的期待；520 模拟之后，为了给疲惫中的孩子们鼓劲儿，我写了《加油，亲爱的你们》，为他们摇旗呐喊；他们走出校门的那天，我写了《愿你走出半生，归来仍是少年》，深情祝福；接手一届新学生，我在一接班的那天就写了《又走修行路，愿我能到达幸福的彼岸》《白姐姐的开学第一天》；写《给青春许个诺》，给初二叛逆的他们正确的引导；写《我的学生王悦小姐姐》，给学生和家长树立了良好的榜样……这些简单浅显的文字，最初的目的就是想为孩子们做一个成长的记录，没曾想，我在这长长短短的文字中一点一点找到了班主任工作的意义和价值。不得不感叹，前行路上，我也在一点点靠近最优秀的自己。

同时，我也鼓励学生和学生之间多用文字沟通。

初二，学生进入青春期，对异性开始好奇和关注，为了给予他们正确的引导，我让班级的男女生相互写信，每个男生给全班女生写一封信，告诉女生他们喜欢什么样的女生，怎样的女生才算是他们心中的“女神”；同样，也让女生这样做，然后在班会上宣读他们的信。男女生的这种交流方式，促进了他们对异性的进一步认识，也能让他们自己更完善。我还让学生相互找优点，同桌的优点、组员的优点、班干部的优点、课代表的优点，找出优点，让他们用自己喜欢的方式告诉对方，经常这样做就增进了学生之间的感情。当然，有优点，也一定有不足，不足之处我让他们自我反省，在学校组织开展的“谦虚礼让，和谐相处”的班会上，我不仅让学生出板报、手抄报，还让学生每个人给班上的一位同学写一封道歉信。所有的道歉信都真诚、诚恳甚至感人。这封信，让学生之间多了一份了解，也多了一份理解。比如我们班的刘仪伟，性格耿直，有些开不起玩笑，不太合群。他是东北人，说话时较浓的东北口音总是引得同学们发笑，他认为这是同学们对他的嘲笑，很气愤，气愤到咬牙切齿甚至摩拳擦掌，虽然我做了他的思想工作，告诉他同学们没有嘲笑的意思，只是觉得好笑，就像我们看赵本山的小品觉得好笑一样，是一种善意的笑，但是效果不明显。那天，他收到 3 封来自同学的道歉信，都是关于他讲话时他们发笑的道歉。至此，刘仪伟同学的心结似乎才解开。

当然，我也引导学生加强与父母之间的沟通，比如把孩子们写给父母的话、写给父母的作文、随笔等发给家长，让家长们能够看到孩子眼中的自己，使得家长和孩子能够及时沟通。

无论是作为班主任还是语文老师，我都相信文字有温度，文字有力量。在用文字陪伴学生的青春路上，我也在一天天靠近更好的自己。

最后以海明威先生的句子结束我的分享：每一个人都需要有人和他开诚布公地谈心。一个人尽管可以十分英勇，但他也可能十分孤独。

用心浇灌　用爱助长

常宝磊

养花的人,也许并不总是期盼花开万朵,重要的是培育中获得的那份宁静;

种树的人,期待的却一定是树高千尺,枝繁叶茂。

十年树木,百年树人。我想,每一位老师最大的成就感就是来自于学生的成长、成才。又到了这飘雪的日子,让我这位刚刚送走一批毕业生的“老母亲”不禁怀念那些曾经让我“爱恨交加”的小猴子们。

曾经在讲课中,窗外不知什么时候就静静地飘起了鹅毛般的雪花,那些爱东张西望的调皮鬼们总是最先发现,不禁看得出了神。有时候我总是抱怨他们:“怎么这个课堂就留住了你们的人,没留住你们的心呢?”孩子们总是哈哈一笑后收神听课。这一次我却对他们说:“Please tell me:what’s the weather like today?”大家不禁望向窗外,孩子们异口同声地回答:“It’s snowy!”我会心一笑,对大家说,来,我们用五分钟的时间,来一起赏雪吧!我们就是这样把这节普通的英语课上到一个有情怀、有温度、有美感的境界,每一个孩子都第一次如此认真有热忱地望着雪静静地下。这样一个小小的插曲不会影响对知识的领悟,却因为这样一个偶然的“团队活动”与学生们共同获得一份美好的感受。可能正是带着一份情怀去上每一节课,学生们在毕业的留言中,有一位学生说,英语课中冷不丁就被老师灌一碗心灵鸡汤,让他们不禁热爱这门学科,更让他们在学习中感悟到了高于学习的东西,那就是对生活的热爱,对未来的憧憬,这也是对我的无上嘉奖。

我到初中级部三年来,在领导和同事们的关心和帮助下,已经深深被这个团结奋斗的团队所吸引。在这里我汲取营养,迅速成长,这个过程中少不了学生们对我的支持与启发,每每想起就让我心中充满暖流,感叹人间值得。

一个人的发展,尤其是一个孩子的成长,不仅仅是用成绩来衡量的,如果只用单一标准去评判一个孩子,恐怕他难以长成参天大树、有用之才,只有让学生多元发展,充分感受到爱的教育,感受到教育的温度,他才会敞开心扉去接纳老师传递给他的每一分力量,无论是来自于学识,还是来自于灵魂。作为一名教师,除了职业操守对我的要求,我无限的精神动力还来自于那许多期许的目光,无数友善的笑容以及迷茫时拉我一把的双手。

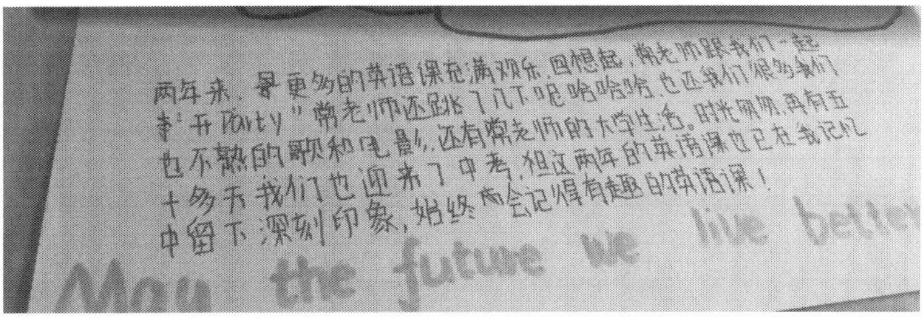

一、学生的支持——尊其师而信其道

尊其师而信其道，我相信这是每个老师的一种信念。对于中途接手新教学任务的老师来说，大概都有一种隐约的担忧。忧虑学生是否能够接纳自己以及适应自己的教学节奏，是否会影响成绩等。当我第一次站到当时还是初一下半学期的同学们面前时，我也有着几分忐忑，但是同时我又相信自己，只要对学生真心付出，孩子们一定会很快认可我、接受我。为此，我做了一些准备工作。在第一课的时候，我并没有直接给学生们上课，而是向大家详细地介绍了我自己，从自己的学习经历到工作经历，让孩子们迅速了解我的概貌，而不是心存疑虑。同时，我也开通了和孩子们交流的通道，我告诉孩子们，课上我们是师生，课下我们就是朋友。我是你们的老朋友，你们是我的小朋友。孩子们脸上的表情瞬间轻松开朗了许多，通过幽默轻松的方式拉近学生与我的距离，消除陌生感。

我还想了一个办法去迅速了解学生。我之前为每个学生们准备了一个信封，在里面我设置了几个问题，有同学的姓名，小名，生日，兴趣爱好，在班级里最好的朋友，最喜欢的电影，以及对英语课有什么期望等若干问题，让孩子们写下来，这样我就可以用最便捷的方式迅速了解孩子们的心理动态，也明确了孩子们对我的期望，从而随时调整自己的教学去适应孩子们的需求。问卷上那一项好朋友的名字可以让我觉得学生有问题的时候，通过他的朋友间接地去了解他的心理动态，有时候比直接去问他更有利于了解情况。通过短时间的磨合和了解，孩子们都接纳了我的到来，并且成为很好的朋友。

在毕业典礼的那一天，我站在舞台上，和给我献花的 Mary 同学，相顾无言不禁流下泪水。往事依稀，这个孩子开始时算是比较难以接受我的，而后来却成为英语课上最积极、最用功的孩子之一，这种成就感和认可感给了我莫大的幸福。还有一个孩子，我把他叫作“男神”，因为他十分调皮，开始的时候英语成绩也是很不好，而对于这样性格的孩子我使用软硬兼施的方法，就是一定要让他感受到老师是真的期待他能学好，在不知不觉中，他就对英语产生了很大的兴趣，回家后对英语学科也是狠下功夫。当中考成绩出来，获知他英语考了 100 分时我的那种惊喜可能不亚于他自己。这一学科的成绩，成功助力他考上了高中。学生们对我的支持，使我每一天走入课堂都带着幸福感和成就感，这是只有当老师的人才能体会到的。

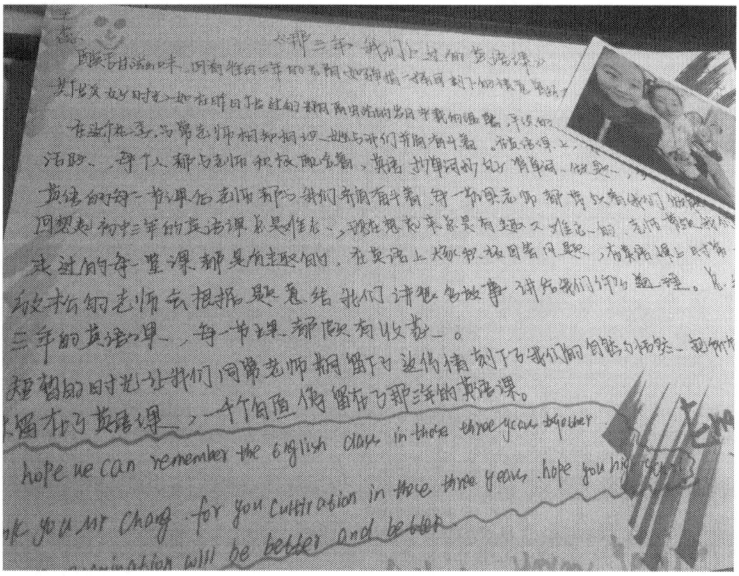

二、家长的理解——家校合作事半功倍

一个孩子的成长当然离不开家庭教育的作用，而良好的家校合作就更有助于学生的全方面发展。在工作的过程中，接触到形形色色的家长，来自于各行各业，大家都抱有同一个目标，就是把孩子教育好。在这过去的三年中，我的家长朋友们给了我很大的支持和帮助，我们进行了有效而良好的沟通，是家校合作的关键。其实很多的家长，在孩子的学业上是无力和无奈的，用他们的话说就是他们“根本看不懂”，因此很多家长非常烦恼。我和家长沟通的过程中，主要和家长沟通与孩子正确交流的方法。第一，陪伴。安静地陪伴。孩子们回到家中一是家长做好后勤保障，二是保证安静。这个安静包括不唠叨不埋怨，正值青春期的孩子们在频繁的唠叨中不仅不会努力，反而容易逆反，这个时候我们做

的就是给他安静最好不过了。第二,理解。孩子们面临中考这样的人生大关口,他自己的压力已经要爆棚,家长们此时的大道理或埋怨对于他们来说就是爆发情绪的催化剂,这个时候孩子们最需要的是家长的理解。理解他的压力,认可他的努力。家长也有迷茫时,和我沟通的时候,我都会找到孩子身上的闪光点,适时和家长表扬一下孩子最近的进步,家长们更容易认可我、支持我,因为他们知道我是关注他们的孩子的,无论孩子成绩优劣。当家长们把我表扬孩子的话转达给孩子的时候,孩子也会备受鼓舞。这样一个小小的沟通,效果却十分显著。中考后,孩子们成绩出来后,很多家长和我联系,主动告诉我孩子们的英语成绩,表达对我的感谢,而在我心里,最应该感谢的是这些“老母亲”们一直以来对我的支持,尤其是那些青春期比较叛逆的孩子们的妈妈,我看到她们为孩子的成长做出的努力,让我受益匪浅,感叹母亲的伟大。

三、同事的协作——努力践行团结奋斗

来到初中级部最大的感受就是这是一个年轻有活力,领导有方法的好团队。当我有迷茫时,我最先想到的就是请教于我们团队中的女性领导——孙亚茹老师,她像一个大姐姐,关照着这个团队中的每一个弟弟妹妹,让我们切切实实感受到了组织的温暖,真真切切帮助大家解决了很多实际的问题。还有我的两位优秀的搭档——李伟卓和史瑞文。她们个人风格大相径庭,工作态度却是同样的一丝不苟。在工作中,当我遇到学生问题,我首先和两位班主任沟通,她们都不遗余力地帮助我解决各种难题。李伟卓正如她的名字中的“卓”,卓尔不凡,能力超群,帮助我想出了很多提升学生学习兴趣的小妙招,包括她的小组积分制度,对整个班级英语学习都起了很大的促进作用。史瑞文也如她的名字中的“文”,温文尔雅,爱生如子,每天帮助我考查学生单词背诵情况,学生们亲切地叫她

Steven。这两个兄弟班级一直秉承着“比学赶帮超”的精神，在学习路上共同奋斗，从这两位优秀的班主任身上我看到了初中部的团队精神，她们就是初中部那些尽心尽力的班主任的缩影。

正是这些琐琐碎碎，也正是这些点点滴滴，让我不由分说爱上这个团队，也激励着我在未来的工作中不忘初心，砥砺前行。

用学生需要的方式去关爱

施丽媛

“在某种程度上,班主任工作是一所学校工作品质的缩影。”可以说,每位学生的成长与朝夕相处的班主任息息相关。目前我的班主任工作宗旨是:用热情去面对工作,用真诚来和学生沟通,用人格去感染学生。我认为,引导学生学习的策略要点是:首先是养成主动学习的习惯和培养快乐学习的心态,然后创设轻松学习的氛围,从而找到幸福学习的乐趣。

一、踏实工作,辛勤教学

每天早上,作为班主任的我总会先来到教室,打开门窗,等待班级学生的到来,放学后也必须等到学生都离校,才会放心离开。课间时间,耐心倾听学生反映的情况,与学生交流沟通。生活上无微不至地关心每一个学生,当看到学生们生病,我会第一时间询问病情,并联系父母,及时送学生去就医,直到学生回家后还不忘让学生报个平安。学校级部举行活动,我都和学生一起练习,一起欢笑,共享一切困难和快乐。期中考试前一天的社会实践,在外出路上我给他们买了“福橘”,希望给他们带来好兆头。这些年来,我几乎从未误过课,班级教室里最常见的是我的身影,办公室里最常听到的是我班学生的欢声笑语。

二、相信学生,尊重学生

九年制义务教育下的学校,学生没有经过选拔,学习程度良莠不齐,学习能力有明显差异。可我总是认为每一个学生都有一定的自身优势和某些闪光点,所以我允许他们存在差异,尽量去多观察多挖掘学生的长项,把握好每一次教导学生的机会,及时表扬他们、鼓励他们。同时关心在学习方面有困难的学生,培养他们的自信与自尊,让每一个学习上有困难的学生不会再变为融入不了团体的孤雁。班级里的体育特长生,一般情况下,成绩和学习习惯不令人满意,但一到有体育比赛时,他们就是班级的“大功臣”。我会组织班里学生为他们加油,在全班同学面前给他们发奖状,鼓励他们。

一句饱含真情鼓励的话语,一个饱含真诚善良的微笑,一次充满爱心的谈话,我想让他们都有做人的标准和前进的动力。

三、以“爱”引路,投入关注,耐心教导,细心呵护

爱是教育的根基,也是教育的归宿。我深刻地认识到,班主任职责的重要实际意义就

在于作为学生成才的领路人。我们应该以真诚浇灌那一片片纯真的心田,以爱心温暖那一颗颗孤独的心灵,以热情点燃那一份份灿烂的希望。生活的一点点关爱有时候会给学生带来无穷的温暖。班级里有个男生,原本学习成绩优秀的他,后因早恋问题成绩一落千丈,思想偏激,与班级同学、老师关系紧张。我看在眼里,急在心头,为此私下多次单独与他谈心交流,与家长沟通,进行思想疏导,鼓励他继续好好学习,不要过分憧憬爱情的美好,只有让自己持续优秀,将来才能过上有选择的生活,才能和优秀者为伍。从此他振作精神,发奋努力,目前已恢复良好的学习状态。“热爱一个学生才等于塑造一个人才,嫌弃一个学生无异于损毁一个人才”,作为班主任就是要在工作中去发现他们的与众不同,会让他们的个性品格得到彰显,特质得到发展,生活上的关爱同样能照亮学生们的前途。

四、以生为本,强化责任

在传统的班级管理模式中,通常都是班主任强制管理,所有的事情差不多全是班主任代劳,从而忽视了对学生独立自主精神的培养。这样一来,学生渐渐地对班级管理失去了信心和兴趣,认为班级管理与自己无关;老师也感觉很疲惫,学生与自己不配合。面对这种管理现象,我决定在工作中放开手脚,一改过去老师大包大揽、狠抓整个班级的做法。我决定采用小组积分方式,学生管学生,学生管理班级事务。具体办法是:将班级分成13个组,每组4人,每组分成组长(亦称大将军)、军师,以及两位逆袭者,小组采用加分制,小组得分高的会获得一些小礼物,例如:签字笔、笔记本、中考真题、名著等。大将军和军师因各方面能力突出,所以犯错扣分多,得分少,以此督促他们保持良好状态;两位逆袭者因学习能力有欠缺,所以犯错扣分少,得分多,以此激发他们的上进心。这样的组织管理,使小组内形成优等生帮助后进生一同进步的风气,同时使他们认识到:良好班风的形成,是大家共同努力的结果。这样就使班级有了凝聚力,让每一位同学都成为班风建设的主人。

一路艰难一路歌,凭借对事业的痴心,对学生的爱心,对工作的热心,对今后的信心,在平淡的教育工作岗位之上,我们必然能够做出一些不俗的成绩。

做一个关爱学生的好老师

王　伟

苏霍姆林斯基曾说，一个好老师意味着什么，首先，意味着他是这样的人，他热爱孩子，感到和孩子交往是一种乐趣，相信每个孩子都成为一个好人，善于跟他们交朋友，关心孩子，了解孩子的心灵。

每回忆这10年的教学历程，有一双明亮的眼睛总会浮现在我的眼前，她叫蕾蕾，是我教的第一届初中的学生，到现在我还能清晰地记得初次见到她的样子，她有一双明亮的眼睛，不漂亮甚至和其他孩子相比有些内向、木讷。但却满眼都写满真诚。刚开始见到她的时候，她确实很害羞，和其他孩子比起来她的口语很差，每次提问的时候她都会避开我的眼神，每次轮到她回答问题，她都会羞得满脸通红。但是我能感觉到她对英语的热爱和每次听完别人说流利的英语时的羡慕，在我讲课时她会很认真地倾听，眼神里充满对知识的渴望，只是在与我目光碰撞时还是会低下头，我开始注意到她，尽量多给她机会表现，每一次即使她说得不太好，我也会及时鼓励，每次提问时我会特别留意她，给她鼓励的眼神，在她回答完问题之后也不忘记再给她一个肯定的眼神，过了一段时间之后，我明显发现她的变化，她开始不回避我的眼神，在我充满鼓励的目光下她也会主动回答问题，害羞的表情越来越少，自信开始在脸上流露。

就这样在期末考试的时候她的英语成绩从入学时的中下等一跃跻身班级的前列，而且性格也发生了很大的变化，逐渐显露出了她本来该有的样子，外向开朗起来，每次看我是眼睛都是亮晶晶的。有一次语文考试，作文的题目是《你最难忘的人》，她写的题目是《我最难忘的人——我的英语老师》，考试结束后同在一个办公室的语文老师向我展示了她的作文，其中有这样的一段话："一直以来我都觉得自己是个没用的人，长得没有其他女生漂亮，学习成绩也不出众，永远都是个会让人忽略的人，所以我一直都是一个有些自卑的女孩。直到我遇到了她，我的新英语老师，是她的眼神让我觉得原来我也是受人喜欢的，每次看到老师鼓励的眼神，我都觉得很兴奋，她让我觉得我是个有用的人，也是她点亮了我的世界，让我觉得越来越自信。谢谢你，我的英语老师，没有你，没有你鼓励的目光也许到现在我还是一个自卑的女孩。"看完后我的心情很复杂，当然也很高兴。是这个孩子让我明白，老师肩负的责任有多大，老师的一个眼神一句话就可能会影响到孩子的一生，甚至会改变一个孩子的性格和命运。所以不要吝啬你鼓励的眼神和亲切的话语，也许一个眼神就可以让一个孩子改变。孩子的自尊就像是娇嫩的露珠，我们一定要好好地保护。

记得著名作家魏巍写的《我的老师》那篇文章。他在回忆老师蔡芸芝先生时说："最使我难忘的，是我小学时候的女教师蔡芸芝先生……她是一个温柔和美丽的人，从来不打骂我们。仅仅有一次,她的教鞭好像要落下来,我用三板一迎,教鞭轻轻地敲在石板边上,大伙笑了,她也笑了。我用儿童的狡猾的眼光察觉,她爱我们,并没有存心要打的意思。孩子们是多么善于观察这一点啊……”

这段话,一直深深地印在我的心里,在我从教这些年中我时常会想起这段话。我常常细细品味着这段充满爱意的文字,孩子们是多么的善于观察,与孩子们相处的那些时光是多么的单纯、快乐!我一直想自己要做一个蔡先生那样的人,做个有爱心的老师,用爱心去倾听每一个学生的声音,静静地等待花开的瞬间!

做一名幸福且智慧的班主任

宗鹏鹏

曾经在书上看到这样一句话,有关幸福的理解,什么样的人比较容易幸福呢?拥有从日常小事中获得幸福感的能力,不过度关注他人的评价与看法,笃定去做的事可专注地去做。我觉得特别好,对于班级管理来说,琐碎的事很多,如果你能从日常班级管理中细心而专注地去感受每件事、每个孩子,去感受幸福,就会成为幸福感满满的班主任。

人们经常说班主任是世界上最小的官儿,也有人说:班主任是学校里最苦的岗位。在班主任工作中,我感触颇深,有几分劳累,几许收获,但是更多的带给我的是幸福、快乐,我认为做班主任老师是不乏味的、是充实的。冰心曾经说过:“情在左,爱在右,走在生命的两旁,随时播种,随时开花,有爱就有了一切。”我觉得一个有爱的班集体是幸福的。一个好的集体,没有每个老师辛勤工作,没有同事的合作,没有家长的密切配合,班主任就是再有本事,也难以发挥作用,所以我在班主任这个岗位上的一点一滴,也就是只做了班主任该做的工作,下面就谈谈我的一些日常做法:

1. 要有王婆卖瓜自卖自夸的勇气,要对自己的学生有信心。

我爱自己班上的每一个孩子,我总认为既然带上一个班级,我就认为自己班上的孩子是最好的最优秀的,我要了解我的每个孩子,赋予每个孩子不同的期待值,关注他们的点滴进步,只要看到他们身上的各种成长,我自然就会觉得很幸福。记得曾经的九班,一直觉得自己最初接这个班的时候就是幸运的,因为班上46个孩子都特别聪明,懂事,懂得感恩,同时最让我欣慰和感动的是我背后的强大的爱心家长助力团。

班上有个可怜的孩子叫婷婷,没有爸爸妈妈,仅靠年迈的姥姥姥爷照顾她,开学初班级孩子们知道了她的事,回家和父母说了之后,有家长自发地在微信群里愿意每月给婷婷50元钱让她买学习用品等,后来其他家长也都愿意这样做,每个月固定的一天,家长们都会发50元红包给她,换季的时候,有些女生家长给自己孩子买衣服的时候,也会按照尺寸,给婷婷买一件,冬天天冷,有家长每天接送她上下课,等等,我自己深受感动,我也因为有着这样一个充满爱心的家长团而幸福。在这样一个爱与被爱的环境中,我也觉得自己干劲十足。

2. 在感受幸福的同时,我们还要做一名智慧的班主任,首先要有一双善于发现的眼睛,善于发现并利用一些孩子身上的闪光点,曾经班级有个孩子叫小小咸(化名),她是个典型的问题少年,脾气暴躁,易怒,不自信,开学初,他爸爸就找过我,他爸爸当时和我说,宗老师,你遇到小小咸,你真的中大奖了,我当时觉得完了,我该怎么办,用什么方法来面对这样一个孩子呢,后来慢慢发现这个孩子学习能力确实不强,交朋友没有常性,还特别爱生气，我就特意观察了她几天，试着和她交流，聊天，后来发现这个孩子没有那么严重，她也有她的优点，比如做值日管理班级，等等，但是她需要别人的鼓励，所以我就利用她的优点，让她做了班级的值日班长，她确实做得特别好，我班值日很少被扣分，我也因此在各种场合表扬她，整个初一一年，他爸爸和我说她变了好多，学习上也有了信心。所以作为班主任，我们应该要有一双发现的眼睛，多发现孩子身上的闪光点。

做一名智慧班主任还要抓好细节与习惯，好习惯使人终身受益，特别是初一的孩子，他们刚从小学步入初中，不能够适应初中的生活和环境，所以，初一对于培养习惯尤为重要。在班级管理中作为班主任，我一直像学生一样用学校的规章制度规范自己和学生的行为，从早到校开始为孩子们树立一个好的榜样，躬亲示范，以“润物细无声”的方式影响和带动学生养成好习惯。早到班是为了让学生习惯初中的早读、值日、作业管理等方面。在值日方面，早到是为了亲自示范给学生看如何到班级迅速进入状态值日，并且与学生提前商议好值日细则，值日采取责任到人制。作业方面，要求学生进班先交作业，后值日，作业采取细化小组制，将班级作业组分 11 个小组，每组一人负责作业，收齐后以小组为单位，报给各科课代表。早读方面，在培养好卫生及交作业习惯后，可以充分利用好早读时间，进行记忆性科目的背诵。每天以小条形式考查背诵，让学生形成班级特有的早读考查模式习惯，即使老师不在，学生也已经习惯这样的早读时间分配。初一的孩子年龄比较小，有些男生比较爱课间打闹，所以，我基本课间十分钟都会进班级，保证班级的纪律，这样也可以有更多机会了解班上的孩子，也可以随时关注到班里的情况及卫生保持。这些细节之处抓好了，班级的整体良好班风就会逐渐形成，班级管理就会轻松很多。

做一名智慧班主任还要把握好班级管理中的尺度：

(1)管理与放松的尺度，管大放小、管主放次、授权负责、分层管理；对于班级管理方面，在开学初，以毛遂自荐的方式，自己报名班干部职位，试用期一个月，一个月后，学生集体投票支持或不支持其连任。选取班干部，要充分信任班干部，责任到人，责任到权，是谁负责的方面就让谁负责，放手让班干部去做，去管。让班干部充分调动积极性，充分参与班级的事情及活动当中。但在决策的时候，需要让他们明白班主任的核心地位，在一些大的事情或者发现一些班级的不良现象后，要知道积极上报班主任，让班主任拿主意。另外，对于不同层次的学生，也要有不同的管理方式，比如有些学生比较好动、性格外向，就需要对其稍微严格化一些，一些自尊心比较强的孩子，就需要格外关注其心理及情绪变化等，需要采取不同的方式，也需要班主任注意对待不同学生进行分层管理。

(2)活跃与安静的尺度，课堂氛围、各项活动、学生性格要活跃，学生的心、学习环境要安静；一个班级的凝聚力很重要，如果班级没有凝聚力，没有集体荣誉感，那么在一些活动上，就会自我意识很强，这样的班风后期很难管理，活动组织会很难进行。所以，需要在一些集体活动上，或者一些适合活跃些的课堂氛围上，鼓励学生积极参与，可以要求学生活跃，班主任也要参与进来，与学生一起出谋划策，一起玩儿，这样孩子们会觉得老师不只有严厉一面，在活动上，老师也可以有和我们一起玩闹的一面。比如最近的一场大雪，孩子们没有机会出去打雪仗，堆雪人，我看孩子们最近也很累，所以，我的一堂语文课，我把他们带出去，打雪仗、堆雪人，他们特别开心。这样也可以促进师生情感。当然，在面对日常学习任务的时候，一定不可以放松，要严格细节，每日的班级常规学习任务，包括早自习和下午课前等，一定严肃对待，时间久了，学生就会适应你的模式，该松的时候老师会松，该严厉的方面，老师也绝不姑息。玩可以肆无忌惮地玩，学习的时候，一定保持平静状态。

(3)严肃与宽松的尺度，严中有宽、宽中有爱、爱中有教。在管理学生方面也要做到宽严有度，学生总会有这样那样的问题，要分清楚什么样的事情严，什么样的问题可以严中有宽，让学生能够在处理问题的过程中意识到自己的错误，但是也能够感受到老师对他的信任与爱。充分利用下课课间时间，和孩子们打成一片，了解他们的爱好、性格特点、家庭状况，给每个孩子以关心，尤其是情绪上的关注，随时发现问题、解决问题。有学校组织的集体活动，我也尽量参与进来，和孩子们一起出谋划策，想妙招，让孩子们觉得老师随时是与他们在一起的。

做一位智慧班主任还要充分利用好每一次班会课，有效利用每一次班会课，放手让学生组织筹备。开好每一次的班会，比一节课学到的东西还要宝贵；也会根据一周内班级存在的问题或者突发事件，来确定本周班会主题，有效利用问题突发后的有效时间，立刻处理，坚决不姑息。趁热打铁，当即解决。比如在开学一段时间后，有同学家长反映班级有早恋的同学，由于涉及学生是比较出色的两个孩子，而且自尊心都比较强，所以在和两位同学家长沟通后，我及时组织召开了一次早恋主题班会，我也以自己上学时候的一些例子，真诚地和同学们一起分享，及时地制止了这两位同学的早恋现象。

做一名智慧班主任，还要合理安排座位：座位编排上，第一次期中考试后的做法是先让孩子们自己每人拿出一张纸，写出4位他理想的同桌，老师收上来后，根据孩子们的意愿，并结合性格、性别，学生优劣科目进行初步的编排，每位学生周围至少有5位同学，所以要满足他和其中一位离得比较近是很容易的，但无论是哪一种排列方式，每两周都需要轮换一次座位。座位排好后，要求学生们珍惜自己的座位，在学习生活中互相帮助，如果坐在一起说话的将取消下次的选择权利。

做一名智慧班主任还要学会反思，我们经常希望自己所经历的教育人生无悔，实际上，在具体的班级管理实践当中，我们更多时候需要有悔，作为班主任来说，我们的经验不仅仅来源于各种实践的成功获取，我觉得更多来自于遗憾的反思中，我经常每一件事情处理过后会反思：我为什么这么做？我应该怎么做？我做完了取得了哪些成效？我获得了哪些经验？在做的过程中还存在哪些问题和不足？今后改正的方法和策略是什么？我认为只有学会了反思，我们才能在反思中成长。

做一名智慧班主任，要学会处理惩罚与表扬，注重表扬艺术，能表扬学生的时候不要去批评他，无论是张贴表扬信还是课堂上给予肯定，要抓住任何可以采取鼓励政策的机会。惩罚的方式也有很多，比如剥夺性惩罚：取消发言权、不准进教室、调座位、没收物品、取消参加活动权，(班干部)停职、撤职等。偿还性惩罚：要求道歉、赔偿、写检查等。冷淡式惩罚：冷处理，冷淡他，不理他。如果孩子们近期表现好，也会自费给他们买些小礼物或者小零食给他们，让他们随时感受到班主任老师除了学习及其他事情外，是爱他们的，关心他们的。做一名智慧的班主任还应该要学会“违规”处理，在班级管理上需要“违规”，“违规”就是要不按照常理出牌，并且达到出奇制胜的效果，我们在管理班级时对于那些学生可以预知的教育手段，往往不能达到预期的教育效果，如果班主任能够在处理问题的过程中恰当地打破常规，往往可以变被动为主动，达到教育目的。通常对于班里爱说话，比较活跃的同学,如果按照常理,一定是老师批评一顿或者写检查之类,我一般采用冷处理,就是不理他,上课不理他,活动不理他,故意当他是空气,一般爱说话性格活跃的孩子,他其实受不了这种不理他的方式,有些孩子明白了也就有所收敛,而对于那种冷处理也不行的孩子,就是调座位,曾经班上有个超级爱说话的男生,我一周内给他换了三次座位,换了五个同桌,后来终于他明白了怎么回事,也就不说话了。

智慧有时候是在不断探究摸索和学习中升华出的一种灵感,所以作为班主任,要不断积累总结,将灵感转化为一种经验,做一名真正幸福且智慧的班主任,正如李镇西老师说的:作为一个老师是否优秀不重要,是否卓越不重要,重要的是看自己是否幸福,努力做幸福的老师,做幸福的自己。每个孩子的成长都需要老师的关爱,不论他是什么性格的孩子,只要我们作为老师有爱心、细心、耐心、责任心,细心地对待每一个孩子,就一定会组建起一个温暖的大家庭,温暖每一个孩子的心灵,我们也自然会感受到孩子们的爱,成为一个幸福且智慧的班主任老师。

爱满天下 乐育英才

刘东辉

陶行知先生说:“爱满天下,乐育英才。”我从事班主任工作已经二十多年,常常以此来警醒自己,用自己的言行给学生做出表率,用自己的格局去感染学生,所带班级的教学成绩突出,连续几年被评为市级先进班集体。

1.用有温度的话语与学生谈心,从学生的角度传播正能量的思想,使学生具有强大的凝聚力。

良好的行为习惯一定是拥有高品质的思想,为此,学生的思想工作主要从两方面入手:一是上好每个星期的班会课,班会课绝不是简单对上一个星期出现过的问题的一个总结。而是我要把问题分两类:一是对有明确是非观的问题,一针见血地指出来,对事不对人,以警示其他学生不要犯类似错误。而班级出现好人好事或不良思想的苗头时常常引导学生以主题班会的形式展开讨论,使每个学生思想受波动。二是重视后进生和各方面困难比较多的学生,从多个角度观察学生,寻找交流谈心的契机,更重要的是尽自己最大努力默默为他们排忧解难,这样才能走进学生心里,让他信服你的说法,以至达到完美的教育效果,使班级学生像石榴子一样紧紧抱在一起,尽自己最大努力为班级做贡献。在2017年运动会上16班获得“精神文明”“会操比赛”“团体比赛”三项大奖。2017年“校长杯”足球赛获得第四名,2018年学生要力争足球比赛第一名,结果在有16班参赛的赛场上,就出现了“最拼的运动员”和“全班参与的最卖力的啦啦队”,终于在2018年“校长杯”足球赛中获得第一名。

2.对学生做好多方面温暖而贴心的服务,激发出学生内在的动力,使他们积极主动地刻苦学习。

要想管理好班级,班主任首先要树立良好的形象,不断提高自身的思想素质和工作能力,给学生树立榜样作用。始终能让学生感觉到“老师是亲切的,班级是温暖的,学习是有趣的”。我最典型的做法是:班级的座位是大轮换,同座是自由选择,让学生在教室上课是舒心的。有时逢节假日,给学生送上温馨祝福和红包,还有特色的食物;学生的问题力争不站在道德制高点说教,而是采用学生乐于接受,切实可行易操作的方法;在家长会上,与家长一起学习青春期学生的心理变化及了解现在孩子的性格特点,提倡家长理解、支持、鼓励孩子。在不违反原则的前提下,把优点扩到最大化,把缺点缩小化,让家长成为孩子最大的精神支柱。同时利用主题班会引导学生之间如何和睦相处,互相探讨学习方法,讨论班级氛围对个人成长的影响等,使班级形成强大的凝聚力及互帮互学的学习风气。在2017,2018的两年六科会考中,平均分及全A率在同层次班级中遥遥领先,期中政治学科的平均分及得 A 率与上个层次班级不相上下,除了政治老师努力外,还是学生的高度重视及努力的结果。在各个学科的竞赛中均有 16 班学生获奖,并高达 9 人次,有一名同学获得物理、化学两科竞赛自治区奖。在地理知识的《一站到底》的比赛中,16 班虽为理科班,却有两名同学获得大奖,在高二学年的期中期末考试中,班级的总成绩始终在同一层次班级中名列前茅。

3. 班主任对班级的教育管理应该是心理管理,心理管理是教育的基础又是终极目标,这样才能真正使学生身心共同成长。

有句话说"心若在,梦就在",如果学生心理出现问题,学习做事就不可能正常和积极主动。有个学生有段时间上课不积极,有时候还睡觉,下课不是静静地发呆,就是和学生打打闹闹,学习成绩也有所退步。我曾听学生说他现阶段很消极和负能量,经常玩游戏到晚上两三点钟。但你跟他说话他不配合,说自己现在很好,我提什么要求都答应,但和以前没有变化。给他妈妈打电话,说孩子在家很好,正常学习与睡眠。后来通过他母亲的好朋友才知道父母已经离婚(父亲常年在外),正在为财产打官司。他母亲觉得离婚很丢人,也不让孩子对外说并且把许多情绪都发泄在孩子身上,孩子知道母亲这么多年不容易,选择默默忍受才发生身心变化。了解这些情况后,我在网上查找了有关离婚率的问题,人们对离婚的看法及单亲家庭孩子的教育问题发给他母亲,又通过他母亲亲属做工作,他妈妈开始勇敢面对了。孩子妈妈这样才把注意力转移到孩子身上时,孩子已经有抑郁情绪,她已经解决不了。通过一段时间的心理治疗孩子又焕发出活力,积极主动面对该做的事情了。有一句话总提醒着我:孩子只是孩子,所有出现的问题都是正常的,最终能长治久安的应该是学生心之安。

教无定法,管更无定法,我要用心去做好这份育人的工作,这是积德行善,它能让我收获人生的快乐与幸福!在今后的工作中我始终铭记我的教育感言:"静心教书,潜心育人,享受教书育人的快乐过程。"

家庭教育应收放有度

陈　钢

不久前我在网络上阅读了一篇关于家庭教育中对孩子是严管好还是撒手好的文章，感触颇多。从事学校中家庭教育工作的我，学习收获了很多家庭教育的理念和经验，也接触了许多不同类型的家长，也看到了太多的学生成长的成功和失败。

在一次和家长交流时，一位母亲说："这次考试孩子又没有考好，孩子学习这件事上我失败了，但我不会放弃。"这句话给我留下了深刻的印象，我想在我们这个偏远的小城，家庭教育的观念一直以来没有得到家长的重视，通过这几年对家庭教育工作力度的不断加大，有些家长已经逐渐开始认识到家庭教育的重要性了。但在实际生活中，家庭教育怎样具体地落实实施？一些家长多少都有些困惑，不知从何下手：作为家长什么时候应该管，什么时候不应该管？作为教育者，特别是像我们这样从事家庭教育的人，开始思考怎样把握家庭教育的尺度，从而达到每位家长的预期效果呢？在实际的家庭教育中每位家长应该扮演什么样的角色呢？当今社会环境下家长在教育中如何把握对孩子既适当放手又不撒手放任自由的分寸，从而真正促进孩子科学发展而不约束孩子的健康成长呢？这些都是我们教育者在指导家庭教育中应该思考解决的问题。

著名诗人纪伯伦作为20世纪阿拉伯文学道路开拓者之一，在其《孩子》一诗中写道："你的儿女其实并不是你的儿女，他们是生命对于自身渴望而诞生的孩子，他们借助你来到这世界，却非因你而来，他们在你身边，却不属于你。你可以给予他们的是你的爱，却不是你的想法，因为他们有自己的思想。"日常生活中我们周围总会看到或听到这样两种情况：一种情况是家长时时刻刻紧盯孩子不放，不放弃任何一个环节，除了学习任何事情不让孩子做，周末时间还要上各类补习班，孩子唯一的任务就是学习，把孩子每天的时间安排得满满的，这在一定程度上控制了孩子正常成长和科学发展。而截然相反的另一种情况则是，他们在日常生活中对孩子撒手不管，放任其自由，在他们看来学习是孩子和学校的事，孩子学好学坏和家长没有关系，个别家长只满足孩子的物质需求，对自己孩子的学业成绩、理想信念和习惯养成并不太关注，有些家长甚至把孩子各方面的教育责任完全推给学校，他们认为学校是教书育人的地方，孩子一天大多时间在学校度过，老师可以代替家长教育好孩子的一切，只要把孩子交给学校就放心了，一切都万事大吉了，把孩子的学业和个体发展都归在学校和老师身上。以上所诉的两类家庭的教育很大程度上都不利于孩子的健康成长，作为家长他们并没有把自身的角色定位好。

曾接触过这样一个家庭，父母由于工作常年两地分居，孩子跟着爸爸在一起，爸爸工作很忙，各类应酬也很多，孩子多半时间是自己度过。刚上初一的时候孩子学习还很好，在班级一直是中上等，从初一下学期孩子成绩开始下降，到了初三已经是班级里的倒数几名了。家长很着急，为了把成绩提上去报了很多的补课班，孩子基本上一周没有休息的时间。前不久在微信的朋友圈里看到这位父亲发了一条信息“阔别十年，又一次进网吧看看”。起初还以为这位父亲心态很年轻，赶时髦，后来才知道去那是找孩子。孩子成绩下降的原因很简单，就是放手不管。

在孩子的成长过程中，家庭教育放要有度，收要有节。该放手的时候家长要放手，但不能大撒手。孩子才像幼苗，家长是孩子的第一任教师，也是终身教师，就像园丁一样，对孩子要科学浇水、施肥、除草，这样才能培养出健康的孩子，孩子才可以茁壮地成长，焕发出蓬勃的生命力。任何一个环节都需要精心维护，缺一不可，否则很可能中途夭折或长成一棵歪脖树。

榜样的力量是无穷的，家长在孩子面前做什么，直接影响孩子的发展，这也就是我们经常说的身教重于言传。作为家长我们都要时时刻刻注意自己的言行对孩子的影响，孩子是家长的镜子，家长的示范引领作用是学校等其他教育无法替代和提供的，家长要用自己的良好行为给孩子做出榜样才是当下最好的家庭教育。

“习惯决定性格，性格决定命运。”在当今家庭教育中，我们要注重培养孩子的日常习惯养成教育，让家庭教育更长时间地影响孩子。比如人际关系相处、是非对错的辨别和对网络的正确态度等良好习惯的养成，对孩子终身的发展将会带来重大而深远的影响。比如，每一个家长起初让孩子使用手机的初衷都是好的，由于没有培养成良好的使用习惯，为了让孩子安静或不乱跑，撒手任由孩子无节制地玩手机，患上网瘾，想管也可能无能为力了。

在家庭教育中，有时候家长也需要适当的放手，给孩子留有一定的自主成长空间，不能过度地关注孩子，俗话说“关心则乱”，有时最后变成了完全控制，这会导致孩子失去了正常成长的空间和自主性。作为家长我们要懂得有智慧地适当放手，在各种活动的失败中让孩子吸取教训，总结经验，从而学会健康成长，变得成熟，更好更快地适应社会。另外家长在孩子的学习和生活中不能只充当监督者或学习助理，更多的应该是建立良好的亲子关系，要充当孩子学习和生活的陪伴者，每一位家长要同孩子一起成长，一起进步。

新时代的教育赋予了家庭教育的新挑战，我们每一位家长都应该认识到，孩子的成长过程漫长又艰巨，成为一名合格的家长更不是一件容易的事，我们既要承担为人父母的责任，生活中又要建设良好的亲子关系。作为家长，在教育孩子的过程中不能撒手的地方我们绝不撒手，帮助孩子养成良好的行为习惯，而应该放手的地方我们必须要舍得放手，促进孩子的健康成长。

为了最初的遇见
——班级管理之我见

张红艳

作家冰心说：教师的现在，就是学生的未来。从事教育工作以来，我将这句话作为自己的座右铭，静心去悟，努力去践行。另一个身份——作为高中年级班主任，每每接手新高一，都会有欣喜与期盼的情愫在我心里萌发，想成为他们的良师益友，成为他们心目中的一面旗帜、一盏明灯，陪伴他们度过人生重要的时刻，引导他们成长。同时，我也常常倍感压力，如履薄冰。我珍惜每一段师生缘分，只为这最初的遇见……

几年来，在与学生、家长的相处中，在摸索中，在向我的前辈们的学习中，我对如何做好班级管理工作渐渐有了一些心得，与同仁们探讨、分享。

一、重视思想动态，做学生心灵的“鼓动师”

1. 鼓动要用情。

诗人白居易有云：“感人心者，莫先乎情。”只有出于爱的动机，在生活上关心，学习上信任，学生感受到了这种真诚，才会全身心投入到学习中去。鼓动也要切合实际，相信大家对“跳一跳摘到桃子”的理论并不陌生，鼓励学生向着能看得见摸得着的目标去拼尽全力，也是我常常使用的方法。

2. 鼓动要适时适度。

《学记》有云：“当其可时谓时。”意思是说要根据学生的特点，选择适当的时机进行教育，那才能称为“及时”，“扬长避短”的方法也得掌握好条件和时机。每个学生的基础不同，禀赋不同，正如打仗要把握“天时地利”，更要寻找“战机”。有的鼓动是无法预设情境的，是随机的，例如一个眼神、一句暖心的话语或者是拍一拍学生的肩膀，再或是在作业本上写下一句关心的话，都有可能成为孩子发奋的动力。

3. 鼓动要有层次、要反复。

一个班要成为先进班，先得确保成绩。因此，管理好班级就得先抓成绩，大面积提高学生学习兴趣，稳步提升成绩，不放弃任何一个人。但是，做事不能追求片面，成绩抓上去了，没有过硬的管理跟进，好成绩也是保不住。因此，对于任何一个细微环节、任何人、任何事、任何时候都不能轻言放弃。给学生做思想工作，不能主观，而要有目标、有计划、有策略、有针对性。最终形成良好的学习氛围，并非一蹴而就。有时要和风细雨，有时要疾风骤雨，有时则要刚柔并济。特别是对于学习成绩波动较大的学生，要反复抓、抓反复，鼓动亦如此，也行之有效。

4. 鼓动要循序渐进。

教育要遵循一定的规律，俗话说，心急吃不了热豆腐。高一的时候，我帮助他们构建集体观念，帮助他们找准定位，增强自信心。高二时，鼓励他们面对困难，知难而上，在挫折面前不断增强勇气和决心。进入到高三阶段，与学生一起制定奋斗的终极目标，等到他们摩拳擦掌跃跃欲试的时候，在对自己有了客观认知的基础上，找准时机，科学指导；而当他们遭遇挫折时，帮助他们找到突破瓶颈的途径，找回信心。

二、细节上入手，做行动上的巨人

1. 勤跟班。

跟班事关学生安全、学习、生活，责任重大。陪伴是最长情的告白。在日常管理中，要了解学生到校、早读、晚读、上课、自习的情况，就得腿勤。让学生感受到，老师的关注如影随形。提前"候课"是我常用的方法，从课前早进教室中，了解学生的心理状态、情感需求。

2. 勤交流。

打开心灵的大门。尊重学生，进而尊重学生的个性需求和内在情感需求，与学生交心，其实是一种捷径。我常常利用班级微信群"每周寄语"，与他们对话。比如看到有学生开始化妆，我就会说："装扮的日子会很长，请珍惜你在校园里那清纯的模样。"针对家长反映孩子不听劝说经常低头玩手机的现象，我会写道："请放下手机，静心成佛；端起课本，得到即仙。"学生感到迷茫时，我会私信他："昂起头来，让你的每一步迈向高处，你才能在未来某一天俯瞰世界。"

此外，我利用一切可以利用的碎片时间，学生来找我问题的时候，学生晚自习时，我也会与他们交谈几句。

交心也要把握分寸，拿捏恰到好处，既不能太近，无话不讲、无话不谈，也不能让学生与你有隔阂感和距离感。最佳距离是让学生信任你，又摸不透你。听起来很难，实际做起来把握住一个宗旨：真诚地、发自内心地去走进他们的心里。

3. 勤沟通。

高中生的心理健康越来越受到全社会的广泛关注，班主任与家长间有效沟通是解决高中生心理问题的重要途径和方法。苏霍姆林斯基说过："最完备的教育是学校与家庭的合作。只有学校教育而没有家庭教育，或者只有家庭教育而无学校教育，都不能完成培养人这一极其艰巨而复杂的任务。"家校双方目标一致，形成教育合力，相互理解和包容，从而促进学生更好地发展。

家校合作的关键点在于"各美其美"，既要发挥各自优势，也要扬长补短。沟通要注意以下几点：

（1）教师与家长的沟通要建立在相互尊重的基础之上。老师往往给别人的感觉是言辞犀利、不苟言笑、独断专行，与人相处强势、刻板。家长会有一种敬畏的心理。两者间会在无形中建立起壁垒。然而，相互间一旦打破这种成见或者叫作偏见，抱着能从彼此处获得更多关于孩子的信息的态度，敞开心扉，结成教育同盟，建立畅通的交流，会对学生的发展有着极为积极的意义。

(2)教师与家长的沟通要基于正确评价。家长要放下“慈母心”,老师也要放下“玻璃心”,不能遇到事情就甩锅。

(3)教师与家长的沟通要基于信任。教师具有更专业的教育心理学方面的经验,家长可以从班级事务上多多加以配合。教师要善于调动家长参与班级管理的积极性,共同为学生的学习保驾护航。

三、重视自我修养,做学生的良师益友

俗话说:“桃李不言,下自成蹊。”在平时工作实践中,我明显感觉到,高中生独立人格初步形成,已具备一定的人生观、价值观。但是,意志、情感、行为仍具有不稳定性。学生的心灵需要老师用耐心去塑造,所以我们老师的自我修养、专业水准、道德面貌都是学生学习的最直观的榜样。能否把班带好,取决于你能否率先垂范。

1. 做学生眼里“观之可亲”的老师。

我认为,老师的仪容仪表、言谈举止是学生效仿的对象,所以,我比较注重这一点,努力塑造美的形象。特别是庄重又亲切的表情,会使学生觉得,老师温和、慈爱,观之可亲可近,带给学生的是健康向上的感觉。

2. 做具有人格魅力的老师。

除了外在的修养,还必须要有乐观积极的情绪、海纳百川的气度、潇洒的风度等。只有这样,才会潜移默化地影响和教育学生。

3. 做聪明又“懒惰”的老师。

风筝飞得再高,线要在手中。我是学生口中“甩手老班”,我认为,班主任要最大限度发挥自身的主导作用,尽可能鼓励学生实现自我管理,才是聪明之举。学会放手是指不再凡事亲力亲为,做好学生的坚强后盾,而非大撒把。

四、重视集体意识,强化石榴籽精神

我们常常叩问自己的内心:孩子们为什么学习?班级存在的理由是什么?我遇到过“班级到底是个什么样的班级”这样的困顿与考验,也依然记得那个教训。当时,我让每一个学生做出规划,详细写下自己的计划,但是一个学期过去了,学生们各自为战的弊端显现出来。随着班干部积极性日渐消失,班级纪律涣散,班级量化评比迅速下滑。我当时沉湎于只要拼命学习,所有问题都可以放一放的“唯成绩论”里,对于班级日常反映的问题没能高度重视,结果,在高一下学期考试中,我们班的成绩出现严重滑坡。这件事深深刺痛了我,我更明白了集体的意义和存在。眼前利益、短期的成绩不会长久,而“共创佳绩”才是我们共同的目标,如果丧失,我们很难从内心深处升腾必须努力学习、必须为自己的未来负责的欲望。

三年高中时光很短暂,我鼓励我的学生:希望不灭,动力不竭,为理想全力以赴!我也一直暗暗鼓励自己:既然选择了远方,便不顾风雨兼程,这样做的初衷——只为那最初的遇见!

运用智慧管理　效果事半功倍

刘红洁

班主任工作细碎烦琐,需要极大的耐心和责任心,同时也要有智慧的思考,平时言传身教,日常点滴积累,最终润物无声。学为人师,行为世范,始终是我做人做事以及管理班级的准则。作为班主任,每天面对四十多个孩子,思考如何让每一个孩子都发挥最大的潜力,考上理想的大学,这不仅需要班主任具有强烈的事业心和责任感,更需要班主任具备相当强的组织管理能力和科学的管理方法。自我从事班主任工作以来,我才深深地体会到“纸上得来终觉浅,绝知此事要躬行”的真谛。班主任工作是极其考验一个老师的能力的,经常让人疲惫,郁闷,茫然,但是坚持到底,学生的优异成绩和对老师的真心感激,又会给我无穷的动力继续走下去。如何智慧管班呢?下面结合自己的工作实际谈一谈我的管班心得。

一、用大环境转变“突出”学生

案例一:2013 届,班级有位男生,顽固倔强,很难讲通道理,经常与同学及宿管发生冲突且拒不和解。后经我与其家长多次沟通,了解到家庭状况是父母离异多年,母亲管教方式极其强势,缺少对孩子的尊重,语言粗暴,父亲唠叨但是不抓重点,父亲与母亲教育方式南辕北辙,导致孩子异常叛逆。

要想改变这样一个孩子,绝非易事,我给自己一个学期的时间来尽力转变他。首先,我注重整体营造班级氛围,通过班会等各种活动多种方法持续地与孩子进行沟通,找各种机会灌输给孩子如何与人相处沟通的思想,包括与父母如何相处和包容,努力让他说出自己的想法,最好是表达对父母有什么评价,以此为基础进一步沟通。最初,这个孩子不愿意表达自己的真实想法,总是对我的问题敷衍了事,我坚持谈话,过了一段时间,他终于说出一些自己内心深处的不满意。

其次,发挥同伴影响力。班级中有一部分学生思想非常正面积极,要最大限度地发挥这部分同学的影响力,选择恰当的班会主题和小组活动主题,提前安排一部分孩子有准备地发言,尤其针对这个男生,给他布置发言任务,让他融入进来。慢慢地,这个男生处事方式柔和了一些。和同学说话不再咄咄逼人,对学校的规章制度也能很好地遵守,尤其是对宿舍管理基本服从。

第三,发挥微谈话的作用。利用一切机会进行或长或短的一对一谈话,我感觉效果非常好。在楼道碰面我一定会对他微笑,早自习之后我必定会问问他昨天学得怎么样,有没有问题,课上一定提问他并给予恰当的表扬,对他的小毛病也直言不讳地指出并督促改正,我想让这个孩子感受到服从集体规则,成为集体一员给人带来的愉悦感和荣辱感,从而自觉规范自身言行,经过一段时间的实践,效果可以看到,这个孩子慢慢地有些触动和转变。

二、班干部选拔:欲速则不达

案例二:2013 届,高一新生入学,选举班干部是一件极其重要的事情。我的做法是要求孩子们自荐,希望他们勇于表现自己,懂得争取机会。有一个男孩子自荐当班长,他初中时没有当班干部的经验,虽然优点是非常积极,但是很不会处理与同学们的关系。结果在军训结束时就与同学发生若干次冲突,同学不服他管理,他就大发脾气,甚至当众摔矿泉水瓶子,放狠话,一度非常尴尬,没有办法,最终他没能胜任班长这一职务。这件事情使这个孩子一直郁结于心,始终在班级形单影只,影响了自身的学习和生活。同时,给老师管理班级增加了负担,不利于整体班风建设,不良影响甚重。

班干部的选择,会对一个班级有举足轻重的作用。这代表了班级的整体精神面貌,关乎班级最终的发展结果。想管理好一个班级,必须选出最佳班干部团队,他们可以取长补短,精诚合作,乐于奉献,勤于工作,才能成为老师的得力助手,营造优秀的班集体,同时又促进自身发展。我采取的做法是:班干部尤其是班长的选择灵活进行,每年甚至每学期换届,仔细观察学生特点,了解班级情况,无论学习还是日常生活都要成为同学们的榜样,能够带动其他同学不断进步,形成积极向上的好班风。

三、班会课:提升灵魂的高度

交流是最有效的管理手段,师生之间,生生之间,都要有一个逐渐了解的过程,甚至在已经熟悉的基础上还应该进行不断的沟通,以期更好更融洽的学习和生活。

班会课无疑是最好的契机,让大家畅所欲言。我所带班级必定期召开班会课,选择学生们感兴趣的话题,让每一个同学都能说点什么,让他们感受到被重视,在这个过程中,大家的思维一定是互相影响的,宣扬了正能量,提高了凝聚力,增强了孩子们的表达能力,是非常好的沟通管理方式,最重要的是老师要重视并且坚持,学生会回报以惊喜。

四、量化考核:没有规矩不成方圆

我把班级学生根据性格、学习能力、优势学科划分成若干小组,按不同成绩,男女生搭配,其中每名学生都担任一科或两科的课代表,对各组进行学习、纪律、卫生等方面的量化评比,组内合作,组间竞争,定期总结颁奖,重要的是形式一定要隆重。通过小组之间的评比竞争我发现我们班级不学习的同学少了,成绩好的同学能主动帮助成绩差的,哪组都不肯落后,班级的卫生明显好转,形成了比学赶超的好风气。总之通过对学生的量化评比,小组竞争,班级班风更正,学风更浓了,作为班主任的我反而觉得比以前轻松。

班主任工作琐碎却重要,一言一行、一举一动都会对学生起着潜移默化的影响。教师对学生的教育过程,实际上是“一个灵魂”塑造“另一个灵魂”的教育过程,这就要求我们教师不断加强自身修养,才能以自身的人格魅力与良好的师表形象去陶冶学生的心灵。教育有规律,但没有一条规律适合于所有的学生。在教育飞速发展的今天,我觉得自己的责任是把我的学生塑造成活生生的人——有自己的独到见解、有自己的独特个性的人。因此我将更加努力学习借鉴名师育人经验，结合自己的实际思考，探索适合自己的管理方式，在实践的过程中再不断地反思，不断地总结，不断地提高。

爱的大地必将绿树成荫

朱福利

2017年3月初,我因为在网上看到一些多肉的图片,那一颗颗萌萌的、憨态可掬、质感肉肉的植物吸引了我。于是抱着试试看的态度网购了8颗植物,很快快递包裹就到了,我精心地把它们栽到小小的8厘米口径塑料盆里,期待着他们能在不久的将来长成网上美图那样的状态。

2017年3月27日,刚刚入盆时

2017年4月26日,入盆一个月时

时间就这样一天天过去,这些我一回到宿舍可以盯着看十几分钟的植物每天都有着不同的变化,或是长大了,或是分出小枝丫,或是打了花苞开出小小的花,在这每天十几分钟的观赏过程中不免让我有些思考,教育何尝不是这样的呢?只要你肯花心思,把学生当成自己的弟弟妹妹,从学生的角度考虑一些问题,在生活中给予必要的引导和推荐……你必将会有意外的惊喜。

一、一天是我的学生,永远是我的学生

高一下学期,有三个学生因为对理科学习感觉很吃力,经由本人申请学校同意转到不同的文科班,但三个孩子在离开班级的那天跑到办公室与我分别,虽然仍然是同一所学校同一个年级但孩子们是含着眼泪在与我拥抱,我对孩子们说虽然你们离开了这个班集体,但你们永远是这个班级的一员,同学和老师们也都会永远记住你们,在 2020 年高三毕业时候班级做胸牌、做蛋糕、拍毕业照的时候也都把三位同学请了回来。

班级发毕业证的时候做了一个小小的仪式,就是由我把毕业证发给同学们,当时正好转文的一个同学也来到了班里,虽然我知道我手里并没有他的毕业证,但我拿起一本毕业证喊了他的名字,他缓缓地走上讲台,双手接过毕业证,一句“谢谢班任!”后一个大男孩抱着我眼泪止不住地往下流,我也是一个泪窝浅的人,一时两个人没有言语交流,却把要说的话、要表达的感情都融于这离别的拥抱中。

二、因材施教,教师只做引路人不做强制执行的法官

学生是有灵魂的,有自己的想法,有个性,有主见。高中的孩子都是十六七岁的年纪,他们能够分清楚善恶美丑,只是有时候对自己的行为不能够很好地控制,这就需要我们老师和家长在旁边做一些合理的疏导和指引,而不是强制性地不让孩子做什么或者不做什

么。道理给学生讲明白，剩下的就是给他们时间，相信等学生自己想明白了再去向好的方面发展的时候，必定事半功倍。

高考前 3 个月的时候，很多同学心理上出现高原反应，总感觉自己这也不会，那也不会，做题正确率极低，再加上家长每天的“谆谆教诲”，部分孩子有些崩溃。

班级有这样一个孩子，学校开学以后并没有返校，而是家长在外面找了个全托班，孩子在全托班开始劲头很足，每天有专门的老师负责线上考勤、作业督促检查等，但因为毕竟是每天自己在家听网课，也不知道学校其他同学学习的情况，慢慢地就产生了学不进去的消极情绪。家长和学生发现这一状态以后也是给我打电话，希望能回来上课，我给学校打了申请，通过以后学生回到班级，状态有很大改变。在一次未公布成绩的周考中成绩考了班级第一名（说实话是不是第一名我也不确定，只是隔壁班主任跟我说的）。但是紧接着在学校组织的分考场、拉单桌的月考中这名同学的成绩却没有任何原因的考了班级倒数第二名，这下他的状态彻底崩溃了，着急得学不进去，非要回家了不参加高考了，还在办公室掉了眼泪，我也只能是一遍遍安慰，和学生说这是正常现象，每个人的高原期不同，有的早，有的晚，正常面对就可以，况且你周考还考了班级第一名呢！学生听说自己周考考了班级第一名，特别疑惑，我说我不骗你，旁边班主任给我说的，这下他来了斗志，说第二天想看看成绩单，我说行，我这没保存，我明天给你要。学生破涕为笑，高高兴兴地回班级上自习去了。第二天他跟我要成绩单，我说我跟老师要了，电子版别的老师也找不到了，不过他确定你就是我们班级第一名。这样他从月考失利、学习状态极差的现状中转变了过来，后期还真的不负众望一次次考试成绩都在上升，最后考了班级的前几名，家长和学生都非常满意。

三、始终秉持做好人、做好事、做好学问的教育理念

作为班主任，每天学生们的琐事不断，特别是带最后一个层次的班级，但我给学生们在日常生活中的所作所为的要求就是必须做一个讲诚信、敢担当、有理想、善拼搏的人。高中阶段大大小小的考试不计其数，每天都有家庭作业。每一次考试也好，家庭作业也罢，要讲诚信，不管你学得好与不好，考试和作业只是体现学生一个阶段或一天的学习效果，所以只有你在平时的考试和作业中讲诚信，老师才能够知道学生哪里没学会，才会着重讲解，让学生更好掌握。

在日常生活中，我还和学生们说，你一定会遇到这样那样的事，但无论何时何地要去做一个善良的人，对待你遇到的各类事物，让事情向着好的方向发展，并且尽量让事情经过我的手的时候不会变得更糟糕，但行好事，不问前程。

最后是要做好学问，作为学生，在现阶段甚至以后和很长时间里的任务就是做学问，只有我们学到了更多的本领，用知识把自己武装好才能很好地解决生活中、工作中遇到的所有问题。

本着这样的态度和教育理念，在我一轮班主任生涯结束以后，我对自己三年来的班主任工作是满意的，收获也是满满的，不仅仅是在高考中超额完成了学校制定的高考任务，也收获了一颗颗滚烫的、朝气蓬勃的真心。2020 年 9 月新的一轮班主任历程已经开启，在此，再次祝福毕业了的同学们前程似锦，也期待还没毕业的学生学业有成，是他们让我体会到做教师、做班主任的幸福。

点滴智慧育桃李

王光明

班主任工作是一项复杂而重要的教育管理工作，它既需要科学的方法，也需要情感投入，更需要在实践中不断地研究学生成长变化的新情况，促进学生成长进步。我不断探索教育管理方法与规律，使班主任工作日臻完善，作为一名高中班主任，我总结出以下五点心得：

一、做好表率，言传身教

高中班主任工作主要是做学生的工作，而对于现在高中学生很重要的一点就是要重视班主任的表率和言语的说教，要靠自身的表率作用教化学生，要靠言语影响学生。班主任要不断提高自身业务素质，还要树立自己的威信，做好表率、言传身教。作为班主任要认真备好每一堂课，让学生感受到老师的认真负责；要自信、自强，为人师表，用自己的良好风范吸引学生；要有得体的举止和浩然之气，用自己的风采使学生信服；要注意自身的品格、学识、涵养对学生的潜移默化的影响。学生有时会忘记值日，我会主动捡拾垃圾、清理卫生，孩子们看在眼里，记在心里，以后积极主动打扫卫生，保持班级干净整洁。这样才能让学生从情感上接纳，从行为上配合，由此带来事半功倍的效果。当班主任树立起榜样后，学生就会模仿和规范自己的行为，这其实就是无声的鞭策。

二、积极引导，发扬民主

让学生做班级的主人。班级的事与学生协商，征求大家意见，调动学生的积极性，也可减轻自己负担。开展班级活动，要充分发挥学生主观能动性，积极献计献策。班费收支，让学生民主管理。班级文化建设、黑板报设计，我会让学生主动报名，人数较多就分成两组，轮流出黑板报，轮流布置班级文化展板。班费收支由学生自主决定，班长负责收取、保管、支出，生活委员负责记录每一笔支出并在全班公示。每学期家长会上告知家长。我会积极引导学生，通过发挥学生的主观能动性，推进班级民主建设。

三、多设助手，培养班干

班干部是班主任工作的得力助手，我非常重视班干部的选择培养。我一般会在平时观察每个孩子的表现，认真考察他们的性格、特长、品质、能力等情况，必须选取组织协调能力强，有吃苦耐劳精神的学生担任班干部。班长要选择品学兼优、责任感强、有能力有担当者担任。团支书要选择思想进步、号召力强、热心班级事务的学生担任。学校组织的

“青年大学习”“禁毒学习”等各类学习活动，均由团支书督促完成。班干部都有试用期，在任命班干部之后，要用其所长，避其所短，在工作方法和工作态度上给以指导。如果不能遵守校纪校规，不愿为同学服务，无法起表率作用，就需要及时更换。班干部各司其职，各尽其责，相互配合，相互协作，既减轻了班主任的负担，又推动班级工作有序推进。

四、关爱学生，一视同仁

高中学生表面看身高体重已经成熟，但内心还是比较脆弱，这就需要教师的支持与鼓励。特别是那些家在外地的学生，他们平时吃住在学校，缺乏父母的关爱。对此，我在生活上、心理上积极帮助他们。学生有困难，及时帮助他们渡过难关。开学初，学校组织军训，有学生中暑，有学生过敏，我及时送学生去校医室就诊，帮学生买水买药；班级有体育特长生在训练中受伤，需治疗，父母又在外地，我主动垫付医药费。生活中，点滴小事就可以拉近与学生的距离，使学生感受到老师的关爱，从而实现“亲其师”“信其道”。老师的一句话，立刻就会在学生内心产生波动。古人常说：不患寡而患不均。作为高中班主任必须注意学生这一心理，要一视同仁。班级安排座位，每学期大轮换两次，每次都换成不同的同桌，高中三年生活，让每个学生有更多的同桌。每周循环一次，从后往前，从左到右，依次推进。老师的真诚微笑与一视同仁，使学生在潜移默化中感受到温暖，体会到公平。

五、严明制度，常抓不懈

做好班主任工作必须严明班级制度。在开学初，我制定一套班级规章制度，奖惩分明，细则明确。从每天的迟到早退，到上课晚自习的纪律都要做到每天记录，每周总结。出现违纪情况及时地提醒、教育、引导，最终促进学生成长进步。手机管理问题是家长和学校感到最为棘手的问题，我会心平气和地与学生促膝谈心，用诚恳、真诚的话语劝说他们，同时也会制定一套细致的制度约束他们，一旦有违反规定使用手机者，严格按照既定规则处理。根据实际情况不断完善的规则，并常抓不懈，最终会取得事半功倍的效果。此外，当学生在学习方面进步时，及时在班级表彰；当学生参加学校运动会，斩获大量奖牌，荣获团体第一时，班主任也要给予表扬和鼓励。通过细致的管理，很快就调动了学生学习的积极性，树立纪律观念，也有助于班级良好风气的养成。

以上就是我在班级管理过程中的一些感悟。班主任工作虽小但事杂，虽琐碎但责任重。在今后的工作中，我还需要不断总结经验，不断学习，不断提高业务水平，努力使自己的工作更上一层楼。

谋定而后动

李艳泰

秋风送爽,丹桂飘香,八月末,我们迎来了高一新生。在前三周的军训、学习中,学生们表现良好,大都能够严格要求自己,积极向上。可是从第四周开始,各种问题就暴露出来了:上课睡觉、传纸条、说话、迟到、不值日、打架……在多次说服教育无果后,我几经思考,想到一句话“志不定,天下无可成之事”,令我茅塞顿开,学生之所以出现这样那样的问题,很有可能因为没有一个明确的目标。因此引导学生确立目标势在必行。

当天课上,我给学生布置了一样特别的作业:1. 我们来学校上学的目的是什么? 2. 为了实现你的目的,接下来你将采取什么措施?

第二天,收上来的答案果然在我的预料之中,有些同学希望考入好一些的大学,有一份体面的工作;有些同学希望做一个对社会有用的人;有些学生确实没有什么目标,没有方向,顺其自然就好;也有些同学说活在当下,开心就好……第二天起,班级的学习氛围果然好了许多。趁热打铁,我利用晚自习时间,开了一个小班会,对一些学生的目标、理想予以肯定,又提出了一个长期发展计划:我们每周由一组同学做一个职业规划。主要从两个角度出发,一个是介绍理想的学校,包括学校概况、主要院系、近几年录取分数、学生考研或就业情况等;另一个是介绍理想的职业,包括入职需要的条件、薪职待遇、工作内容、上升空间等。下面展示一组我班同学做的职业采访。

高一十五班小宋、小张对会计专业人员宋老师的访谈

采访人物:宋老师

职业:会计

采访时间:2020 年 10 月 13 日晚八点

采访地点:宋老师家中

本次采访主要内容包括:教育背景、学历是否对工作有影响,会计的任职资格和基本技能,以及从业长达 14 年的宋老师对一些对此职业感兴趣的高中生的寄语等。

问题 1

我:“会计所需的教育背景是什么?”

宋老师:“专科毕业即可,因为会计是一个可以后天学习,并考取相应证件,然后任职的工作,但需要取得从业资格证,比如说初级会计资格证等。”

问题 2

我:“学历和毕业院校的知名度对于求职是否有决定性的影响?”

宋老师:“有一定的影响,但并不是决定性的,入职后还要看个人后天的努力和学习成果,以及在实践中积累到的经验,这些都可以巩固自己的位置,当然了,较有知名度的大学,会给到更好的教育,从而能在入职最初就得到一个好的岗位。”

问题3

我:“您认为做好这份工作需要哪些知识和技能?”

宋老师:“首先去看看基础会计,会计原理及流程,要了解会计科目,编制凭证。了解会计法基础,经济法规等,不要犯专业上的低级错误,还要提升个人的细致程度,学习编制财务报表等。”

问题4

我:“您认为作为一名会计有哪些必要的任职资格?”

宋老师:“对自己的工作有激情,认真负责,爱岗敬业,对人民有责任感,对国家有认同感,有信心和想法,去维护自己所在公司以及百姓的利益,这是一个会计最基本的任职资格。”

问题5

我:“您认为具有什么核心能力才能胜任这份工作?”

宋老师:“首先要有健康的身体和良好的工作心态,其次要有扎实的理论基础知识,最后要有能力独立处理财务上的相关业务问题,当然会计这份职业本身,就是一个慢慢锻炼和积累的过程,得耐得住性子。”

问题6

我:“您认为具有什么个人品格才能做好这份工作?”

宋老师:“作为会计人员要有基本的职业道德,诚实守信,公事公办,工作要细致耐心,服务群众,奉献社会本身就是光荣的事情。”

问题7

我:“您对未来对会计财经专业感兴趣的同学有何寄语?”

宋老师:“首先要明确自己的目标,术业有专攻,会计不是囫囵吞枣的一大块,有详细的分化,要明确自己的兴趣在哪儿,然后有一个基本的定位,并细致认真地去学习相应的理论知识,希望感兴趣的同学,耐得住枯燥无味的数字海洋,和一条条专业的理论基础知识,才能在这方面取得一个好的成绩。”

会计学专业属于工商管理学科下的一个二级学科,此专业培养具备财务、管理、经济、法律等方面的知识和能力,具有分析和解决财务、金融问题的基本能力,能在企、事业单位及政府部门从事会计实务以及教学、科研方面工作的工商管理学科高级专门人才。

在一晚上短暂的交流中,让我对会计这个职业从感兴趣,变成深入地了解到了它的辛苦和枯燥。

我也把老师分享给我们的一些关于会计学习方面的经验,分享给大家,希望大家能在自己的生活、学习中运用到。

学习应该讲究方法和计划性。有计划的学习比盲目的学习要事半功倍得多,更容易达到预定的学习目标。每个人都有自己的学习方法,找到适合自己的学习方法才是最重要的。复习时注意交流,要避免因一个问题而过多纠结,掌握好复习的方法;不懂就要多与同学交流，探讨解答问题的方法，整合对不同问题的意见，将更有助于拓宽思路。

这样的活动让我受益匪浅，不仅仅能力上得到了锻炼，在自己的思维上也变得更加成熟。

最后想谈谈我的感想：

在知道学校有这样一个关于对社会人士采访并写出报告的活动之后，我的内心是非常激动和欣喜的。

于是主动申请了完成这样的任务，与我而言，不仅仅是完成任务这么简单，更多的是能把会计这份职业的魅力所在，介绍给更多和我一样对会计专业感兴趣的同学。

因为这样的活动，不仅锻炼了高中生的社交和写作能力，还可以给高中生的职业选择有一个正确方向的引导，尤其是刚刚从初中步入高中校园的新高一学生，对于自己未来的职业规划和想要走的道路，都比较迷茫和无措。

哪怕最终同学们并没有选择会计这份职业，但也还是给了大家一个正能量、积极的风向标，让我们可以对自己感兴趣的职业，用同样的方式去详细地了解和规划一下。

这也就促进了大家对于大学的选择，和有效率地计划自己高中生活的学习，珍惜每一分每一秒的时间，为了自己的理想职业和大学去努力。

所以呀，在这风华正茂的日子，让我们共同努力吧！

通过这样的分享，我们不能保证所有同学都能够受益，但是有少部分同学是受益的，而最有收获的当属准备资料的同学了。只有我们确定了奋斗的目标和方向，才能时刻检验自己的所作所为是否正确，才能为自己谋得精彩人生！而早日定下目标，更有助于将来自己的人生发展、更有助于约束自己，所以，我将把这个活动进行下去，尽可能地让每一个同学尽快确立自己的目标，然后慢慢地去实现它——谋定而后动！

学会赞美

李芳芳

每个学生都有值得赞美之处。根据马斯洛的需要层次结构的激励理论,自尊和自我实现的需求是人的较高层次的心理需求,一般表现为荣誉感和成就感。而荣誉和成就的获得,在得到他人或社会认可时表现最为强烈。而赞扬或赞美,就是把学生所需要的荣誉感和成就感,送到学生手里。

每个学生都需要教师的赞美,赞美是教师爱护学生的一种表现,是对学生表现积极的肯定。教师只有细心地捕捉学生闪光的瞬间,才会表达出恰到好处、深切透彻的赞美之情。同时,赞美也是一种语言的艺术,对于构建良好的师生关系有至关重要的作用。德国著名的教育家第斯多惠说:“教学的艺术不在于传授本领,而在于激励、唤醒和鼓舞。”天生我材必有用,在教育教学的过程中,每个学生都有他的优点,教师应及时地抓住学生的某个闪光点,去欣赏学生,赞美学生。

首先,可以进行口头表扬。例如:班级有一个学习习惯不是很好的后进生,上课爱说话,作业也不按时完成,我把他叫到办公室进行谈话教育,但是效果甚微。但是慢慢地我发现这个孩子非常爱交际,并且乐于助人,是个很善良的孩子,于是我利用班会,让同学们相互找优点,同学们都说到了这个孩子善良的一面,于是我当众表扬了他,并且呼吁同学们要向他学习,无论是在生活上还是学习上同学之间都应该互相帮助,为团结向上的班集体贡献自己的力量。从此他悄悄地在改变,有时也能在课上配合老师,虽然还没有彻底改掉学习中的坏习惯,但是我相信他会越来越进步!这种表扬方式虽然略显简单且有些单调,也许也达不到最佳激励效果,但是这是改变的基础。

其次,通过打电话与家长沟通对学生进行赞美也是一种好的赞美方式。学生的优秀表现会让家长为孩子感到骄傲,同时也是孩子们最开心、最自豪的事。如果能够与家长及时沟通,在电话中真诚地赞美孩子某方面所取得的成绩,家长会感受到孩子的努力与进步,这样,孩子也许会受到更大鼓励,激励效果也会更持久。这种表扬方式在我的班长身上有了很好的体现。这个孩子在初中的时候在班级里是那种学习成绩不是很优异但是也不惹祸的孩子,所以也没有获得过太多的关注,当然也没有承担过任何的班干部工作。同时,初当班主任的我也没有很好的选班干部的经验。在开学的第一天看到这个孩子很早就到了班级,并且主动打扫班级的卫生,简单的交流后感觉孩子很踏实。凭借着感觉,我任命了他为临时的代理班长。每次在他完成一项交给他的任务后,我都会当面表扬他,在与家长打电话沟通时也会真诚地赞美孩子在学校的表现。开始孩子有点不相信自己,但是在得到充分的肯定之后,不仅班长工作能够游刃有余地完成,同时还能兼顾学习。通过与孩子家长交流后得知，班长这个身份对孩子起到了很好的激励作用，学习的主动性也大大地增强了。

当然，赞美也不能随意施行，要看准火候，找准时机，让表扬的激励作用发挥到最高点。所以，学生的缺点我们要找到，但更重要的是闪光点也要看到，并且给予适时的赞美。也许我们的赞美会犹如一缕春风，增强学生的自信和动力。

攻心为上
——班主任靓招分享

金卫华

班主任工作其深远重大的意义自不必多说,除去责任重大工作烦琐的特点之外,还是有其乐趣和优势的。比如能够将自己的思想贯彻下去,并且日见成效,看到学生切实的变化和进步,实在是很充实快乐的事。2019 届带班我借鉴了 2016 届带班的经验教训,做了相应的变革,坚持了一年半还是颇见成效的。可以说带普通班需要严防死守,我是深刻践行当班主任就得腿勤和嘴勤的原则,同时高度戒备,草木皆兵,紧张了三年,结果自己身心俱疲,总算是光荣地完成了高考任务。总结反省后得出结论,就像孙子兵法所说的,上届是“攻城为下”,那我这一届面对高一新的班集体则需从长计议,采取“攻心为上”的治班策略了!

建班之初,第一步工作就是攻心战,树立信心确定高中明确的奋斗目标。开学的班会抛出首个议题“你是以什么心情来到 G201914 班”?有的同学说能考上高中实属意外,能来 14 班就很不错了,有的同学说很失落,原本可以考好点进个好班。面对这个局面,我郑重其事地祝贺大家,祝贺所有来到 G201914 班集体的 43 名同学,大家都是凭着自己的真本事,哪怕是考得不理想的分数,那也胜利地考上了高中,所以我们每个人都应该自豪和高兴!随之宣布我们这个全新的班集体正式成立!我们开始了更加伟大的也更加艰苦的高考之战。对我们有利的是从现在开始中考的分数一切清零,此后没人再关注你中考多少分,不利的是高考也不会因为你是普通班给你降低分数线,从坐在这里开始我们就和那些更优秀的学生差了不止一二百分的距离!那我们怎么办呢?只能是从现在开始努力学习,才能缩短差距,才能与所有同届的同学同等竞争!我们为三年后的高考而聚在了一起,也许现在可能很疑惑,我们这水平能行吗?能考上大学吗?接下来我展示了刚毕业的这届学生的高考情况:45 人,上本科院校 36 人,专科 9 人。他们中考分和在座的几乎是一样的,最低 230 左右分,最高 428 分。最后高考,最高 529 分,5 个上了一本线。这还不是当年 6 个理科普通班中最好的成绩,当年的 30 班只有 3 位同学没上本科线。我告诉 2019 届的 14 班,这就是现实,只要你好好学习,你就能考上本科院校。接着我总结发言并升华主题,强调高中第一步——相信自己,做个有追求的人,有目标的人!认清现实,我是为了什么才上的高中。我不是混社会讲哥们义气打架抽烟当老大的,我也不是谈情说爱来的,我就是为实现梦想而来到六中 G201914 班!而这个目标努力三年完全可以实现!在做了这些铺垫后,我再去讲校规校纪,尤其强调在学校打架是最不划算的买卖,损人不利己,关键是学习的时间和精力消耗不起。效果究竟怎么样,时间在证明!至少是到今天,高二14班,还没出现过一起打架的抽烟的违规违纪现象,就是迟到请假等事情都少之又少。我想这就是把学生的注意力吸引到学习上了,自然他也就不再把精力花在捣乱上了。这对于理科普通班来讲,是真的很不容易。

第二步摸索适合班情的学习方法,营造班级浓郁的学习氛围。正如蔡元培说的“教育的意义不在传授,而在鼓舞和唤醒”。开始上课之后,我强调学习是每个人自己的事,父母还是老师谁也替不了你,只能靠你自己来完成这学业大事。但是好在我们在一起,老师和43个小伙伴在一起,在同一个教室里共同学习,那么学习就是“我为人人,人人为我”的共同目标。基于普通班学生基础差的现状,我鼓励学生学习就从讲题问题刷题开始!找出作业或者习题中的难题重点题,让一位同学讲给全班听。时间是活动课的20分钟,到后来晚自习也给半个小时讲题。讲数学物理,也讲化学,从找会的同学讲给全班同学,到轮流讲题,每个人都参与进来。大家的基础都不是很好,这没关系,通过讲题一起学习,一起进步,重要的是从中找到学习的价值和快乐!我说咱们班没有学霸,那咱们就培养几个学霸出来!想法很天真,却没有想到现实也非常给力!这里举一个王久川同学的例子。我在本学期偶然搜抖音时发现了班级讲题的一个视频,是学生家长在2019年10月22日发的一个旧视频,配的文字是,上六中两个月,我儿子从一中最后一名被录取的学渣转变成学霸,感恩感谢!我仔细一看点赞人数1 331个,真的不禁感慨万千。这个孩子确实是370分一中分招最后一名来的,但是现在的他妥妥的是我们班的一哥,善于思考,乐于专研,每当同学讲题有讲不清楚卡壳的危急时刻,大家就会首推:“川哥,上啊!”王久川同学在确定考日语的情况下,从高一人学到高二期中考试,每次都能考500分以上,这何尝不是讲题习惯的受益者。这个讲题的做法我们一直在保持,每个同学都有讲题的经历。持续一段时间后,14班同学勤学好问,乐于学习的习惯就蔚然成风了。到了期中期末我给学生的一项奖励是,让前十名的同学每人写一句自己的人生格言,做成广告页一样,展示在班级,起名为——我为14班立言立威!所谓拥有在班级的话语权。其中久川同学说:很多时候你不需要知道自己喜欢什么,只要知道自己该做什么就够了!这确实符合现在很多高中生职业规划并不明确的现状,但至少知道要努力学习,非常好!最勤奋好学的女生翁飞燕说“拼着一切代价,奔向你的前程”也是她最真实的写照。

第三步,全面发展,励志再继续!我们班的小黑板除了记录每天的出勤,也成了我的“班主任宣言板”。最初我的主张是14班“干啥像啥,追求极致”!纪律卫生加跑操,我只需要全体同学拿出诚意,做到自己最好的水平!G201914班在高一两个学期结束后,在高一年级评选“文明班级”活动中荣获“文明班级标兵”的荣誉称号。之后班级宣言换成“好无止境,差有底线”,鼓励同学放眼全年级,追求更好,后面的同学成绩暂时落后没关系,但必须要有个底线,坚决消灭300分以下!在高二上学期期中考试当中荣获“成绩优胜班级”的光荣称号。本学期,学校有国旗进班级,每天向国旗敬礼的活动。我们班的这个活动仪式感是相当强的,除了旗手出旗送旗,全班同学行注目礼之外,加了个国旗下演讲两分钟的环节。我希望同学们都能意识到我们的高中生活,每一天都是既平凡又伟大,每一天都是与我们伟大的国家和这个不平凡的时代同步发展中,我们每天都在与时俱进!

抓住每个教育的契机,思想教育工作是一个长期持续的过程。本学期我们高二14班还获得了全年级篮球比赛的冠军,这件事不仅激励了全班的斗志,也给了我很多的启发。

本着少耽误学习的原则,我是希望打一场就平安归来挺好。谁知连战三天,过关斩将,一路挺进了决赛!第四天据说是争冠亚军的比赛,学生们极力邀请我去观战,我说算了吧,老师经不起这折腾!等到辅导课铃声响起,我去班里转,班级里除了6个篮球队员不在,其他人整整齐齐坐着准备上辅导,这是篮球比赛打完了,这样老实是终于输了吧!“什么呀,老师,先打的三四名,咱们比赛刚要开始就到辅导课的时间了,班长招呼大家回来上课,我们就都回来了!老师,你不是说啥时候都得把学习放在第一位的嘛!”这席话我听了很是意外,这个时候我才觉得我这些学生真是很可爱也很难得!回到办公室穿上外套,我直奔体育馆!还没看明白比分,一声哨响,比赛结束,体育班长李硕飞奔过来,一下就把我抱起来转了一圈,老师,我们是冠军啦!头晕目眩良久,年轻真好,我这个大14班,真挺好!我必须要做点什么了!

激动之余,我决定拿出学校给我们的一个月班主任费买个大蛋糕奖励一下孩子们,不只是篮球冠军值得奖励,他们把老师的话放在心上,能忍痛放弃看班级争冠军赛回班上辅导课的孩子们更值得奖励!以歌曲《我相信》为背景音乐,我表扬了篮球队员敢闯敢拼绝不认输的拼搏精神,打出了14班的豪情壮志,表扬了其他同学把信任留给队友,把规矩原则放在了首位,同样也非常难得,值得表扬!接着趁着班级群情激扬,请每位同学写一段给G201914班的寄语并依次大声读出来。我在前面分切蛋糕,忙得不亦乐乎间听到一段段精彩致辞被如雷鸣般的掌声淹没!

体育班长说:“14班从未被看好,但一直在超越!”

贾若男同学说:“篮球队员在赛场闪闪发亮,愿我们14班同学在学习上也都能绽放自己的光芒!”

杭楠同学说:“我遇到了最暖心最上进的班集体,高二14,加油!”

语文课代表说:“篮球冠军赛已经结束,而我们14班的故事才刚刚开始……”

一场篮球赛,班级凝聚力荣誉感爆棚,也让同学们的思想精神备受鼓舞。这让我想起苏霍姆林斯基说过的一句话——只有能够激发学生去进行自我教育的教育,才是真正的教育!我的班级思想教育工作,还在摸索中。

“路漫漫其修远兮,吾将上下而求索。”充实学生的心灵,引领学生奋发学习,是一个日积月累,毫不松懈的过程。我还要求班级同学每天写成长感悟反思日记,可长可短,我每周收两次,检查批阅交流。这项工作坚持到了今天,这是老师陪学生的一场为期三年的“修行”。这种精神上的陪伴,影响了14班孩子们,他们精神饱满,心地善良,心灵至诚!我下一步的打算是接着研究我的“攻心为上”的大策略。我还有个梦想,替家长们培养一个懂得感恩的孩子,希望14班孩子不管学习怎样,各个能内心善良,眼神清澈。我知道每个班主任都有自己的智慧和传奇,而我只想说,碰上这届孩子,还真的挺好的!希望他们在多年后也能认同,遇上我也是他们的幸运,是彼此的不辜负!

宽严相济　以情化人

——班级管理心得

燕国云

我们都听过这样一句话:“教师是人类灵魂的工程师。”我认为,一名班主任应该是“人类灵魂的高级工程师”。班主任作为班级管理的第一管理者和责任人,肩负着光荣而艰巨的使命。学校的校风、校纪的好坏与每个班级的管理是否有序有直接关系。在班级管理中,很多班主任还是从“严管、紧盯、训责”等方面去管理,认为只要勤跟着学生,严加管教,错了就罚就足够了,其实不然,管理是一门艺术,学生更是一个个鲜活的个体,性格迥异,不能一概而论,需要细致区分,该宽则宽,该严则严,一切的出发点应以学生的发展为中心。本人结合自己班级管理的实际,现和大家分享。

一

中学阶段的学生正处于青春期,自我、独立、敏感和叛逆是这个时期独有的标签,处于这个时期的人最想要获得“认同”,渴望得到别人的肯定,清代学者颜元先生说:数子十过,不如赞子一长。

我班有位同学,入学成绩偏低,开学后不久便经常在课上睡觉,听课不专心,作业不能及时完成,成绩自然也不理想,时间久了,各科任课教师也是对他无可奈何,通过与家长的沟通,了解到父母平常忙于工作,对孩子几乎是一种“放养式”的教育,又因为孩子小时候体弱多病,在孩子的成长过程中更是溺爱。初步了解了他的情况后,我开始找他谈心,谈不好好学习的后果,谈理想……每次谈话后的几天都有些许转变,但总是“三分钟热度”,不久便打回“原形”,反反复复,最终效果甚微,我也因此萌生退意,想要放弃他,但直到发生一件事,让我突然想到了“唤醒”他的方法。

在一次班级大扫除中,当所有人都做完分配的任务外出活动时,只有他一个人在仔细地检查班级卫生,发现有不合格的,他便仔细清扫,十分认真,面对同学们都不愿意触碰的垃圾桶,他用抹布擦拭得干干净净,我心想:“这难道是故意做给我看的?”在接下来的一周里,每当他值日,我都留心去观察他,发现他一直是非常认真,将卫生角收拾得干净整洁,每节课的黑板也都擦拭得十分干净,这让我肯定了他身上的闪光点,也让我联想到,他在学习上的漫不经心,无所谓的态度,没有良好的学习习惯,实际上是他在学习上没有自信心,如何让他重拾信心,就要从他擅长的方面入手,需要肯定他的表现,于是,我开始在班会课或者上课时对他的值日提出表扬,他觉得自己获得了认同,便在值日时更加卖力,一段时间后,我觉得时机成熟了,我开始将他在值日时表现出来的态度往学习上引导,渐渐地,我发现他开始转变自己的学习态度,课上认真记笔记,有疑问课下找老师,课堂上也开始积极回答问题,学习成绩也一步一步提升上来了。

由此我不禁想到,班主任在班级管理中要有善于观察的眼睛,不吝赞美学生的言词和赏识学生的气度,尤其是当学生犯错时,要懂得揣摩学生的心理,不能一味地斥责,有时候一句赞美之词,更能激发学生的动力。

二

其实,除了激励,我们面对不同的情况,还可以有别样的思考。并不是千佛一面、千篇一律的,个性化的解读与处理也许会收到事半功倍的效果。

我所带的班级,入学成绩普遍偏低,有的学生认为自己是上不了高中的,他们在初中时就是让老师头疼,家长无可奈何的存在,面对自己的错误,有的极力掩饰,有的谎话连篇,有的甚至"负隅顽抗",升入高中,依然存在这种情况,他们之中,甚至有的很会"察言观色",懂得如何去应付老师,在班级管理中,面对犯错误的学生,有时候"依法惩治",不如"以情感化",此时,"罚"也许只会让学生"口服而心不服",如果惩治过当,还会引起学生的反感,激发学生的逆反心理。

很多时候,学生非常清楚有些行为是不符合学校规定的,比如女生会存在化妆行为,男生发型不合适,早恋等,但因为从众和侥幸心理的作祟,导致这种行为屡禁不止,白居易在《与元九书》中说:"感人心者,莫先乎情。"我的一名学生也曾偷偷给我写过纸条告诉我,认为惩罚不过是写检讨、罚值日等,对于一些学习成绩差的学生来说,这些在初中时已经习以为常,无关痛痒,所以他们才会屡屡犯错。

我第一次带班时,有这样一名学生,她长相出众,多才多艺,但也正是因为这样,她每天必须化完妆才来学校。由于父亲突然因病去世,母亲觉得有些亏欠孩子,也就不太管束,最一开始,我严厉地批评了她,并没收她的化妆品和工具,她向我"示弱",我觉得我成功解决了一个问题学生,但后来发现,我还是太年轻,这只是她敷衍我的一种方式,因为我发现她又有了一套新的"作案工具",而且早自习期间是不化妆,等下了早自习,利用课间开始化妆,从而能成功躲避我的检查,我将她叫来办公室,罚她值日一周,这次她没有示弱,反而一副无所谓的样子,甚至回到班级后还向同学炫耀自己的"战绩",我突然意识到,学生开始向我宣战了,我不能坐以待毙,于是,我开始思索对策,她虽然喜欢化妆,但是,毕竟是学生,经济有限,所用的化妆品都是一些廉价的,于是我便开始学习各种化妆品的功能和用途,一时间,办公室的女老师都对我"另眼相待",期间,我还特意向她请教了一些问题,比如化妆品的品牌、价格、效果等,她也有点摸不着头脑,借着一次主题班会的机会,我开始展示我这段时间的"学习成果",从化妆品的品牌、成分、消费心理等做了一些介绍,又引到中学生化妆的行为上,我印发了很多因为化妆而使学习成绩一落千丈的案例材料给学生,让学生观看劣质化妆品的危害视频,在班级举行了有关"美"的主题辩论,班会结束后,我又对她耐心劝导,功夫不负有心人,她意识到了自己的错误,并在以后再也没有化妆。

三

学生工作事无巨细,涉及的问题林林总总。其实,有时候严格也是一剂良药,重要的是如何去沟通、去化解。班主任们都知道，每一个问题学生的背后其实是问题家庭在作祟。所以，如何真正地完成行之有效的家校沟通，进而加强家校合作？是学生工作的重中之重，学生在学校的种种表现只是零散的点，他的背后是社会、学校、家庭和个人共同运作的结果。而关系最直接的就是家庭，通过大量的家访和沟通实践表明，大多数问题学生的家庭状况“残缺”不已：有的父母离异，有的为了生活而疲于奔波，从而与孩子缺乏交流；有的家长思想僵化，认为学生是学校的产物，家长管不了，也不该管。如何方方面面、细致入微地把学生的情绪情感问题、手机管理问题和网络游戏问题这些工作沟通好。只有做到这些，我们的班级管理工作才能拥有一席之地。其实，只有家校齐抓共管，学生才会失去荫蔽之地，再加以正能量的引导和课业问题的答疑解惑，一个问题学生的情况才会从根本上得到扭转。否则，事与愿违。

下面我讲一个案例：我曾经教过的一名学生，他父母离异，父亲对家庭搁置不管，母亲自己带着两个儿子。因为生活的压力，母亲对曾经的婚姻和现在的家庭充满了仇恨和怨气，家庭氛围非常消极，为此，他经常有离家出走的倾向，想逃离现实处境，但又缺乏自强自立的意识，每天生活在矛盾纠结当中，因此，价值观发生了严重扭曲，抗拒与人交流，只与班级另一个问题学生偶有联系，除此之外，拒绝与人交往，不服管理。上课睡觉、玩手机、厌学情绪浓重，可以说手机就是他的第二生命，每天从手机上寻求精神的慰藉和生活的依存。屡次违纪，不断教育。针对以上情况，我连同家长从学生弱点出发，探究其原因所在：一是缺乏自强自立的精神，吃不了苦，所以目前他没有辍学的想法；二是从家庭本身出发，和其母亲多次沟通，家长认识到培养孩子的必要性，承诺以后重新营造家庭氛围，变怨气十足为积极向上，引导孩子在艰难中向生活抗争，争取早日回到正轨，自立自强。经过连续的交流沟通，目前该生情绪稳定，自己表示要一心向好，努力学习，逐渐改变自己的状况。

以上是我入职班主任工作五年来的一点儿微末之见，有很多地方思考得不够成熟，处理得不够恰切，不妥之处敬请指正。但回头看来，师生之间是一个共同成长的过程，我们只有做到宽严相济、认真分析，把握自己的原则和尺度，不管面对什么情况，耐心交流，沟通合作，创设合适的氛围和环境，一切问题都会向好而行，这是学生、老师还有家长共同期待的结果。前路漫漫，不断求索，我们都在路上。

时光里相逢 旅途中目送

张丽琴

时光荏苒,不知不觉间教师生涯已过二十余载,期间,近十四五年一直在做班主任工作,与五届学生于时光中相逢,陪伴他们学习,见证他们成长。如今回味,也许是感慨,也许是平淡……如果要做个总结,谈点经验,倒不如说说我记忆较为深刻的这些年班级一以贯之的一些做法:

一、思想教育 板报文化

黑板报作为班级的一个文化阵地,在学生的思想教育方面有着不可取代的重要地位。但随着时代的发展,信息获取的多元化,学生的视野不断开阔,单调死板的板报形式形同“鸡肋”,作用不大。因此我们把以往的黑板报做了升级处理,与时俱进,不断创新,不断充实,大大提高了学生的参与度,真正发挥了黑板报的美育、德育和激励功能。升级后的班级黑板报,由学生自己设计,内容主要来源于三个方面:

第一个来源是学校安排的主题板报,主题是确定的,但即便主题确定了,学生们有时也会稍微进行一些加工,比如,学校确定的板报主题是“杜绝校园欺凌”,他们就会在板报上加一个标题曰“勇”,然后搜集与“勇”相关的经典实例或历史人物或名人名言等,让大家深刻理解“勇”的内涵,欺凌者非“勇”被凌者须“勇”,学生们说这是板报主题与中华传统文化的完美结合。既然如此,接下来,同学们又精心制作了几期与之相关的中华传统文化系列板报“仁”“义”“礼”“智”“信”篇,图案精美,内容充实,高端大气,赏心悦目,引来学生们课余时间驻足浏览欣赏。

黑板报内容的另一个来源是当下的语文课,课上学习鉴赏的名著名篇或涉及的历史名人或历史故事都可成为板报的主题或内容。

这样既拓展了学习内容又能加深对文本的理解。制作板报的同学要在课下搜集相关资料并做筛选设计,要对作品进行深入解读,这样才能做出文质兼美的板报,而欣赏板报也使其他同学增长了知识,拓宽了视野,这样的板报切实发挥了经典作品的美育功能,同时,由此产生的具有明丽色彩与文化气息的班级环境往往让学生们获得积极向上的心理暗示,从而能够轻松愉悦地学习。

还有一类深受学生喜爱的板报,那就是与他们的生活或感兴趣的话题紧密联系的时事评论、新闻事件、热门电影等,我记得学生做得非常成功的此类板报涉及的电影有《摔跤吧,爸爸》《流浪地球》《大鱼海棠》等,其中《摔跤吧,爸爸》板报设计无论内容还是版面尤为精彩、漂亮,以至于孩子们不忍擦去,保留了很长时间,也激励了同学们很长时间。

总之,也许是班主任教语文的缘故,我们班的黑板报确实成了一块班级文化阵地,我们为此贡献智慧,分享思想,品读文字,潜移默化中培养了学生们的学习兴趣、参与意识、团结精神,也丰富了知识,开阔了视野,黑板报成了孩子们的试验田、加油站。

二、交出时间　重在陪伴

有人说:陪伴是最长情的告白。的确,无论是家庭教育还是学校教育,陪伴都显得尤为重要。对于班主任来说,这句话不是用嘴来说说那么轻松的,更重要的是身体力行。高中三年,陪伴学生时间最长的应该就是班主任了,可以说班主任始终"陪"在"你"左右:陪你晨读,陪你晚读,陪你刷题,陪你自习,陪你哭,陪你笑……带班以来,我总是尽可能多地花时间陪伴学生,除了早自习晚辅导和自己的课以外,如果每个课间自己手头没什么重要的事,我一定会去班级里"转悠转悠",有时要等到下一节课的老师来了再走,有时进班级和同学们随意聊几句。这项工作看似没什么技术含量,实则是最牵扯精力和时间的,想想看,就这样日复一日年复一年,只要是正常上课上班,你的世界里牵制你的就是上课铃下课铃,这样一天天一届届,久而久之也就成了习惯,而这个习惯也是我班主任工作的一个抓手。我觉得,这样既能让我及时了解学生和班级的动态,防患未然,更能让学生觉得班任一直都在不远处陪着我,从而产生安全感、踏实感,安心学习。

三、相信时间　静待花开

师爱是一种母爱,但又是更理性的母爱。其实师爱既要有母爱那颗真诚、炽热的心,更要有超出母爱的科学和理性。师爱是全面的,尤其是班主任老师,不仅要关心学生知识、能力、人格的全面协调发展,也要关心学生的身心健康,。不仅要公平关爱每一个学生,也要对学生学业和身心等方面遇到障碍的群体赋予特别的爱和关心。班主任要有智慧之爱,要有充分的耐心,相信时间,静待花开。

我的2019届一名学生小王，是一个小巧玲珑、清瘦秀气的姑娘。中考成绩较高，但进入高中以来，每次考试都不尽如人意(相对班级整体而言)，高一几次考试后，她情绪很失落，有一次与我交谈时泪流满面，看到这种情况，每次考试，无论周考月考还是期中期末考试，我都给她鼓劲，加油，我们约定每次考试只找问题不看分数，更不看排名。有时我们长谈，有时是课间的短聊，有时互换一张卡片，有时只是试卷上的“加油”两字，这种关注是温和的持续的，到了高二，她的成绩已经有了持续而稳定的提升。有一次我跟她开玩笑说，看你身材瘦小，学习是需要体力的，你选一项体育运动吧，胖能减肥，瘦能健身。随后不久，就看到她开始跑步了，并且一直坚持到高三，临近高考了，她依然经常在晚自习前或晚自习后跑步，我时常能遇到她，每次必向她竖起大拇指，给她鼓励，给她微笑。整个高中期间，她都是阳光的、乐观的、积极的、坚持的，高考公布分数，她以六百多分的好成绩进入一所知名大学。大家都说她是我们班级当之无愧的一匹黑马，其实，我们都明白，黑马的出现是三年如一日的坚持，是相信的力量，是时间的积淀，使她完成了华丽的转身，完美的逆袭。所以我想说，作为班主任一定要有充足的耐心，相信自己，相信时间，静待花开。成功的花儿，当初她的芽儿，必定浸透了奋斗的泪泉，洒遍了时间的甘霖，但，唯其如此，它的绽放才会那么惊艳！

四、时光流转　学会放手

美国华盛顿国立图书馆墙壁上有三句话：“我听见了，但可能忘掉；我看见了，就可能记住了；我做过了，便真正理解了。”这句话强调学生学习自主性的重要，学习是学生学会的，而不是教师教会的，其他方面也是同理，作为班主任，应让自己的学生变被动的“要我学”为主动的“我要学”。变单纯地学知识为主动自觉地既掌握知识和方法又培养能力。时至今日，“终身学习”的理念已被大家接受，那么，掌握学习的能力对学生来说是受益终生的。

早在几千年前，触龙对赵太后说“父母之爱子当为之计深远”，作为老师“爱学生也当为之计深远”。这不仅体现在学习上，也体现在生活的方方面面上，学会对学生放手很重要，对于高中生，有时要把他们看成是大人，相信他们，大胆放手让他们去做事情，有了问题就把它摆在学生面前，引导学生出主意、想办法，这样不仅发扬了民主，增强了学生的参与意识，而且提高了学生解决问题的能力。要做到对学生放手就要对他们放心：一个班级几十号人，一点问题不出是不可能的，学习成绩会时而起伏，纪律、卫生、活动、学生心理等会时而出现状况，不必时时处处提心吊胆，做班主任一定要保持一颗平常心，多一分责任心，少一分功利心。要树立积极、阳光的心态，从容应对每一天，愉快工作，快乐生活。能放手让学生做的事，我绝不插手，班级事务性工作交给班长，出操跑操由体育委员负责，各课代表负责各自学科的作业收发，班级卫生是各值日组长的分内事，班级会计和出纳管理班费……大家各司其职，各尽所能。这既是对学生的信任，也是对学生的锻炼，同时也是对班主任的减负。对学生放心，用宽容心对学生，给他们改错的机会和时间，将心比心，用心引导他们不断进步，不断成熟，然后独立地走向属于他们的海阔天空。

每一次遇见都是一场修行，每一次遇见都是一次相逢，因为这次相逢，我愿意付出汗水和智慧，付出时间和辛劳。著名作家龙应台说："所谓父女母子一场，只不过意味着，你和他的缘分就是今生今世不断地在目送他的背影渐行渐远。你站立在小路的这一端，看着他逐渐消失在小路转弯的地方，而且，他用背影默默告诉你：不必追。"而我想说：所谓师生一场，只不过意味着，你和他们的缘分就是在时光里相逢，于旅途中目送……

学会放手

许宏志

有些男学生成熟特别晚，叛逆期特别长，学习特别差，母亲特别焦虑，母子矛盾大，父亲教育长期缺位，这样的情况在高中一年级竟然普遍存在着，班主任在遇见这样的问题时，如何帮助这样的学生和家长，走出困境呢？如何帮助这样的后进男生呢？

小木是我的学生，他是个性格有些腼腆的文科男生，沉溺于手机游戏、看小说、打篮球，学习成绩极差，小木的妈妈是一位事业有成的优秀的女强人。工作认真负责，她管理小木的方式可以说是严密监管。如此情形，矛盾越发激烈。

高一入学不久，小木的妈妈就主动来找我，哭诉道："小木在初中学习成绩就不好，中考分数也特别低，我特别着急，尤其是看到小木的不着急！不努力！我越管他，他就越差劲，好像学习就是给我学的，写作业也像是给我写的。"

小木妈妈难过得不能自已，等她情绪稍好些，我安慰道："小木妈妈，你说得太对了，我也理解你的着急，但是如果咱们着急，小木不着急学习也是没用的，所以先别着急，让我好好了解一下情况。"接下来，我对小木进行了长期的观察与不定期的谈话，也一直与小木妈妈保持密切的沟通！

在高一上学期，我观察了解到小木上课注意力差，作业完成得不好，课上沉默寡言，课间就是打篮球，放学回家后，小木和小木妈妈就开始因为作业和玩手机看小说等斗争，长期的"斗争"越发激烈而不可调和，小木妈妈说，小木越发难管。因为小木的沉默和抗拒，我和小木的谈话没什么效果。

综合我了解到的情况，我准备从小木妈妈方面解开这个"越管孩子越差，孩子越差，家长管得越严"的症结。我约了小木妈妈当面详谈。

见面后，我和小木妈妈说道："小木的问题很严重，他初中时候学习经历怎么样呢？"小木妈妈神情凝重地说道："初一的时候小木学习还可以，我管得严，初二以后，手机这个问题就管不住了，初三花了很多钱补课，效果也不好，本来以为考不上高中了，我想着本来小木基础就差，更要努力学习，可是，就算放学后，我不让他出门，在家我陪他学，他都不学，拿本书，一页看一个小时，也不写一个字。我是真没办法了。"

我总结道："小木的现在问题不仅是学习成绩不好，他已经上了高中，却始终处于叛逆期而不能长大！小木现状已经如此，我们急着改变他，不可取，还有，我感到了你的严重焦虑，你严密的监管，这导致小木经常时而暴躁，和你对抗，你对小木的严重依赖和强烈的控制欲，没有给他充分的自我成长的机会，现在的小木不能很好管理自己的生活，也把学习当成了给家长学习！他的生活中就剩下看小说、打篮球和玩手机。要想改变小木，首先，小木妈妈，你的教育方式必须改变！”

小木妈妈疑惑地说道：“我确实对他管得严，我也特别焦虑，可是，我放任不管他，情况不会更糟糕么？”

我耐心解答道：“不是让你放任不管，是你不能再像以前那么严管了！你必须适度放手，给你和孩子各自一个时间和空间，每天你可以和他约定，放学后，他学习一定时间，其他时间给他自由使用，但是不能晚睡，你放心，这完全不会影响他的学习的。同时，你可以阅读我推荐给你的有关教育的书籍，你就会明白你和小木现在所遇到问题，并且你在他旁边看书的时候，也可以用你的行动感染他，言传不如身教。”

小木妈妈说：“老师，我知道该怎么做了，我得先改变，不能像以前那么管小木了！谢谢老师！”

小木妈妈回去后，按照我的指导，一步一步开始改变，经过一段时间，小木妈妈给我打电话，她高兴地说：“老师，按照上次你告诉我的，陪小木学习时，我开始忙我自己的事和读书，不盯着他了，和小木按照约定，分清楚学习的时间还有娱乐的时间，现在我和小木也不起争执了，手机问题也不是问题了，我终于发现，以前真的是我太焦虑了，小木不是小孩子了，不管他现在成绩多差，我也要适当放手了！”

我笑着回答道：“是啊，小木和我说，他妈妈变化特别大，跟以前完全不一样了！他现在也轻松许多！小木妈妈，你一定要坚持下去，不能过度关注学习成绩！干家务和假期打工是让小木成长为男子汉的重要方式，你一定不能宠溺他。”

一转眼，高二了，经过一年多的时间，小木成长特别快，虽然成绩进步不大，但是，小木学习不需要他妈妈操心了，寒假期间，小木妈妈突然生病，手术住院了，我了解到这个情况，第一时间打电话慰问，小木妈妈和我说：“病情已经稳定了，小木每天都在照顾我，还帮他姨打理店里的事情，小木真的长大了！不再是那个我不敢放手的孩子了，他已经是家里面的顶梁柱了！”我说道：“是啊！你生病了，小木肯定心疼你，他成长得更快了！让他打工干活，就是要让他了解生活，了解父母照顾他的不容易！小木妈妈，你好好养病，有什么事，就放心地交给小木吧！”

寒来暑往，时间一天天度过，小木一天天成长，家长放手了，小木找到了自我，找到了责任，知道自己该干什么，慢慢地，他不再沉溺于小说和游戏，回归到了正常的学习和生活中，不再是那个叛逆的小男孩！

我很幸运地解决了这个复杂问题，使得小木家庭和睦，小木积极向上地成长。家庭教育的失败，往往导致学校教育效果差，学校教育要想取得更好的效果，有时候还得指导家长进行正确的家庭教育。

家长们，教育者们，教育要尊重教育学基本原理，我认为，学生的叛逆期说明学生要独立，要成长！家长和老师必须给予学生空间和时间，适当放手，学生才能学会飞翔！

学会聆听　学会宽容

赵建会

曾经看过这样一段关于教育的话：育人为本、德育为先是教育的主导思想，身为教师要关爱每位学生，帮助学生生动活泼地、主动地发展，根据学生身心成长规律、教育规律，为每位学生提供恰当的教学指导。《教育沟通论》（张东娇著）指出，沟通在教育中极为重要，教师不仅要传道授业解惑，还要穿透学生心灵的迷雾看到他们的内心世界，让学生能与自己沟通并说真话，此刻教师"听"比"说"更重要，为的是了解学情，为引领学生自主发展探寻教育支点。

与小龙（化名）的那次对话我至今还印象深刻，那个下午我滔滔不绝，而他全程低头，无论我说什么他都不言语，说实话我感到很挫败，问道："你怎样才能好好跟我说话？"小龙缓缓抬头看着我声音有些颤抖："您给过我说话的机会吗？在您心中不早就给我盖棺定论了吗？"那一刻，我突然想到电影《放牛班的春天》那个被校长冤枉偷钱而被退学的孩子——蒙丹，就因为他平时是人们眼中的"问题学生"，于是理所应当成了被怀疑的对象，人们不会考虑到被冤枉时蒙丹的心有多痛，偏见早已为手握话语权的一方想好了说词。我看着小龙，眼前这个人与蒙丹似乎在不断重合，我摇了摇头，决定改变此刻谈话的局面。于是，我给小龙倒了杯水说道："对不起，是我先入为主了，我想还是听你这位当事人说一说事情的经过比较好。"小龙显然有些意外，他喝了口水，想了想似乎下了好大决心才缓缓开口。

我很庆幸自己最终没有剥夺小龙说话的权利，我在听的同时对小龙的了解又多了一点，同时围绕他说的内容我们深入探讨，主要目的是找到解决问题的方法，无论是想办法化解学生之间的矛盾，还是帮助小龙回归身心健康发展正轨，聆听都比说教要有用得多，继而实现育人为本班主任教育管理目标。

这么多年的教育教学经验表明，我行我素的"问题学生"家庭教育均不尽如人意，有些家长甚至经常性地非打即骂，这已经成为学生用叛逆做成盔甲并对抗全世界的主要原因之一。所以，作为一名班主任老师需在用宽容之心关爱学生的同时加强家校共育配合，将通过聆听搜集到的信息与家长共享，同时了解家庭教育情况，让家长意识到与孩子维系平等关系并倾听其心声的重要性，能从学生视角出发看待问题，在聆听的过程中有效引导，能帮助学生真正地解决问题，而非将自己觉得对的道理一股脑地倾倒给学生，并不在乎那些道理是否能真正给予其帮助。

每个人都曾青春年少,青春年少的人儿都渴望被理解,能被他人理解似乎与这个世界就成功地建立了关联。班主任耐心地听学生说,就是帮助学生走出孤岛的有力举措,用宽容之心、理解之心品读学生言行的深意,找到向其心间投射温暖阳光的渠道,驱散学生成长道路上的阴霾,继而引领学生身心健康成长。

用真心　换真情

白云龙

高中班主任是学生的“大家长”，既要关注学生学习情况，又要将学生的身心健康、成长环境、职业规划等方面视为日常班主任工作的重点，为的是在高中班主任管理中渗透核心素养，保障高中班主任工作科学高效。虽然学校管理规定及《关于新时代推进普通高中育人方式改革的指导意见》、“新高考”等政策能引领班主任展开日常工作，但“情”与“理”相融，依旧是高中班主任管理工作目标贯彻落实的关键。

实践证明，高中生不只需要懂理论、善管理的班主任，更需要有血有肉，能陪着他们品尝青春滋味的班主任。

记得发现小兰（化名）有自我否定心理问题的时候是在主题班会上，学生们围绕“知识积累是否比创新实践重要”这一辩题“打”得热火朝天，小兰安静地听着，我发现她有几次想站起来说点什么，可是最终都放弃了，听同学辩论的时候，无论是反方还是正方的观点她都会点头表示肯定。“还有没同学想谈一谈自己的看法？”我提问并看向小兰，她回避了我的目光。下课我找到小兰，问她为什么没有参与辩论，小兰说道：“我觉得我怎么说都是错的。”表情很是沮丧。我拍了拍小兰的肩膀说道：“对错并不重要，参与到辩论活动中，锻炼你的胆量、逻辑思维能力、反应能力才最重要，无论你说的内容是否会被他人认可，只要是有感而发且与辩题相符，就是合理的，你是个好学的好孩子，我相信你的观点不会错的，期待你在下次辩论中突破自己，好吗？”小兰微笑着点点头，有些害羞，我知道要让她一下子打开心扉、树立信心并非容易之事，所以在今后的班会上我以小组为单位又组织了几次辩论活动，小兰作为辩手在同组成员帮助下积极参与、大胆表达，向着自信阳光的自己又靠近了一步！

在高中阶段学生因家庭教育、生长发育、社交等方面承受较大的压力，久而久之会出现自我否定的问题，身为班主任需留意每位学生的成长状态，真正做到教育管理育人为本，用学生能接受的方式展开班主任教育工作，用真心换真情，在育人活动中加强赏识教育，通过给予学生鼓励助其重拾自信，同时发挥分层教育理论的育人作用，一方面看到学生之间的差异，另一方面组建“组内异质”的学习成长小组，让如小兰一般的学生能在其他学生的帮助下获得自信，消除自卑、胆怯、畏惧等负面心理，在小组合作探究中感受到善意，逐渐从自我封闭的状态中摆脱出来，学会与他人交流，有效健全人格，同时学生能体会到合作的意义，养成互相尊重、善于倾听、良性沟通、情绪自我调控等好习惯，继而实现高中班主任心理健康教育及核心素养教育渗透目标。

第四集

知也·行也

做一个目中有人的班主任

陈修明

班主任，是天底下最小的主任，也是最大的主任。

职卑而言微，故曰其小。小，则没必要树立权威，没必要唯我独尊，没必要滥发号令，没必要一言堂，没必要总是黑着脸。

实际上，即使大，也没必要。

言其大，是因为任重而道远。班主任的言行举止，关乎一个人的生命、生活、生存，关乎一个人的成长、成才、成功，关乎一班人马几十个孩子，关乎背后的几十个家庭，关乎很多且很重要的东西。

这就有些类似种庄稼：春种，夏耘，秋收，冬藏。

春种，夏耘，却不一定秋收。但不种不耘，肯定颗粒无收。

其中的逻辑，不言自明。

其中的冷暖，又如鱼饮水。

重要的是，种什么？

种豆，就只能得豆。种瓜，才可能得瓜。

同样重要的是，怎么种？

这就需要艺术。

艺的本字是“埶”，一个人双手捧着一棵树苗，表示种植。看上去那么虔诚，那么谦恭。

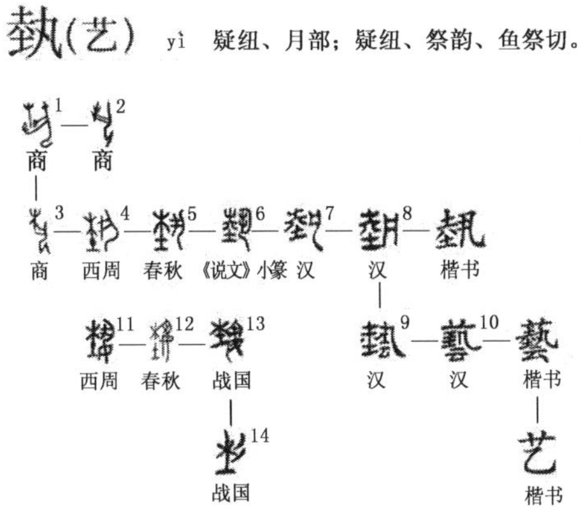

术的繁体字是“術”，许慎解释为：“术，邑中道也。”即城邑中的道路。

艺，是种树；术，是道路。

看来，在教书育人这个行当里，理念、知识、技艺、抓手、支架、门道、路径，可能都不可或缺。

既然教育需要艺术，那教师就不再仅仅是知识的搬运工。

从这个意义上讲，在关于教师的诸多譬喻中，“园丁”或许最为恰切。

面对参差不齐的学苗，园丁该怎么办呢？

当然要给足光、热、水、土等必须条件，但要张弛有度。少了，面黄肌瘦，营养不良；多了，枝杈横生，随风招摇。

培植最见功夫，加减法最见火候。

花草树木，不修剪是不行的。适时修剪，灌木才能成型、成景，乔木才会向上、参天。

即使杂草野草，精心修剪修剪，也不致荒芜一片。

万一葱茏可爱？万一蔚为壮观？

教书，育人，也许恰恰就在于那个“万一”。

一片天然的草原，有高大的乔木，有低矮的灌木，还有萋萋野草，甚至可能还有寸草难生的盐碱地。

灌木乔木，有灌木乔木的生长理由；杂草野草，有杂草野草的生存权利。

唯其如此，才是真实的生态，才是纯粹的自然。

这世界我们没必要愚蠢到去筛选选民，更没必要站在道德的高地去俯瞰众生。

学苗不是苗，学苗是人。

既然坐在我们面前的是一个有血有肉的人，是一个怀揣着个人梦想，承载着家庭使命的翩翩少年，那我们的学生就不再仅仅是一个指标、一个数据、一个工作对象。

每一位学生，都是独一无二的、不可或缺的“这一个”，而非一个“他者”。

因此，哪一个都不能少，哪一个都不能被忽视。

免于存在的被遗忘。

这个大前提很重要。在这个前提下，班主任的教育才能有的而放矢，因材而施教。班主任的教育才能具备超越性特质，称其为“教育艺术”。

班主任学会尊重，学生才能找到自我。

班主任学会倾听，学生才会敞开心扉。

班主任一视同仁，学生才能人人平等。

班主任学会示弱，学生才能自信自立。

班主任言行一致，学生才会心生敬畏。

班主任循循善诱，学生才会登堂入室。

班主任春风化雨，学生才会如沐春风。

班主任永葆一副热心肠，学生才不会那么冷漠。

有时候，我们不知道自己到底要做什么，该怎么做，但我们要始终清楚地知道自己不该做什么。

因为很多时候，不做什么比做什么更重要。

所谓“无招胜有招”“不变应万变”。

摸清门道，找对路径，功夫可能就会慢慢练成了。

或许，我们一时不能够让我们的学生变得多么强大，但是，我们不妨让我们的学生尽可能地多一分温软。

毕竟，草木关情，人间值得，每一个生命都需要温柔以待。

目中有人，人在现场。

一直行走在学习的路上

李　平

从教10年，承担班主任工作9年，经历了徘徊、按部就班、模仿、探索、创新的过程，回想起来在很多做法上略显生硬，在很多思想观念上略显陈旧，经验分享谈不上，今天想借此机会向大家做一个汇报，同时也是对我自身班主任工作的一个梳理。

2009年8月参加工作，刚开始的一学期只承担一个实验班的教学工作，对于一个刚走上工作岗位的我，无论从自身知识水平还是课堂驾驭能力，都很差劲，但是很感谢我的师傅不断地输送高三的模拟卷，同事们的帮助与鼓励，最应该感谢那群基础较薄弱、习惯较差的学生，因为他们让你觉得上升空间很大。利用课外活动、晚自习前的时间进行辅导，看着部分孩子的成绩有所进步，让我更加有教书育人的动力。

等到高二下学期，也就是2011年2月，由于工作调整，领导让我承担了17班的班主任管理工作，这是领导对我工作的认可，天将降大任于本人也，我欣然接受，而且还得好好干，然而，心潮澎湃后终归要恢复平静，静静思考，我该怎么干？于是，通过所见、所闻，我开始梳理年级一些班主任的工作方法，总结出来有以下几点：有学识、肯付出、善交流、有谋略。于是，我开始模仿身边诸多优秀的班主任，如：将两手背在身后，透过班级前后门的小玻璃不厌其烦地观察学生；再如：自习纪律上抓几个典型，气势汹汹地拎出来，杀一儆百，以示警示；再如：看见早恋就想尽办法拆散，当时高三有一对学生，在校园里每天放学会牵着手旁若无人地散步，太过分了，起初警示，无济于事，当时也没有考虑以高考大局为重，告知家长，领回家反省；看见上课睡觉就严厉呵斥（现在想想是不是应该轻轻地走到跟前，拍拍肩，询问是否不舒服，是否能坚持?）。当时我住校，长相和身高限制了我追求爱情，饭局也几乎为零，唯有办公室是我的归宿，差不多每天都披星戴月地守在我的责任田上。搞过小组竞争，也弄过考试后每位学生的耳提面命，自己也弄得疲惫不堪，然而班级学风却不见起色，与同等班级对比名次依旧纹丝不动，不能怪对手太强大，只能怪自己太年轻。就这样，第一届毕业生默默地送走了，有一些遗憾，火车快不快全凭车头带，班主任缺乏管理方法，班级都没有灵魂，班级怎么能走好、走远呢?

或许是领导觉得我是可塑之才，2012年8月我又承担23班的班级管理工作，说实在的经历上一届惨淡的一本上线率（56人参加高考，只有5人上一本线），我是经历过反思的，谈不上以泪洗面，至少也意志消沉了一段时间。痛定思痛，新的一届，我得有自己的风格，班级风貌一定要有所改观。对着镜子一照，多么和蔼可亲的一张脸；与同事们交流，都表扬我幽默风趣；翻看上一届学生留言册，一致认为川普别有一番风味。经过深思熟虑后，我觉得尝试做一名自信与自恋并存的班主任，时刻充满激情与正能量的班主任，将班训定为:学而不死,活而不乱;不比智力比进步,营造风清气正的班级学风!

在班委任用上:勤勉做事,用心服务;在班级活动上:人人参与,人人都要捍卫23班。在学习成绩方面:期中期末大面积表扬优秀,让更多的同学感受到他在进步。对于学生违纪:力避挖苦讽刺,张弛有度、严慈并济,例如:高二才转入班级的一位同学,基础很差,爱好网络游戏,偶尔晚上离家早晨回,屡教不改家长悲,刚转入班级,家长就开诚布公,没有任何隐瞒,通过观察该生虽然打篮球一般,但是懂点战术,于是在一次学校组织的班级篮球对抗赛上,事先将指挥权交给他,他接到命令后组织队员积极备战,给队友买水,布置战术等,虽然输了比赛,但是对于他来说意义重大,在后面的高中生活中,也去过几次网吧,但是事先与家长签订了协议,每次从网吧回归班级后也知道学习,最终上了本科,考入警校。

注重班级卫生,偶尔躬亲示范,学生也不好意思应付了;各种班级测验,一定严格把关,严禁弄虚作假,多抓几次,学生也懂得考试不能敷衍了。

还有一个曾经令我头疼的事,就是上面提到的早恋问题,高二下学期,如雨后春笋般,班级内部一下子就出现了6对,当时都要崩溃了,求助网络也无济于事,那几日真是体会到才下眉头,却上心头的滋味,仔细想想上一届处理得不妥,但是也不能置之不理,万一都早恋,班级岂不功亏一篑。思来想去,我必须和他们沟通,于是将学生单独找到办公室,并没有指责,而是肯定彼此的优点,提要求:行为举止在班级、校园要得体,懂得自重,彼此真诚对待,不要互相伤害,以学业为重,以共同考进理想大学为奋斗目标,实践表明:最终效果不错,6对中,有5个一本,其他都发挥得不错,包括曾经因父母离异割过手腕的学生。我觉得,只要班级给他一个方向,它就会向阳而生,当然期间肯定需要付出艰辛的努力,功夫不负有心人,高考成绩揭晓,我终于如释重负,虽然也有点遗憾,但是更多的是充实与喜悦。

我的第三段班主任经历是:2015年至2018年,我承担28班的班主任管理工作,又叫创价珍珠班,该班毕业时58人,其中有33名珍珠生(学习成绩优秀、家庭相对困难的学生,由浙江新华爱心教育基金会资助)。估计是上一届与学生相处得很不错,责任心也可以,班级成绩有所进步,感谢学校给我提供了这么好、如此大的舞台。当我沉浸在好班只管学习、其他都不用管的喜悦中时,班级值日水平太差、女生因为迟到翻学校护栏、抽烟出现了(摸排出6人)、打架也偶有发生、3楼西段晚自习纪律最差、班级很大一部分男生玩游戏(一次学校值班凌晨两点去宿舍居然很有收获呢)、早恋经常在学校里让我邂逅,原本以为风平浪静,没有想到也有惊涛骇浪。既然问题出现了,怨天尤人也无济于事,谁让自己对班情、学情了解不够,班级工作没有做细、做实,才导致鸡毛蒜皮的事接二连三出现呢!针对以上种种问题,制定相应措施,一件一件落实,值日不好我领着做几次就好了,连续一周提前进班学生也不好意思迟到,抽烟的学生我就经常看他手指、近距离接触、时常告诫、软硬兼施,也得到了治理;打架现象通过案例分析,轻则赔礼道歉,重者劝退赔偿,这是高压线不能触碰;班级纪律通过邀请家长参观、视频重放、不定时抽查、允许犯错,如果屡教不改那就来点手段(如:不判他的数学作业,专座反思、停课反省等),学生毕业时评价我:别看平哥表面上和蔼可亲,私底下就是冷面杀手;针对玩游戏,周一至周六住校生手机由我管理,跑校生手机严禁带入,班级进行小组划分,组内互助、组间竞争,开好班会打鸡血,多表扬先进,多关心差组,班级形成了很好的氛围;对于早恋问题还是采取欲擒故纵的招式。同时,重视大型活动,如:大合唱、元旦会演、运动会、社会实践等,这是凝聚力量、展现班风的好时机,同时很注重与学生的交流,课堂上不单单是讲知识点,还有传递正能量的金句,这在毕业时班级记录的 3 大本班级日志上能体会到,聚是一团火、散是满天星。2018 年 6 月 8 日与 58 名学生在六中南门依依离别,2019 年正月初九 50 名同学齐聚顺心家常菜,我在 C 位,把酒言欢,共同回忆高中三年的点点滴滴,多么惬意呀!

我的第四届班主任从 2018 年 8 月 20 日开始,还没有梳理,有机会再分享! 三年一届,或许当时发生的事情是事故,但是毕业时却成为故事,一个班级就是一个世界,充满心酸与快乐,有学生的调皮任性、不听管教,有时也有家长的不理解、不配合,自己偶尔也会抱怨带完这一届死活不干了,然而毕业典礼时学生献上的一束花,一盒子学生写的离别话,高考结束时的一个拥抱,教师节远方的一条祝福的短信,让老班们热泪盈眶,再带下一届时依旧乐此不疲、战斗力很强,像打满了鸡血!

最后,借此机会,感谢领导的一路提携,同事们的一路帮助,任课教师们的团结一心,家长们的积极配合,更应该感谢我的每一届学生,班主任经历是最美的相遇。

感谢经历　相信美好

卢广凡

选择教师这一职业以及对待工作的态度，更多的是受到了我父母的影响。父母都是从教30多年的老教师，因为出身不好，他们曾受到了许多不公正的待遇，但他们很少抱怨，总是以一种积极向上、豁达宽容的态度去面对，而对待工作更是执着地奉献。这些品质潜移默化地影响着我，使我始终对生活、对工作持着一种应有的敬畏而不敢有丝毫的怠慢。在刚走上工作岗位尤其是刚当上班主任的时候，我有过苦恼、郁闷，甚至哭过，而且羡慕别人的工作干得又好又轻松，但在不断的工作过程中我悟出了一个道理：选择了一种职业，就选择了一种成长方式，与其临渊羡鱼，不如退而织网。美国石油大王洛克菲勒在写给儿子的三十八封信中的第三封——天堂与地狱比邻说过："你视工作为一种乐趣，人生就是天堂；如果你视工作是一种义务，人生就是地狱。"虽然有些夸张，但我更愿意在和孩子们相处的点滴中体会班主任工作带给我的快乐并随之热爱教师这一职业。

曾无意间听得一位长者戏谑地称自己是那种"长得慢，但一直都在成长"的人。细细咀嚼，发觉它竟然是我当班主任的贴切写照。我与孩子们之间并没有惊天地泣鬼神的故事，可就是那些发生在我们之间的一件又一件小事，一点又一点相互理解像一股股暖流，涌入心田，在带来温暖和感动之后是我们彼此的成长。

作为班主任，我更愿意从细节入手：

每一届高一新生入学时第一节班会课的内容从强调"规矩"的重要性入手，因为高一入学的规矩形成会直接影响此后三年班级的发展，还有就是我更希望在指导孩子们高考的同时，能够让孩子们不断培养起快乐、幸福生活的能力。

给孩子讲道理：在很多人的思维中认为规矩就是限制人的，但实则不然。我会从能让孩子们更好接受的角度去诠释"规矩"。给孩子们举个交通的小例子，告诉孩子们"规矩"不是限制人而是保护人的。从仪容仪表、课堂纪律、值周值日（没有垃圾桶，不留麻烦给别人）到言谈举止（说脏话专门开班会）、学习生活、安全出行都做出详细的说明，出现问题实时纠正。

作为班主任，强调守规矩不是说只要求学生，而是作为班主任首先要做表率，在这一点上陶行知先生的一个理念让我受益："要学生做的事，教职员躬亲共做；要学生学的知识，教职员躬亲共学；要学生守的规则，教职员躬亲共守。"其实，作为老师，我们能明显地感觉到：自己的言谈举止，既处于学生严格的监督之下，又处于时刻被学生效仿之中。所以，当要求学生努力学习时，我首先做到了努力工作和态度认真；当要求学生参加劳动时，我会带着学生一起劳动，告诉孩子们卫生应该怎么打扫，打扫到什么程度，同时感受师生共同劳动的快乐;通过努力,在班级有人主动清理教室了,有人早晚主动关掉电灯了。

作为班主任,我喜欢成绩好的孩子,但更重视和关爱成绩相对弱的孩子,对于暂时的成绩不理想的孩子,更要倾注热情。因为,成绩不理想的孩子的自尊心是非常脆弱的。对他们,要格外用心,多谈心、多帮助、多鼓励,努力寻找和善于捕捉他们身上的闪光点并及时表扬,使其树立起良好的自信心。其实,每个孩子都是一朵玫瑰花,我们应该多去看一看那一朵朵娇艳的花,闻那一阵阵芬芳的气息,而不是那些可怕的刺。“上课提问多鼓励,课后辅导要耐心,犯了错误不急躁,错误严重不发火,屡次不改不灰心,问题不解决不撒手。”常听孩子们在背后悄悄地议论老师:成绩好的同学犯了错轻描淡写地批评一下,成绩不好的同学犯了错大骂特骂。听到这些议论时我就会想到陶行知先生的“小孩歌”:“小孩人小心不小,你若小看小孩小,你比小孩还要小。”作为班主任,如果一味偏袒学习成绩好的学生,那么在你不知不觉的工作中必然会宠坏了一半,同时也失去了另一半。所以,任何学生犯了不该犯的错误都应给予相应的惩罚。因为一个人在成长的过程中不可能不犯错误,我们都是在不断犯错误并且改正错误的过程中渐渐取得进步,从而成长起来的。对待孩子们的错误,应有一颗公平的心。正因为有了一颗公平的心,也就拥有了整个班级的“民心”所向。

这些年的班主任经历,让我变得更加坚强,但内心却越来越淡定、平静、柔软。其实,能够与孩子们一起成长、一起学习是我们人生中最美好的相遇,我突然想到了法国龚古尔文学奖得主,法国“无疆界医生”协会前主席吕芬先生在他的著作《一次永恒的远足》里的一句话来表达我的心情:“我本一无所求,但却满载而归。”

高二(4)班"打造"记！

毛金柱

班　情

高二(4)班是整个年级中文科班第二梯度的班级，中考入学成绩属全市分招。学生学习热情容易高涨，亦容易迅速低沉，学习专注力不够、持久性不强。

妙招一　专注力专训

时间安排：一周

操作过程：

1. 利用周一早自习时间开班会，大家商量如何提高自己学习的专注力，看看一周的时间大家共同努力能达到什么样的效果。

2. 每位同学在晚自习之前做好规划，并把规划好的内容写在即时贴上，比如：规划好当天晚自习自己要完成的学习任务；哪些事物需要提前做好准备，包括需要使用到的纸、笔、本、课本、参考资料等。

3. 因为白天的时间基本都被老师占用了，所以只有晚自习回家之后的时间才能自己做主，所以回家后本周的努力方向是一天多学 15 分钟，向自己挑战；同样要提前做好规划：把 3 天或者 5 天甚至一周的学习科目和学习内容事先安排，并且写在即时贴上。

4. 每人在当天的学习结束后要对照自己的即时贴内容进行评价：看自己完成了多少，哪些地方可以进行调整，随时鼓励自己或者在完成得好的情况下在即时贴上要给自己画个笑脸。把每天的及时贴收集好。

5. 在周四或者周五上午每人写下一个心得体会，对自己本周的努力状况进行评价。

6. 在周五的班会上以抽签的形式进行发言，交流感受，为自己本周的实施活动进行总结。

老师也要在这一周的时间内每天提醒大家做好规划内容，静心观察学生的操作和变化过程，随时进行鼓励，给出合理的建议和看法。

妙招二　高效学习周

时间安排：一周

操作过程：

1. 规定本周的努力目标：提高学习效率。在班级的后黑板写上本周的努力目标的大字，要大方、简洁、突出、有力度，希望在极短的时间内激发大家的学习积极性。

2. 同样在本周的阅读、自主学习、复习的时间内要给自己定时间、定任务、定效果，周末做总结和反馈。

3. 在本周的学习中还要做到：在作业本上和试卷上及时、规范地写好自己的名字，在做作业的过程中要用规范的格式书写，在试卷的答题框内作答等。

4. 本周学生就这一项任务做努力，一门心思地完成本周任务。老师随时提醒和鼓励；同学们随时对自己的计划做时间上的调整，不断地客观评价和检验自己。

效果反馈：

让同学们有计划、有步骤、齐心协力地做具体的事，应对期中考试，提高学习效率。

妙招三　目标化管理

时间安排：一学期

操作过程：

背景：高中生在进入到高中学习后，大部分时间脱离了家长的视线与管制，难得的自由和相对枯燥的学习使一部分学生学习不自律，动力不足，贪图享受，沉迷手机。一味地压制治标不治本，提升学生自主学习的热情迫在眉睫。

措施：利用课下时间，小组合作，制定职业生涯规划。

利用主题班会时间小组展示；

学期末提交小论文形式展示成果。

无论几个“我”，都是一个“我”

史亚雪

当班主任的第六年，2015 级 9 班是过去时，2018 级 8 班是现在时。班主任这个角色让我深切体会到了百般滋味：成就、挫败、失望、感动，但回顾往昔，更有价值的是我和学生一起收获成长。

不论几个“我”，都是一个“我”，这是每一位班主任矛盾统一的真实写照。面对不同的学生，班级里不同的事情，总是要像孙悟空一样，拔一根毫毛，吹出猴万个，一跃十万八千里，看我七十二变。相声演员要勤练说学逗唱，京剧演员需苦学唱念做打，而一位班主任，既要有《水浒传》中各路英雄的侠肝义胆，还要有《三国演义》里各路豪杰的谋划策略，有反差，很矛盾，但却很好地融合在“班主任”这三个字中。两届的班主任工作，93 名学生，还有我这个班主任，构成了以下我既矛盾又充实的班主任故事。

一、公平与偏私

在初当班主任时，我给自己立的人设，是风趣幽默，试图以段子手的人格魅力征服学生，温柔他们的岁月，惊艳他们的时光。然而很多家长在与我沟通时，反馈最多的却是学生最认可我的公平。这让我知道，学生对于我的幽默一笑而过，对于我在班级管理中的公平印象深刻。在班级的日常管理中，所有学生一视同仁，班级大小事情公开透明，每件事，规则在前，奖惩在后，以道理服众，基于此，我编写了五花八门的协议，学生同意后签字生效，当然即使主观不认同，客观上我也会让学生认同，放低姿态，面带微笑，各个击破，不断反问：你是觉得老师这样规定有什么不合理的地方吗？你觉得你这样的想法合理吗？现在的学生，可能纪律上调皮，学习上懒惰，但基本都讲道理、讲义气。让学生意识到他是否认同，对于班级至关重要，意识到班主任管理班级的合理性和公平性，学生才会执行班主任的各项规定与决定。

当然，公平不是绝对的，有时候还需要偏私，但我偏向的不是第一名，不是班干部，不是文艺骨干，不是班级风云人物，而是那些在班级里，话很少，很努力，才艺不显现，成绩不突出的学生。其实每一个班级总有一些“透明人”，他们是课上老师表扬其他优秀学生的观众，他们为课下其他同学风采展现而鼓掌，但是表面波澜不惊，不证明内心也毫无想法。谁不想成为焦点呢？谁又不想被认可呢？所以我会努力地找这些学生的闪光点，去承认他们在班级里必不可少的价值，平时给予他们关注，偶尔和他们开玩笑时，就会发现他们压抑自己的兴奋，连声音都是颤抖的。郑同学其貌不扬，学习成绩中下，性格内向，是班级里典型的“透明人”。我发现她的字写得很工整，就在合唱比赛的时候，让她手写歌词，在布置任务时,也会在班级营造出多亏有她的氛围,让同学们也认可她。当时我把绘画部分分配给了美术生,只让她写字,有一天早自习,我无意中发现,她的桌子上有一沓 A4 纸,翻过来,上面全是打印好的花纹和图样,我才意识到,她不仅写字,还揽下了绘画的工作。不只是她,班级里很多平时沉默寡言的女孩儿,都备有彩笔和画册,为合唱比赛和平时的手抄报而准备。其实那些班级里普通的大多数也渴望被信任,被关注,因为珍惜这份信任与关注,会更加看重老师布置的任务,更加看重班级的荣誉,发现自己的可能性,会让他们逐渐打开心门,更加努力学习。

三、强势与示弱

上大学的时候,看过一些班级管理的学习视频,当时瞬间信心满怀,无限憧憬。但是,真正走到工作岗位上,真正面对学生,才知道具体问题要具体分析。两届的文科普通班,学习习惯、纪律情况,不是很糟糕,也不是很美好。还记得初当班主任,还没来得及大刀阔斧地干一番"事业",他们在开学第二天就给我一个下马威,我整个人的状态就是,我是谁?我在哪儿?我该怎么办?说好的善良小天使呢?面对学生你一句我一句的混乱场面,没有处理思路,我就嗓门来凑,气势上不能输,每一句话都是用喊,这一喊,由第一天的温柔,直接跨到火爆,有些同学说:"你一喊我们就懵了,特别是你还用排比句,我们就更懵了,然后就觉得自己应该真的错了。"由俭入奢易,由奢入俭难,班主任工作也是一样,先严后宽,学生会逐渐适应被管理,而先宽后严,他们在道理上理解,在情感上会排斥。我曾认为民主必须建立在专制的基础上。但这一届学生教会我:再大的气势都要以真诚为前提。我总是以为我只要努力做了,即使不说缘由,学生是会理解的,可是当我初带 8 班走投无路时,一次学生的当面质疑,让我明白,会做事更要会表达内心,现在的孩子,不说出对他们的好,他们真的不知道。但我依旧坚持严格管理,只是再加一剂"坦诚相待"的良药,同时在细节上引导学生,颇见成效,我们班的讲台基本没什么粉笔灰,我和他们说要考虑老师来班级上课的感受。每次考试,我都叮嘱他们,在监考老师发卷子和条形码时要说"谢谢老师",这是起码的尊重和礼貌。在高一上学期结束,我做了一个表格让学生匿名填写,在班级找榜样,感恩老师,学生写得很让人感动,其中一位,心疼数学老师的辛苦,因没有帮数学老师捡粉笔而愧疚。现在 8 班学生被我"要强"的性格所影响,晚自习纪律佳,跑操要跑好,学习要争先。总之,强势班主任的那些所谓的狠,可能在当时是学生的恨,但只要保持一份真诚,终究会变成一份学生的独特记忆。

一直强势一定是行不通的,现在的学生"逼"急了,真的什么都不怕,所以强势离不开示弱,是要让学生发自心内的理解,甚至是同情。曾经两名毕业的学生来看我,我就问起为什么高二开始你们就越来越听话了?其中一位同学说:惹你生气还得自己哄,我们为什么要给自己找麻烦?现在的学生也很迁就我,因为有感情做基础,所以他们会信服我,这些都是真诚换来的。我的抽屉里有两本"情书",是班级所有同学的道歉信。班级两名同学跳门逃学,而且是我比较信任的两名同学,当时我没有训斥,没有责骂,只是心平气和地在班级解释跳门逃学的潜在危险性,然后说:"我很失望,我那么信任你们,我觉得自己是一个笑话,听见打脸声儿没?是不是特别响?打我的脸呢。"接下来的几天,我对班级开始"放养",除了必要通知的事情,绝对不多去一次。在大约三天后放学的时候,班长给我送来了两本“情书”,我很意外,看完之后除了感动,更多的是欣慰,全班同学都在反思自己高一以来的学习纪律上的缺点,他们说得最多的是不习惯我不管他们,这几天就像没妈的孩子。后来,犯错误的张同学高三转学到西安,在毕业无法回班级时,邮寄来了她的手写信,为她当时的错误道歉,同时表达了感谢。所以,学生发自内心的理解,比惧怕更有教育效果。这一届学生我同样会在适当的时机示弱,当班级背诵学习活动很难坚持时,我也想放弃,也很无力,这些我都不会隐瞒,我会把这些倾诉给他们,可能就是一句:其实我也很累。当有情感共鸣时,师生关系就拉进一步。其实无论是家长还是老师,苦和累都习惯自己扛,以为孩子会明白,的确,他们长大了就会明白,但我觉得,长大了明白了,是不是也晚了一些？所以我也会让一些比较强势的家长,适当地和孩子示弱,这不是无能与软弱,相反,如果激起了孩子的保护欲,他们会向着更好的方向努力,学会承担责任,终身受益。

三、主攻单项与十项全能

再多的班级管理方法最终都要为学习服务,班级的学风建设才是重中之重,作为文科普通班,我的第一届毕业班的本科率是78%,这个升学率在六中辉煌璀璨的教学成果中,只能算是萤烛之光,但这份热,同样是我们几位老师与学生奋力点燃。相信努力,见贤思齐,我们所秉承的是把自己所有的潜力,通过努力,变成实力。为了鼓励他们学习,我折腾出许多花样儿。流动编辑部的各科手抄报学习,我们坚持了三年,一共做了1 032张;各科的背诵投标监督,以老师的签名数量为依据,包括艺体生中的学困生都可以尽力坚持。这一届,我同样花样百出,成立成员只有我自己的民间组织“金榜题名委员会”,设计属于班级独一无二的奖状;为每一位背诵完成的学生写了带有他们名字和鼓励话语的藏头诗,截至现在的57周的背诵的表彰名单都打印的金纸上,寓意“金榜题名”。还有同桌互助模式、一站到底答题竞赛,在高三时和他们一起答英语阅读题、答文综题。总之,我想让他们意识到基础差不要紧,我和他们一起努力,让他们在高中三年有一个引路人,更多一个同行者,没有什么比师生间的同甘共苦更“浪漫”了,让他们秉持一个坚定的原则。

主攻学习单项不动摇,各项活动也同样重视。其实学生不论成绩怎样,都会有很强的胜负欲,高中的生活也不能把所有的精力放在学习上,不可能,也不科学。学校在特定的时间会举办很多利于学生身心发展的大型活动,班主任前辈们也告诉我,班级集体活动是发现问题,凝聚班级力量的重要教育契机,所以不论是元旦会演,还是运动会、大合唱比赛,我都非常重视,通过这些活动,我要让他们意识到,只要努力,我们就有赢的机会,鼓舞士气,胜利的喜悦就能顺理成章地转移到学习上。从第一届学生开始,每年的合唱节我都会为班级的曲目写歌词,最后一年的歌词包含了班级所有同学的名字,让学生体会到我的真诚。这一届我也同样坚持这样做,校合唱节,我们得了第一名,排练的时候十分没有把握,指挥不专业,需要加强;主唱的一个音太高,一个音太低。我和学生说,要坚信,办法永远比问题多,彩排时又得到艺术馆老师悉心的指导与建议,我们收获了这个高中以来真正意义上的集体第一名。我总是潜移默化地引导他们学会感恩,高三的班级布置,8班班级后面的横幅是这样一句话:学为先,德至上,感谢您倾注8班,助梦相伴！我想让学生明白,心存善意与感恩,才会更好地面对今后的生活。我们努力在一起,成长在一起,总要得到学生的某一方面的认可,他们才会逐渐认可班主任的管理与教育方式。

我的班主任故事，有些杂乱有些冗长，不是很科学，更多的是凭感觉。吸取了第一届的经验教训，我更注重潜移默化的教育，会在大型活动后为学生写总结，学期结束后以书信的形式和学生交流。让学生体会到我的用心与努力，他们也会慢慢地回报以真诚。我也不知道，我在现在这些同学的心里，是专制严苛多一些，还是民主宽容多一些，但第六年的班主任工作，我变得柔和了，此时高三的他们，成长的样子也让人欣慰。无论怎样，慢慢靠近，就有越来越好的可能。

近六年的班主任工作，更多的是感恩，感谢学校领导对我的信任；感谢我的科任老师任劳任怨的配合；感谢班主任前辈对我毫无保留的指导；感谢办公室同事在我遇见问题时，和我一起解决；感谢家长对我经验不足的包容；感谢学生的懂事，让我的班主任工作，虽然也会被噩梦惊醒，但这个梦终究没有照进现实。而我能够回报的就是用真诚与用心经营当下这一份事业。我想我们所有老师要感谢自己。感谢那个刀子嘴豆腐心的自己；感谢那个表面上风轻云淡，本能关心学生的自己；感谢那个一上讲台病痛无，走出教室才意识到不舒服的自己；感谢那个只要学生转身朝向我们，就会奋力狂奔所有路途的自己；感谢那个委屈了亲人，却成就更多家庭希望的自己；感谢那个哪怕孤城飞瓦，仍不忘初心的自己。不论几个我们，都是一个我们！不辜负嘱托，不愧对期待！任外面风雨，至少我们不后悔自己的选择。因为选择，所以骄傲，这就是我们的精彩。

班级管理中小组评比的优势

高　倩

在班级管理过程中，学生们的集体意识的形成显得至关重要，无论是对学生本身，还是对班级集体，下面结合这几年的教学经验，浅谈一下班级管理。

为推动班级学习、纪律和卫生提升，在班级内实行小组绩效管理，基本思路如下：

根据学生的自我约束力、特长爱好、学习成绩，将学生平均分成 8 组，每个组大概由 6 位同学（这个可以灵活安排）组成。组员的组成方式主要是相反相成式，按成绩高低、性格特长、性别等灵活搭配，尽力做到各组成员在各个方面都比较均衡且互补。每周、月、学年，班主任根据每个小组的实际表现，在纪律、卫生、学习和加减分项四个维度上进行打分，通过计分规则，年度第一名的小组将获得老师精心准备的小礼品一份，并颁发团队荣誉证书，以此激励学生们加强集体荣誉感，提升社会公德心，增加活动参与度和提高对学习的兴趣。

从班主任管理班级学生的角度来看，班主任、班干部想要看顾到班级里的每名学生难度是非常大的。如果把班级管理分解成小组管理，那对于每个小组长来说，是能够基本上做到对每一个小组成员都了解。这对学校教育教学活动和常规学生管理，如仪容仪表的监督检查、日常卫生、轮流值日、课堂纪律等都是有很大帮助的。同时，对老师烦恼、同学家长关心的座位安排能够提供一项比较公平的决策参考，也为更全面深入了解、帮助学生们解决各方面问题提供了很大的便利。

从班上的学生参与班级管理的角度来看，能参与班级管理的也就那么几个班干部，他们要管理好一个班级，对于他们的年龄而言，经验和勇气都是一个相当大的挑战，常常令他们也是无从着手。实施小组评比制度，让很多“无缘”参与班级管理的同学能作为组里的主干参与到班级管理中，这种“亲民”的管理方式能使大多数学生都能从中得到一些实质性的自我锻炼，同时，更加乐于参加班级事务管理，减少了班主任的直接管理，实现班级的扁平化高效管理，更突出体现了一种属于全员共同参与的新型班级事务管理方式，促使很多学生自觉地从作为传统自我意识上的班级事务管理工作客体转变为班级事务管理工作主体，主人翁意识也自然会因此得到极大的提升。所以他们常常都是会自觉地、积极地在自己的班级管理层面上进行创造性的新劳动，使他们的自我创新劳动意识和能力等都得到了很好的锻炼。同时，学生在班级管理活动和评定结果的过程中，逐渐将学校、教师对班级管理要求，逐渐转化为自我的班级管理要求，形成自我认识、自我管理的良好循环，也会使他们认识到班级管理的目的不是强制使同学“就范”听话，而是为每个学生的学习环境、个人成长提供广阔的视野空间。

绩效管理主要分为实施、评价、激励三个步骤。

1. 实施。

(1)制定《班级小组评比细则》:对纪律、卫生、学习和加减分项各项条款以及各部分权重进行说明(见附1)。

(2)数据收集:班级干部根据《班级小组评比细则》对每组成员的纪律、卫生和学习情况随时进行记录,每周报送至班主任处。

2. 评价。

(1)数据展示:班主任每月将各组在纪律、卫生、学习和加减分项各方面的得分在班级公告栏内进行及时公开(如下表)。

纪律

组别 日期	一	二	三	四	五	六	七	八	备注
1									
2									
3									
4									
·									
·									
·									
·									
29									
30									

(2)班主任对数据进行全年统计填报。最终形成“各组年度绩效统计表”。

各组年度绩效统计表

		九月					
组号	半年度合计	成绩(30%)		纪律(35%)	卫生(35%)	加减分[-5,5]	月度合计
		周考人均	月考人均	月	月	月	
一组	#DIV/0!	#DIV/0!	0				#DIV/0!
二组	#DIV/0!	#DIV/0!	0				#DIV/0!
三组	#DIV/0!	#DIV/0!	0				#DIV/0!
四组	#DIV/0!	#DIV/0!	0				#DIV/0!
五组	#DIV/0!	#DIV/0!	0				#DIV/0!
六组	#DIV/0!	#DIV/0!	0				#DIV/0!
七组	#DIV/0!	#DIV/0!	0				#DIV/0!
八组	#DIV/0!	#DIV/0!	0				#DIV/0!

3. 激励。

(1)在公示栏内将本月的得分统计在年度分数表中,对本月第一名的小组粘贴小红旗(如下表)。

卓越小组

	9月份	10月份	11月份	12月份	1月份
第一组					
第二组					
第三组					
第四组					
第五组					
第六组					
第七组					
第八组					

（2）对各组中综合表现优异的成员，授予月度优秀之星荣誉称号，并公示（如下表）。

优秀之星★

9月					
10月					
11月					
12月					
1月					

（3）在质量检测中，对班级的单科状元进行公示（如下表）。

单科状元

	语文	数学	英语	历史	…………
9月					
10月					
11月					
12月					
1月					

（4）对月度、年度中表现优异的个人颁发奖状，对年度第一名的小组，老师兑现奖励。

在实行班级小组绩效评比之前，我的班级里有这样的一个学生，经常搞一些恶作剧，不遵守纪律，虽然苦口婆心地讲道理，但都是三分钟热血，还是无法根治不好的习惯。随着实施的小组绩效评比机制推广，在学习、纪律还是卫生等量化打分中，他的行为都影响着小组的整体排名，他感觉到成了小组内的“累赘”，他的内心开始逐步形成集体意识，开始慢慢改正自己的不良习惯。为了配合他的自我改正，我专门制定了一条新的班规，对经常扣分的同学实行帮扶奖励的制度，如主动帮助班级打水、打扫卫生、拾金不昧、乐于助人等行为奖励加分，在月度班级记录中体现。在纪律方面，我找他谈话，并形成“约法”，由他的组长进行监督。随着一次次在纪律得分栏上的扣分，他开始“心疼”了，他终于意识到给集体的荣誉带来的不良影响。

通过小组间的绩效评比来管理班级，一方面锻炼了班级干部的自主管理能力，另一方面让班主任从具体繁杂的管理工作中解放出来。方法是很好的，关键在于执行过程的坚持，要形成计划—执行—检查—整改的良好习惯，不断地总结，不断地推陈出新。

附1　C202006班小组评比细则

一、纪律（每月基础分100分，实行扣分制）

1. 有校园欺凌行为的；
2. 打架或伙同校外人员打架的；
3. 顶撞、辱骂、威胁老师的；
4. 携带各种刀具、易燃易爆、有毒等危险品的；
5. 有盗窃行为的；
6. 男女同学早恋及男女学生有牵手搭臂、搂搂抱抱等亲昵行为的。

以上行为之一的扣10分/（人·次）。

7. 吸烟，喝酒，说脏话粗话，骂人，乱丢垃圾，故意损坏公物，乱写、乱刻、乱画等其他不文明行为的；

8. 带手机到校的（没交给老师）；

9. 化妆、烫发、染发、披发、戴首饰、男生留长发和怪异发型、女生穿高跟鞋，不穿着校服，私自修改校服的；

10. 在教室、走廊等公共场所嬉戏，打闹，搞恶作剧的；

11. 进入游戏厅、歌舞厅、网吧等严禁未成年人进入的场所的；

12. 观看、散布黄色、暴力、反动书刊或音像制品的；

13. 考试作弊，伪造假条、找人冒充家长请假的；

14. 私接电源、使用明火、玩火的；

15. 抄袭作业、不按时交作业，情节严重的；

16. 不认真对待考试，故意消极应考的；

17. 黑板报及主题班会活动没按时完成的；

18. 其他对班级及学校造成恶劣影响的事件，视情况减分；

19. 上课不守纪律，影响老师讲课。情节严重的，视情况决定。

以上行为之一的扣 5 分/（人・次）。

20. 自习课扰乱课堂秩序的；

21. 集会活动中说话的；

22. 带零食进班级的；

23. 仪容仪表被级部通报的；

24. 不按时交作业的；

25. 上学、上课、上操、集会、集体活动迟到的；

26. 跑操前和跑操过程中说话的。

以上行为之一的扣 1 分/（人・次）。

27. 班主任认证为拾金不昧、乐于助人等好人好事的，加 5 分。

28. 获得班级荣誉、级部荣誉、校级荣誉、市级及以上荣誉或公开表扬的，每人次分别加 3 分、5 分、10 分、15 分。

29. 质量检测成绩全校前 100 名加 5 分，前 50 名加 8 分，前 20 名加 10 分（不累加）。

除上述以外其他情况是否可以加分由班主任和班委会共同商议决定。

二、卫生（每月基础分 100 分，实行扣分制）

1. 值日被年级扣分的，扣 2 分；
2. 被班主任发现脚下有垃圾的，扣 1 分；
3. 不在规定时间内完成值日的，扣 1 分；
4. 值日后物品收放不整齐的，扣 1 分；
5. 课间忘记擦黑板的，扣 1 分。

三、学习

质量检测分数为各成员各科成绩得分率的平均值。

小组成绩：纪律、卫生、学习三项分数的平均值。

班主任的路上我的些许收获

董志敏

在毕业的这些年中，我一直担任班主任工作，在班主任的成长路上，我有失败的教训，也收获了许多宝贵的经验，十几年的班主任工作使我有些许感悟：

1. 了解每一位学生，通过入班的自我介绍了解每个学生的爱好、特长、优缺点。其次，借助书面形式了解学生的家庭情况，自己曾担任过何职务，进入初中有意担任何职务，这样做为选拔班干部课代表奠定了基础。利用军训期间与学生多交流沟通，从而使学生感觉到老师的亲切，这样做是为了使学生不与班主任拉开距离，便于今后开展教育工作。

2. 从自身讲，作为班主任，尽量做到眼勤、嘴勤、腿勤、脑勤。眼勤是指进班多观察人观察物，看见有无情绪异常的学生，观察每个学生的精神状态。观察物是指排查教室内是否存在安全隐患，班级的布置有无破损，室内卫生是否打扫彻底，教学用具是否完备，从而建议相应的负责人该如何去做。嘴勤是指多强调走读生放学时的交通安全，对于学习积极的学生、工作优秀的人、有好习惯的同学及时表扬，使每个同学认识到这样的人和事就在身边，相信自己也能做到。腿勤是指多去班级及分担区走走，发现问题及时解决，其他教师上课时多去班级看一看，看学生的上课状态，思考及回答问题是否积极，有状态不好的学生及时谈话进行教育，对于严重的现象，开班会进行引导。脑勤是指遇事多反思，多想办法教育学生，多换位思考，特别是特殊家庭的孩子的教育，更要设身处地地从学生角度出发进行教育，同时多学习教育方法，许多工作要静下心来思考，琢磨。在我班有个孩子小雨，她是由姥姥抚养长大的，因为在她小的时候，妈妈忙于工作又要照顾比她小两岁的弟弟，所以把小雨同学寄养在姥姥家，直到小雨上初中才把她从姥姥家接回身边。因此小雨在生活习惯等方面与妈妈的要求有一些差距，同时又长时间不在妈妈身边，所以和她的妈妈产生了很大的隔阂。在班级里，孩子胆小、闷闷不乐，有时还有些叛逆。发现这种情况后，我与她妈妈取得联系，并了解了孩子的具体情况。后来在班里我会尽可能多地鼓励她表扬她，同时还叮嘱几个女生多关照她。比如和她一起讨论问题，课间一起玩耍，渐渐地她开朗了，也爱开玩笑了。与此同时我和她妈妈一起探讨如何接纳孩子的不足，如何帮助孩子认识自己的不足并改正。慢慢地小雨同学也与妈妈的关系亲近了。

3. 多借助班干部的力量，对班级进行管理。每周开一次班委会的例会，让班委会成员总结班级的闪光点和不足之处，以及如何整改。这样对班级的情况了解得更加细致，然后开班会，对班级的现状进行总结，及时表扬表现好的同学并倡议其他同学向其学习。对于不好的现象，及时强调，使这些学生能够及时改正错误。这样做的目的是让每个孩子都参与到班级的管理中来，用自己制定的要求规范自己，使学生变得自律。

4. “人人有事做，事事有人做”也是我的管班理念，这样既锻炼了孩子的能力，也能使学生增强责任感,为此我总会细分班级事物,尽量做到任务到人。比如对于负责扫地的同学来说,让他们自行确定完成工作的标准,在这个过程中,孩子们除了按时完成打扫的任务外,也能主动承担起监督的责任,这种认真负责的工作态度使得班级的卫生一直保持很好。再比如负责图书角的同学,除了记录借还图书的情况,还主动承担起装饰图书角的任务,并且定期组织同学们更换图书,丰富孩子们的阅读内容等。这些都是每一位小工作者责任感的体现。诸如这些做法对孩子们所产生的作用都是不容小觑的,毕竟长大后的他们都会进入自己的工作岗位,我相信经过这样的锻炼,对于它们将来的工作也是有所裨益的。我班上有一个男生 A,家境还不错,爸爸经常出差到外地工作,母亲是位全职妈妈,但是对这个儿子非常溺爱,惯出来不少毛病。曾经最让我头疼的就是他总是迟到,软硬兼施都没用,请家长来以后,他妈妈说:"我早上喊了他的,而且反复叫他,可是他就爱赖床,我是真的无计可施。"我都快绝望了,有一次在和办公室的班主任同事聊天的时候,说到了这事,经过我们一番讨论,最终想出了一个对策,并开始试行。每天中午我们有做数学计算题的任务,所以每天我会把要做的计算题提前交代给这位同学,并且让他不能提前透漏给任何孩子,中午来到班级再告诉同学们计算题的内容,与此同时让他负责监督同学们独立完成计算,这样重要的任务交给他,他显得格外高兴,并信誓旦旦地承诺保证完成,从此他不再迟到了,后来还主动要求给大家讲解计算题,因为他早早拿到计算题任务所以也能够提前做完并充分备课。其实这个工作比较鸡肋,但只要我们能够给孩子们提供锻炼的机会,充分发挥他们的主观能动性,就会有意想不到的收获。

5. 多沟通,借助科任教师的力量一起管理班级。与任课教师多沟通,从科任教师处了解学生的课堂表现和作业完成情况,与科任教师共同发现班级里学习风气的异样。同时注重有效的家校沟通,家校沟通的方式主要有以下几种:利用微信发图片、视频,打电话、面谈等。比如作业的反馈、孩子认真背诵的样子,以及各种课上讲台展示的过程,等等。在工作中,根据需要,不管采用哪种方式,都能增进老师与家长、学校与家庭之间的相互了解,取得家长对班主任学校工作的信任和支持。这样才能使教育变得更有力量,效果更明显。

总之,虽然班主任工作千头万绪,工作方法千差万别,形式和任务又多种多样,但只要我们平时做个用心人,在实践中努力去摸索,并付诸行动,及时反思,调整方法,就会使班级管理工作的水平不断提高。

我认为做好了日常点滴的小事,也就成就了教书育人的大事。

浅谈班主任班级管理的几点认识

李志萍

班主任作为班级活动的组织者和引导者，应用适用于新时期的管理理念就显得格外重要。如果班主任用强硬的态度对学生进行管理，就给学生带来非常大的压力，同时这样的管理方式也成了与学生的交流和沟通壁垒。初中生正处于心理和生理变化的重要时期，思想的转变跟不上身体的变化，学生的个体意识也随之增强，班主任与学生的沟通是否得法，直接影响到师生关系甚至关系到整个班级的凝聚力。

师者，传道授业解惑也。班主任要时刻掌握学生的思想变化，帮助学生解决当前的困惑，采取针对性的措施，改变学生的学习生活状态。所以，作为初中的班主任，我们要有十足的耐心、高尚的品德和自己的人格魅力，尊重学生的个性，真诚地对待学生，给他们正确的引导。最终使学生"信其道，尊其师"。

一、建立和谐师生关系，情感教育是关键

交流是一切人与人交往的最重要的手段。流畅的、敞开心扉的交流会起到事半功倍的效果。

班主任工作中，作为一名语文教师，我多了一项交流的方式，那就是周记。通过周记，我可以知道学生的思想动态，我会认真对待每个学生所记录的心情与心事，认真阅读，认真批注。学生能把周记当作与老师聊天、谈心的纽带。在批阅周记的过程中，尊重学生的独立人格为前提，给他们鼓励，让他们正确评价学习生活中的人和事，既不能目空一切又不能妄自菲薄，帮助他们树立正确的人生观和价值观；与他们分享快乐与烦恼；对于他们提出的问题和倾诉的心事，我都能及时反馈和关怀，一句评语、一个卡通画都可以拉近师生距离。这样的交流既保护了孩子的隐私，又能让学生更信任老师。

班级有一个女孩，在一次周记中我发现她情绪低落。通过和家长沟通交流，发现在孩子少儿时期，父亲、外公、祖父相继去世，家庭环境长期压抑，孩子出现了心理问题，很少露出笑容，还有早恋倾向。在与孩子的交流中，我并没有直接指出孩子的早恋问题，而是平心静气地和她交流沟通，在这个过程中，发现孩子慢慢地愿意说出自己的想法，情绪也很稳定。我站在孩子的立场上，认真分析她情绪低落的原因，帮她逐步认识到是否真的喜欢那个男孩，在融洽安静的氛围中，解决了孩子出现的问题。

二、宽容教育比惩罚更有效

班主任在对自己班级的管理过程中，要把握好其中的"度"，不能过分纵容学生，也不

能一味地苛责学生。在管理方式上,面对以前的那种死板单一的填鸭式教学,要及时摒弃,开创适合新时代的学生的教学方法。教师用无穷的爱,让每一个学生都能感受到老师的爱护和尊重。

"人非圣贤,孰能无过",学生犯错误更是不可避免的。如何对待犯错误的学生呢?教师的宽容会使学生感受到一份关爱与抚慰,所起到的作用远远大于惩罚。首先,学生犯错误是长期坏习惯导致的必然结果;其次,学生所犯错误程度也有轻有重,有的是小毛病,有些则需要惩戒,面对不同的问题,处理的方法也不同;三是惩罚往往会伤及学生最宝贵的自尊心,同时也让学生认为自己因为犯错误已经得到相应的处罚,也无悔过之意,不能深刻反省自己的问题,从而达不到教育的目的。因此,对于犯错误的学生,我首先挖掘错误的根本原因,然后分析错误带来的恶劣影响,控制自己的情绪,在保护其自尊心的前提下,用更智慧的方法解决问题。我更注意运用宽容教育来帮助其改正错误,接着我会从其自身的闪光点来说服教育和因势利导,扬长避短,使学生彻底认识到自己的错误,从而改正错误,不断取得进步。

我的班级有一条班规,对于犯同一个错误的同学,都有两次改正的机会。给他们改正的时间,宽容一些,班级氛围也没有那么凝重,他们也为自己改正错误而感到高兴,这比长篇大论的说教,效果好得多。

郭某是班级的困难户,经常在班级骂脏话,从而引发和同学之间的矛盾。我了解了他的家庭情况后,却对这个孩子心疼起来。他的父亲因为经济纠纷被判刑,小学时同学经常嘲笑他导致他为了保护自己的自尊经常骂脏话。他家里还有一个弟弟,母亲也无暇照顾他。

针对他的情况,我先找他谈话,像妈妈一样询问他的在校情况和心理变化,看到他的态度缓和后,给他提出了相对宽松的要求,每天骂脏话不能超过五句。以后,我对他处处关心,让他体会到了久违的关怀。就这样,他骂脏话的频率降低了许多。每当看到他骂脏话,我也示以警示的微笑,他总是不好意思地笑了。

三、善于运用激励方式,提高学生的自信心

激励教育不但可以培养学生自信心,还可以激发他们的创造力。以激励为主,扬长避短,学生的自信心有赖以立脚之处,自信心就是他们成功的基础。相信他们,给他们一个支点,他们会在不同的领域有所成就。对中学生而言,他们的兴趣爱好、性格个性、学习能力差异较大,但自我意识较强,教师应充分理解他们,从各个角度去体察学生。只有理解他们,才能更好地教育他们。

在激励教育方面,班级执行小组评比机制,将学生分成几个小组,优劣互补,充分信任学生。通过兑换积分币激励学生积极进取的学习态度和高尚纯洁的道德品质。从小事做起,哪怕是自觉捡起地上的一片废纸,都当众夸奖并获得积分币,积分币是自我价值实现的度量衡。每月评选出优秀小组、最佳小组和优胜个人。这样的机制不仅会唤起他们的自信心,更能激发他们的潜能。在班级还设置了值日最佳奖、文明奖等从各个角度激励他们,尽量看到每个人的闪光点,提高他们的自信心,从而达到立德树人的目的。

四、班主任发挥自身的权威性，创设良好的集体氛围

在工作实践中，管理者充分发挥其职能，发挥权威性的主导作用，是一个班集体凝聚力的关键因素。如：班干的建立，一定要选拔培养在班级有威信，对班级事务积极关心，有组织能力，诚实守信的同学担任班干部。工作之初，班主任一定给班干部分工明确，指导和协助他们开展工作，帮助班干部树立威信，让班干组织集体中的正向舆论，提高对核心主义价值观的认识，以此来激发学生积极进取的内驱力。在集体运行的轨道中，发挥他们的长处，提倡奉献精神，利己利他，增强学生的主人翁意识。寻找机智幽默的方法，解决集体中各种矛盾，协调好各种人际关系，创造良好的班级氛围，维护好集体的团结和统一。班委必须及时、公正、客观地对集体内的积极因素和消极因素做出评价，明辨是非，及时向老师反馈，做老师的左膀右臂，共同创设健康的舆论阵地。

班干队伍的管理，教师要关注工作细节，注意思想动态，使班干队伍处于能干、肯干的状态。班主任还要权力下放，让班干独立处理班级事务，即使处理得不那么圆满，后续再补充完成，充分地信任他们。最后的收获一定会让老师喜出望外。

教无定法，情感的交流，张弛有度的管理，激励措施的有效实施，这些都会令每位学生感受到老师的爱，都自信自立，信念坚定，从而顺利达到教育目标。

总而言之，新时期的教育，班主任工作要以情感真挚、尊重个体差异、信任学生、一视同仁的准则为基础，以培养良好习惯，营造浓郁学习氛围为方向，对学生生活上多关怀，学习上多帮助，思想上多引导，行为上严格要求，塑造新时代优秀的接班人。

班主任成长笔记

吴国栋

班级作为学校管理的基本单位，是一个小集体，班主任就是辛勤工作的小蜜蜂，工作细碎，当然也起着举足轻重的作用。有良好的管理和执行，事情才会有头绪，集体才会像一架健康的机器有序地运转，而管理和执行主要靠的就是班主任，因此班主任的工作就必须讲究一些方法和技巧，下面就是我在班级管理中常用到的两点小心得。

一、顺势而为，促进班级后进生的转化

作为班主任，我一直觉得学生没学好是班主任的责任，本着这一想法，所以我一直对后进生格外关注，后进生本身具有一些不好的习惯：懒散、违纪、学习习惯差、自我要求不高等。但是，他们身上也有自己的闪光点，或者仅仅是遇到了成长的烦恼，作为班主任，我们不能放弃这些后进生，应该顺势而为促使他们在我们的精心指导下得到转化，以使我们的班级管理工作变得更加得心应手。

示例一：2014 级学生马某某，学习习惯较差，没有清晰的学习目标，但该生外在条件好，性格开朗大方，我推荐该生将来可以走艺术方向，考播音主持专业，马同学也发现这是自己的兴趣点，而且可以和将来的职业挂钩，对未来有了目标，于是在以后的学习和兴趣方向有了很大的改善，三年后成功地考到了内蒙古大学艺术学院播音主持专业。

示例二：2017 级学生赵某，接手该生不久我就发现其学习主动性差，没有学习目标，三年下来也没有发现其性格特点与将来的职业方向，临近高考一直变化不大，成绩一直在二本线下徘徊，我业余时间多次帮他补习功课，可是收获不大。后来经过深层次沟通后发现该学生从小一直一个人在外读书，父母对他的关怀不够，最后两个月我就不断地打电话，催他母亲过来陪读。自从他母亲过来后，这个孩子发生了特别大的转变，最后赵某终于过二本线，并且帮其报考到吉利大学车辆工程专业。

我们关注后进生，并能激发他们的学习兴趣，使他们的学习情况得到改善，进而对其人生产生巨大影响，这就是老师的成就感。

二、耐心引导，做好学生的思想工作

对于高中生而言，他们正处于成年和未成年的交界点，成长的路上遇到彷徨，甚至走了弯路都是在所难免的，这个时候作为一个班主任就要担起责任了。处于青春期的孩子有些事情是不会和父母沟通的，我们班主任又处在和孩子们相处的第一线，所以我们有时候可以拿到孩子的第一手资料，这时候就需要班主任能够具有耐心、爱心，能够对学生悉

心疏导，循循善诱，能够及时做好学生的思想工作，这样才能从根本上解决学生的问题，才能杜绝学生的不良行为，使学生的身心得到健康发展。

示例一：学生谈恋爱，如果班主任对学生实施强制管理，反而学生会坚决反抗，甚至会做出一些过激的事情。如果班主任不断对学生进行思想教育工作，使学生认识高中阶段相互有好感是非常正常的一个表现，如果处理不好会对今后的人生产生深远的影响，要确立高中阶段的奋斗目标，建立学生正确的恋爱观，使学生把这种情感转化为奋斗的力量。2011 级学生王某，高三阶段对本班女生产生好感，幸好我及时发现，我采取的做法是既不反对，又不支持的态度，但对两个学生分别进行人生观、恋爱观的正确引导，不时找他们谈话，和他俩一起吃饭，聊将来，总之，从各方面关心他们，男同学变化很大，开始埋头学习了，成绩明显有提升，英语从六十多分涨到了一百一十多分，女同学高考成绩达到了同层次班级的最高分 584 分的好成绩。这些有效引导学生的行为，对促进学生身心健康发展具有积极的意义。

示例二：时刻关注学生的心理健康。近几年，随着各方面压力增大，存在心理问题甚至是心理疾病的孩子越来越多，所以心理健康问题不容忽视。每一届孩子接手不久我就会对新生进行心理健康的宣传，并且及时细心地发现孩子们的心理动向，如 2014 级学生米某，该学生性格内向，特别害怕说话，最后发展到吃喝东西时的吞咽困难，去北京各大医院检查均没有查到原因，根据孩子的在校表现我建议家长到心理门诊检查，因为发现得及时，该学生在心理医生的干预下渐渐好转，也没有耽误学业。

班主任工作是烦琐的，甚至有时候会是无效的，但是我们只要对每一个孩子都是耐心的细致的，发挥不抛弃不放弃的精神，秉持能帮一个是一个的心态，对孩子们进行心与心的沟通交流，孩子们一定会给我们出乎意料的惊喜。

班级管理二三事

袁广玲

在如今这样一个张扬个性、重视人性的人文素质教育年代，班主任的角色已经出现了巨大的转变，建立一个民主和谐的师生关系是必然趋势，而怎样使这种转变得到彰显呢，我觉得需要班主任坚定的理想，无私的奉献，强劲的力量和持续的爱心。当好班主任确实是一门艺术，因为从学生读书、生活等习惯的养成，学习方式的引导，到学生心理问题的发现，以及班级学习风气的培养，都离不开班主任的谆谆教诲。所以除了常规管理之外，更多的是每天适时的碎碎念，比如晨晚读，晚自习纪律，每天校服的穿着，都需要不厌其烦地提醒和善意地劝说，也有很多问题学生需要我们去特别关注，下面我将这几年做班主任期间遇到的点滴事情分享如下：

一、以身作则，教会学生勇于面对知错能改

记得自己刚走上工作岗位就同时担任班主任工作，既没有教学经验又没有班级管理经验，所以显得有些焦虑，会有一些事情处理得不合适。有一次，一个女同学任某跑操没到并且没有请假，我生气她这种做法没有组织性和纪律性，而在班级公开训斥了她，并让她下次跑操到最前头去跑，想让她明白要为自己的行为承担责任。此后，她就对我非常冷漠，学习中缺乏主动性，上我的课时更是无精打采，成绩也一落千丈。我意识到可能对跑操一事的处理对她形成了很大的负面影响，所以就找机会与平等地、打开心扉交流，首先对伤了她的自尊心表示歉意，同时她也说出了自己那次事件的原因。很长时间过去，她又回归了以前的正常状态。但如果当时在我发现问题所在时仍然放不下自己的尊严，就可能使她形成了长期的逆反心态，同时也会给她带来无法消除的心理阴霾。所以，在班级管理工作中，有时候我们必须放下个人身段，作为学生们的良师益友，努力解除学生的烦恼，同时在认识到自己犯错误的时候也需要正面面对并诚恳致歉，让学生知道犯错误并不可耻，而是要积极改正并勇于承担后果。

二、运用爱与人格魅力去影响学生

班级有一名女同学，自高一入学以来，各种违纪现象集于一身，刚入学不久班级老师就都发现了她身上的问题很多。记得有一次在我上课的时候她的手机响了，没收后就一直在缠着我要手机，还撒谎说那是闹铃，手机不是自己的。我先让她回去写一份事件说明和检讨书，然后告诉她电话按照之前她承诺给我的方式处理。但是在下当天晚自习的时候，她趁着交检讨书的机会拿起我放在办公桌上没收的手机就跑了出去。我当时真是从

来没见过这样的学生，强压着心中的怒火在电话接通后先和家长陈述了事情的经过，然后叮嘱好家长注意孩子回家的时间和情绪。晚上回家后又回忆起开学以来在她身上发生的种种事情，觉得有必要好好了解一下这个学生。所以第二天我就通过已经毕业的学生联系到了她的初中班主任，通过她的初中班主任得知这个孩子从初二开始特别叛逆，经常和校外的人在一起，初三过后开学就连续请了一个多月的假，直到快中考了才回来上课。最后老师还给了我一句忠告：这孩子聪明是聪明，但是一身的社会气，对她管教时还是先保护好自己吧。对于这个手机的处理家长来了之后先是劈头盖脸地给孩子一顿骂，打了一拳，然后还是明确表示要拿回手机，虽然知道老师是为了她好，但是如果没有手机她联系不上孩子，有时候孩子晚上很晚不回家。从家长那还了解到这孩子中考查分、报名全部都是妈妈一个人弄的，她全程不在场也不关心，而后学校任何事情都是妈妈在代劳处理，孩子完全不过问，了解到这些情况以后我好像有点儿理解她了，一方面家长代办的过多，让她没有了责任感，也许还有更重要的一方面，家长不止代劳，还不会在事情发生之后和孩子谈心或者告诉孩子对与错，以后应该怎么做，只是一味地抱怨孩子不省心，导致她犯了错误还完全不自知。自那次之后我就决定一定要换一种方式对她了，不能总是挑她的毛病，而是要看到她的闪光点，对她的问题有时候就是要睁一只眼睛闭一只眼睛过去，再找合适的机会和她讲道理，告诉她老师和家长的出发点，告诉她以后应该怎么做，虽然现在还是总犯错，但慢慢地发现她在犯错误之后不再那么理直气壮了，懂得和老师同学们讲道理、沟通了。今年开运动会的时候我特意把自己家孩子带来让她看了将近一个上午，然后又带着她在每个结束的节点进行班级区域卫生的打扫，想让她感受一下责任，体会一下妈妈的不容易，但是就在中秋节前她还因为和妈妈的一次争吵生气将止疼药倒入口中在医院洗胃输液好多天。记得十一放假之前级部布置了一次以安全为主题的班会，在班会课上我明确地告诉同学们无论遇到什么问题，生命是最重要的。如果没有了生命，那什么都是零。任何逞强都没有了意义。我一直看着她说，发现她的脸一下子红了，然后抿了抿嘴低了一下头。像这类的问题学生其实在现在的学生中很常见，只是各自的问题不同。我觉得我们能做的并不是改变这些学生的性格，或者抱着能将这样一些孩子完全转化成一个优等生的希望，而是要设身处地地试着去了解她们，要让他们真正感受到老师的爱和关怀，通过有效的家校合作，努力不让她们向着更坏的方向发展而已。同时从这样一些孩子身上，我也充分意识到家庭和父母对孩子的影响之大，也时刻提醒自己在做一名合格班主任的同时，更要做一名称职的母亲。

三、放大学生的长处，鼓励互相借鉴

虽然每个班级都有几个问题学生，但班级中的问题学生相对于整个班级的四五十人而言，毕竟是占少数的。每个班都有表现优异的学生，他们对待老师和同学谦恭有礼，诚实守信，平时勤学好问，积极向上。可以说在班级起到了很好的带头作用。我们不只要表扬他们，同时也要号召同学们向他们学习，像每周的班会，都会安排一名学生做学习和为人处世的经验分享，而这名同学都是同学们前一周民主选出的，希望能够通过这样一种方式给他们一些鼓励，又能给其他学生做一点正面的引导。经过一个学期以来的尝试，发现不止同学们选得认真，做分享的同学也是认真对待，内容并不奢华，但是实在好用，特别适合这个年龄段的孩子。每周的班会就像是一个同学们的加油站,总是能让同学们能量满满地进入下一周的学习。

最后,我想引用以前看过的一段话来表达我对班主任工作成功的看法:有些孩子,能让他出类拔萃才是成功;有些孩子,能让他自食其力就是成功;有些孩子,能让他成为守法公民就是成功;有些孩子,能让他快乐生活就是成功。而这些成功都需要我们付出很多,但可能又没办法进行业绩考核,但只要我们每天都能看到孩子们在成长、进步就是成功的,快乐的。

总之,日后我将不断分析和总结经验、教训,通过不断的学习,提高自己的业务水平和班主任的工作艺术,为把班主任的工作做得更好而努力。

班主任之一日工作纪实

路婉莹

一、向晨曦初露说早安

上午：繁忙的日子让人充实，让人无暇顾及那些烦心的事情，让人忘记烦恼，让人看到光明，让人总是沉浸在微小的收获里，体会到小小胜利的喜悦。做个普通人，既有远大的理想，也要切合实际。身为班主任的日子，让我切实感到了这种忙碌带给我的充实。

6:30 起床，洗漱，吃早饭，一气呵成，直奔校园。

7:10 进入班级，首要任务查考勤，核实缺勤学生（具体什么原因，事假还是病假）；其次，检查班级卫生。

乌申兹基说过："人的好习惯就像是在银行里存了一大笔钱，你可以随时提取它的利息，享用一生。"好的卫生习惯会让人终身受益。对于卫生的要求，从学生高一刚入学我就严格规范好，设定相应卫生评分细则，具体到每组值日生每个组员的分工情况。

"好习惯，好人生"的种子埋下，用恒心去浇灌，实现的是每个孩子精彩的未来！

播下一种习惯，收获一种行动。本着全员全天全面的原则，全班师生要对班级卫生负责，除每周五活动课的大扫除外，其他时间，要随时随地留意脚下卫生，要做到心中有"净化"，眼里有"净化"，手上有"净化"。像在自己的家中一样，地上有一片废纸都会捡起来。要做到班级地面上没有一片废纸。

7:20 晨读开始，声音要洪亮，站姿要规范。朗读慷慨有激情，是我对学生的要求。清晨的良好情绪是一天学习和生活的关键，以饱满慷慨的晨读打开新一天的学习大门，是我们高中生该有的风貌。另外，晨读是以集体的方式带动个人，会让每个同学都有激情，有动力地去大声朗读，增强学生的集体意识，更好地融入我们这个大家庭。

7:40 向国旗敬礼，是学校德育工作不可缺少的内容，是对广大师生集中进行生动的爱国主义教育和《中华人民共和国国旗法》教育的重要活动。"学高为师，身正为范。"要求学生做到的事情，首先要班主任躬亲去做；要学生守的规则，班主任也要躬亲共守。班主任是学生学习效仿的对象，我每天必定和同学们共同完成向国旗敬礼。

8:20 早自习结束，收各学科前一天家庭作业，课代表送至各学科老师处。我作为班主任还是学生的语文教师，所以对于语文作业我会不定时抽查，要求学生按时完成的同时还不得出现抄袭现象。

课后作业是教学环节中十分关键的一环，它起到巩固知识与延伸的功能。课堂上，教师所讲授的知识是具有典型性和代表性的，而学生需要在学习的过程中学会举一反三，有所适用,有所延伸。作业还有另一项极为关键的功能,就是即时呈现教师的教学效果。学生对于知识点的掌握程度完全可以从作业的反馈中获取。为最终学生能够较为全面、系统地掌握知识,作业这项工作要精准到位。

8:27 预备铃打响,学生们提前 2 分钟进教室,准备好课本、笔记本以及文具。课堂上,学生需把当天课程表上的六门学科的课本、笔记本和资料提前准备好并有规律地摆放在一起。这可以为学生省去部分时间,也为学生今后的好习惯打下基础。我认为,有条理的学生在学习上一定有很大优势。要求如下:

(1)学习用具的摆放:当天课程表上的六门学科的课本、笔记本和资料整齐地叠放在课桌的左上角,便于取用。

(2)试卷、资料、练习题:各科测试卷、练习题分类整理,用夹子夹好,并按语数英政史地生的顺序排列好放在书桌内,方便查找。

8:30 第一节语文课,要求课上做到:

(1)班长喊起立,师生互致问候,老师允许后,轻声坐下。

(2)坐姿端正,认真听讲,并做好课堂笔记。

(3)小组合作学习积极参与,或倾听,或发言,不谈论与学习无关的话题。

9:10 结束当天第一堂课,课间 10 分钟要求学生:

(1)不追逐打闹。

(2)不大声喧哗。

(3)上下楼梯靠右行走。

(4)提前两分钟进入教室,准备好下节课的课本文具。

9:50 第二节课下课,课间跑操的流程:

(1)参加人数:全员参加,对有特殊情况的必须到班主任处请假,准时到操场班级指定位置集合,集合时要达到快、静、齐。

(2)全员集合完毕,按照班级座位表站队,呈六路纵队,左右半臂,前后一臂。听从指挥,原地踏步,齐喊口号。

(3)在跑步行进过程中,保持好前后间距并以每一排的左侧为准自觉对齐;要求队形紧,步法齐,口号响!

(4)在拐角处整队,内外侧同学应协调好,内侧同学步伐稍小稍慢,边跑边等边用余光观察外侧同学;外侧同学要余光观察,大步跟上,保持牌面整齐,班主任全程跟操,发现问题及时解决。

(5)体育委员:在队伍前列,配合哨声,合理指挥,规范动作,跑步时喊口号要响亮并且有节奏;体委还要担任起监督班级学生跑操的任务,无论过快或过慢都应及时调整,严格要求本班学生跑操时的规范。

10:20 第三节是化学课,学生们在化学老师的带领下,到实验楼做实验。实验课要求学生必须严格遵守实验操作规程,在化学老师指导下规范进行实验操作,不得违反实验室的规定,不得违章做实验。

11:50 结束第四节课,学生午饭及午休。吃饭:

(1)一日三餐必须按学校规定时间到食堂就餐,超出就餐时间不予提供餐食。

(2)要学会荤素搭配,多吃蔬菜,不挑食。

(3)不允许私自订购校外的外卖食品,尽量远离垃圾食品,不吃或少吃零食。

(4)早要吃好,午要吃饱,晚要吃少。

(5)排队打饭,不准加塞,不准拥挤,不准大声喧哗。

(6)等待取餐时间,默默背诵相关学习材料,养成珍惜时间的好习惯。

(7)不浪费一粥一饭,尽量做到吃多少打多少,实行"光盘行动",节约每一粒粮食。

(8)用餐完毕,收拾桌面整洁如初并按指定位置倒掉自己盘中的剩余残渣。

学生中午就餐完毕,住校生回寝室进行午间休息。要按寝室规定的时间进行午睡,充足的睡眠、饱满的精神是提高效率的基本要求。

二、做有理想的下午人

下午:理想的力量是无法估量的,它不仅仅是一个目标,也是一个希望,更是一种动力。因为有了理想,我们才能不断前进。

14:25 到校,一人迟到。首先批评教育,属轻微错误,对迟到学生进行批评教育。

14:30 下午第一节是体育课。拥有强健的体魄,是学生学习的基础。我们是一所示范性高中,各方面都有所创新和突破。以往的认知只有大学校园的体育课才实行走班选课,而我们的高中学生就已经提前感受到大学校园才有的走班选课。这种体育课的方式,让更多的学生选择到感兴趣的体育项目,也让学生真正地在体育课上运动起来。

16:50 第七节课结束,眼保健操时间开始。长时间用眼过度,使眼睛经常处于紧张状态,久而久之就成了近视眼。眼保健操是针对造成近视的原理,运用医学中的推拿、穴位按摩等方法,综合而成的预防近视的措施。督促学生定期进行视力检查,发现问题及时治疗。高中阶段对学生的用眼要求:

(1)学习时,身体一定要坐正,头不歪,不要趴在桌上,也不要躺在床上看书。

(2)看书写字时,光线要充足。

(3)阅读或书写半小时到 1 小时,应休息几分钟,看远景,闭眼休息或做做体操。

18:00 结束一天的学习生活。跑校生直接回家晚饭并学习。

适应时代发展需要的不仅仅是知识丰富的人,而且是会学习的人。高中阶段的学生已经形成了固有的学习方式,想要改变并非易事,所以改其表面不如从心里让他们试着接受。这是一个由被动变为主动的过程,由被监督的被动学习,到按自己的主观意图发奋学习,首先让学生给自己订立目标,所有目标的订立切不可假大空,一切以最小点为基准,小到 10 分钟,半小时,一小时的目标设定,这样长此以往,学生自己掌控时间的目标更明确,目标达成后也就更有满足感。

三、勿将今日之事拖到明日

沉香并不等于沉香木,但沉香又必然诞生于沉香木中。

19:00 ~21:00 晚自习

我们要明确什么是自习课。官方解释的自习课就是我们自主、自我学习的过程,其主要功能就是完全自主的空间,相对时间内通过自主学习、探究,保障知识贯通的延续性,并达到自我完善、发展、巩固、提升的目的。

我对本班学生自习课有明确要求:

(1)认真学习,认真完成作业。

(2)不东张西望,保持安静,不说闲话。

(3)独立思考问题,不抄袭作业。

鉴于今天是我的自习课,便充分利用起来,与同学们一起协商拟订本班班规。班规的确定,是学生互相监督互相进步的标尺,也让学生们从高中阶段习惯有纪律有约束的学习与生活,这是高中生活的开端,也是学生们树立正确的人生观、价值观的关键时刻,我有义务和责任监督引导他们。

人就像一只飞鸟,终其一生渴望飞得更高更远,不懂得驻足枝头环目欣赏飞过的蓝天,不懂得挥翅停顿回首眺望穿过的白云,不懂得踏足云间低头俯瞰掠过的湖面,不懂得随霞降落举目仰望坠落的夕阳,最终却不知道自己到底穿越了多少山河,翱翔过多少云天。不过,我愿成为一只伴着朝阳起飞,踏着晚霞降落,在夜幕将要降临时,落于枝头,回望一天的行程的飞鸟,让黑夜为我盖上被子,等待另一个黎明诞生。

如何在新学期快速认识新学生

王东雪

铁打的营盘流水的兵,在高中阶段每隔三年便要认识一批新的学生,快速地认识学生有助于老师更好地进行管理工作和教学工作,在这一方面主要受到我的师父付老师的影响,我在这里分享一下我学到的内容及在具体实施过程中的一些情况。

在开学前,学校宿舍要求住宿学生准备一张蓝底照片,并注明个人信息。我在看到这条通知时意识到这是认识学生的一个机会,于是我要求所有学生都要准备一版照片。首先,可以通过照片对学生有一个初步认识,虽然现在照片和本人有一定差距,但还是能从中看到学生的一些基本特征。其次,新学期学生需要填写的各项表格也比较多,提前收集学生照片,可以大大提高工作效率,更好地完成学校布置的任务,建立健全学生个人档案。收集照片只是第一步,最重要的是认识学生,仔细观察学生的特征,对学生的名字和形象有一个整体的认识,提前认识学生会帮助我们更好地应对开学繁杂的事物。第一,通过照片可以初步对学生的仪容仪表进行摸排,对部分不符合要求的同学提出整改建议。第二,对学生的整体认识会加深彼此见面的第一印象,让学生体会到惊喜和老师的用心,让后续的工作有一个良好的开端。第三,可以根据各自情况提前做一些工作安排,使开学繁杂的情况有一定的条理性,同时也可以让老师有时间通过任务对学生进行初步考察,为后面班干部遴选做准备。在开学后的实践过程中,也取得了很好的效果。在学生进班级介绍自己之前,我能准确地叫出他们的名字,学生表现很惊讶,在疑惑中进入自己的座位。我相信这个时候已经让学生对这个班级有了一定的归属感。在学生进入班级后,迅速根据预案布置任务,我则迅速进入到观察者的角色,记录学生在实践中的表现,并在适当的时候进行干预和交流。

在开学后,在认识学生方面主要应用向陈老师学习的方法——制作班牌。经过忙乱的开学准备工作,老师和学生就要快速进入学习的状态。在这种情况下,不仅仅是班主任需要认识学生,还有各科的任课教师。相比较而言,班主任会比任课教师更快地认识学生。所以,我在开学之前便为每个学生准备了自己的姓名牌。这样做在开学第一课的时候就可以让任课教师对学生有一定的整体认识。同时,我也利用开学前要求学生准备的照片,把照片整理到一张 A4 纸上制作班级名录,彩印后交给各科任课教师。这样,通过班牌和彩印名录就可以快速地认识学生,更有利于教师对教学工作的开展。这些措施在后面的实践过程中获得很多老师的认可。而在此过程中,也存在一些小的偏差,由于是塑料硬质材料,学生在下课或课上活动的过程中,经常会碰掉班牌,造成班牌的损坏和影响课堂秩序,所以我要求学生用胶带把班牌固定住。在实践过程中,我发现班牌还可以发挥很多作用,例如在家长会中应用、在公开课中应用等。

以上就是我对新学期如何快速认识学生的一点经验,从这一过程中,我也深刻认识到终身学习的重要性,我也将继续探索,不负三尺讲台。

为爱起航

王莺飞

虽然我是从教十多年的老教师，但就班主任工作而言，我却是个“年轻人”。自2017年开始，今年是我连续担任班主任工作的第四年。在此篇论文中，我想就从事班主任工作以来自己的经历和体会与大家进行分享。

一、确定目标　树立班风

班级像一个大家庭，同学们从各自不同的家庭汇聚到班级这个大集体中，大家相互帮助、相互学习，而明确的班级奋斗目标是班集体这艘大船奋进的灯塔。班主任作为班级的组织者，要结合班级的实际，充分调动班级成员的能动性，制定符合班情的奋斗目标。班级的奋斗目标可以分为阶段目标和总目标，每个目标的实现，不仅可以使同学们感受到共同努力的成果，更可以让大家分享集体的欢乐，从而形成高度的个人责任感和强烈的集体荣誉感。所以，明确的奋斗目标是一个优秀班集体的强大凝聚力。因此，在2017级2班成立之初，我们就确立了“自尊 自强 自律 自信 ”的班级口号，让每一位同学都承担起自己的责任，明确自己的目标，树立正确的个人与集体价值观。每一位同学形成一种心理上的自豪和自律，班级就会班风正，学风浓。在这样的氛围中学习、生活，每一位同学都会自觉维护，自我监督，从而形成良性循环。

二、尊重学生　了解学生

用“心”带班。对学生“爱心、耐心、信心、细心、精心”，这是我做好班级管理工作的基础。

深入学生中，与他们谈谈现在的困惑，聊聊未来的畅想，成为学生的良师益友，帮助学生克服生活、学习中的困难。学生犯了错误，切忌只知批评，一味指责；而是要了解、分析原因，耐心引导，制度约束，通过有效沟通帮助学生找出问题，探讨对策，从而帮助其树立自信心，进而激发其上进心。通过一段时间的了解，选定一支强有力的班干队伍，担任班干的同学不但要有威信，有管理能力，更要具备组织性和纪律性。称职的班干部们形成了班集体的核心，使班集体形成一种内聚力和积极向上的氛围。同时要充分利用每周的班会课，让班级同学以小组形式总结上周的情况，班干给大家布置下周的任务。班主任要在班会上表扬有进步的同学，不只是学习，无论哪个方面，只要有进步都要提出表扬，给学生以鼓励，这种精神上的支持对于整个班集体的向心力起着很重要的作用。让学生感受到爱与尊重是学生成长的重要因素，也是优秀班集体建设的必要基础。

公平、公正地对待每一位学生,关心每一位学生的成长和进步,以自己全部的热情和精力投入到班级管理工作中,这样的班主任不仅会收获学生的喜爱与尊重,也会赢得家长的理解与支持。

三、包容有爱　欣赏呵护

苏联教育家苏霍姆林斯基曾经说过:“每个孩子都是一个完全特殊的、独一无二的世界。”不同的学生具有不同的发展水平和情感需求,要让不同特点的学生都有所提高、有所发展,这就要求班主任必须根据学生的个体差异,采用不同的方法去做好学生的针对性教育。人生没有标准答案,面对新时代个性飞扬的孩子们,我们的教育也越发开放。欣赏学生的与众不同,呵护他们的独特见解,用博大宽容的胸怀对待学生的个性发展,培养学生的创新精神,使他们具备独立思考和终生学习的能力。在对学生的个别教育中,面向的是全班的每一位学生。根据具体学情,做具体分析,想方设法使每一位学生都能有所收获,有所提升。对有差异的学生一视同仁,最终的目的只有一个:对学生负责。

四、协调配合　齐抓共管

联合科任老师开展课堂多元化教学,借助教育体系多方面多角度的力量与资源,充分发挥协配调应能力。针对高中生学习压力大、思想负担重的情况,我个人连同科任老师积极寻求实用性与适用性兼具的方法,并根据学生的不同学情以及在各科目的表现和取得的具体效应,进行三方的高效思路对接,从而令学生形成达观的心态,并有能力去处理自我价值实现过程中产生的不良情绪与困惑,让他们从更为清晰明朗的角度上去分析认识自身的学习位置,保持积极应对高考及个人生涯历程的心态,使他们自由热情地面对当下的学习生活。

五、密切配合　达成共识

学生的成长与发展需要学校教育与家庭教育共同发挥应有作用,加强沟通合作。将与家长的交流放在舒缓学生压力任务中的首要位置,达成学校和家长对学生学情发展同步匹配的思路和态度是班主任工作的重要组成部分。所有家长最为焦虑、最为担心的就是学生的在校学习问题,我以家长朋友们最为关注的问题作为基点,帮助家长正确对待孩子在学习、生活中的两元困境,综合探明学生的实力和能动性,从而为做好学生工作奠定了必然基础,实现了家校携手的高效沟通。

教育不仅仅在于传授本领,更在于激励、唤醒和鼓舞。教育工作者要秉持运动发展的眼光看待学生,以理解和宽容的态度认可学生,坚定学生持续前进的内心信念,从而迸发出无穷的力量!

班主任理应成全孩子的碧海蓝天

武晓霞

一直喜欢刘若英的一首《成全》,教育贵在成全,成全是教育的最高境界。我做不了那个境界的高人,但是,我可以朝着那个方向在人间烟火中行走。作为班主任,我要去成全孩子的碧海蓝天。

《礼记》曰:"学然后知不足,教然后知困。知不足,然后能自反也,知困,然后能自强也。故曰:教学相长也。"教学,是师生双方在这一场成全中的相互交流、相互沟通、相互启发、相互补充,从而达到共识、共享、共进、共长的最佳状态。有人戏说:班主任是这个世界上最小的官,但这个最小的官如果能当得称职,当得成功,那就是一门艺术。

虽然我的班主任工作经历并不长,但我在用心地去做,我觉得自己也在慢慢成熟。魏书生老师在《班主任工作漫谈》的自序中写道:"世界也许很小很小,心的领域却很大很大。班主任是在广阔的心灵世界播种耕耘的职业,这一职业应该是神圣的。愿我们以神圣的态度,在这神圣的岗位上,把属于我们的那片园地管理得天清日朗,以使我们无愧于自己的学生,以使我们的学生无愧于生命长河中的这段历史。"读完这段话,我一下子觉得"班主任"这三个字是那样的神圣而高贵。在我用心管理班级和学生交流沟通的过程中,既成全了学生,又成全了自己,让我真切地体会到"教育"的意义,"生命"的意义。一个班主任最好的成全,就是让每个孩子都像烂漫的野菊,自由快乐、充满期待地成长,也让自己成为美好的过客。

一、成全始于尊重,勤施尊重信任之雨露

尊重和信任是沟通师生情感的桥梁。只有尊重才能让师生间充满信任、充满理解、充满关爱、充满自由;只有尊重才有了学生人格、意志、兴趣的极致挥洒与张扬;只有尊重才能最大限度地调动学生的积极性、主动性和创造性。聪明的班主任要学会尊重,用尊重赢得尊重、信赖、团结、爱戴。尊重学生就是尊重自己,尊重自己的事业,尊重自己的人格,尊重自己的付出。优秀的班级都会充满着厚重的人文气息,每个人都是班级的主人,彼此间充满了平等和尊重。这都源于班主任对每一个学生的尊重。

一个轻松的班主任,必定有一个在班上有影响力、凝聚力,还有责任心的班委会。在开学初,我先组建了一个军训安全服务小组,以自愿参加的原则选拔组员,学生们积极报名。我觉得愿意为大家服务的同学肯定有责任心。所以我从中物色班委成员。在开学后的第三周,班委和团委经过自荐和他荐的方式由学生投票产生。一开始我担心学生们会投友情票,导致唱票不公,但是结果却出乎我的意料,成员很多都是军训安全服务小组的,

几乎都是我物色的人选。可见,学生们的眼睛是雪亮的,投票时将班级的集体利益和学生的能力放在了首位。这说明学生的心里有班集体这个温暖的家。从此以后,我本着尊重和信任的原则,将班级的各项工作陆续交给班委完成。在我的引领下,班委和团委的各个成员都能各司其职、各尽其责。第一次家长会由班委组织学生给家长录制了三首歌《我相信》《父亲》《时间都去哪儿了》,当家长们听完歌拆开孩子给他们写的信时,都哭了。可以说在班委的协助下家长会开得很成功。这也说明学生共同选出的班委有很强的组织能力和领导能力。从此以后班级的各项工作都开展得很顺利。

虽然这样,但班级中总有几个让我头疼的学生。莫同学是我们班让我最头疼的一个男生。他是个体育生,入学成绩低,对学习一点儿兴趣都没有,上课要么注意力不集中,打瞌睡,要么和别人说话,打扰其他学生学习;下课在教室打闹,甚至跑到厕所抽烟;课后不认真完成作业,考试也不认真答题,成绩很不理想。各科老师都向我反映他的情况。我在他身上不知道操多少心,用多少精力,但是一点效果也没有。我觉得我这个班主任的幸福指数直线下降,每天都在苦恼中。

一次晚自习,他说要去厕所,我就准了他的假。但是过了二十多分钟他还没有回来,我就一直站在门口等着他。等了一会儿,他终于手捂着肚子,弓着腰缓慢地从厕所走出来。我以为他肚子疼,正准备走过去询问一下,他看见我立马像孙猴子一样一溜烟窜到后门进了班级。我觉得很蹊跷,于是径直走到他的座位,一探究竟。还没走近他的座位就闻见浓浓的烟味。我火冒三丈,将他喊出班级,一顿训斥。在训斥的过程中他还是一直捂着肚子,脸上装出难受的表情说自己肚子疼,始终不承认自己抽烟。我心想:他竟敢挑战我的权威,欺骗我。“再让你嘴硬,满嘴的烟味,还说没有抽烟?你以为我嗅觉失灵了?”于是他用眼睛狠狠地瞪着我。我也不甘示弱地瞪着他。就这样僵持了几分钟,他低下了头。接下来我填了个“学生违纪处分表”,扣5分以示警诫。就用这样简单粗暴的方法处理了这件事。我本以为之后这个孩子可以乖一阶段。但是,第二天在我课上,他竟然睡着了,还打起了呼噜。下课我把他叫到办公室批评了一顿。他说因为早晨训练起得太早,所以容易犯困。而且他还主动承认了昨天抽烟的错误,说昨天自己肚子的确也不舒服。我突然觉得自己昨天处理问题时太冲动了。所以,我利用这次机会,本着尊重和信任的原则跟他深入地交谈了一次,一改以前的对峙和训斥,我发现交流的气氛和谐了。他也愿意告诉我他在各方面的情况,我说的话他也愿意听了。在这次和谐的交流中,他谈及他的梦想,我也帮助他做了行之有效的规划。后来据宿舍的学生反映,他的父亲在他三岁时就去世了,母亲改嫁,他和现在的继父关系不太融洽。我开始可怜这个孩子了。虽然原生态家庭给他带来的伤害是难以弥补的,但是作为班主任我会用加倍的爱去关心他,帮助他。渐渐地,他开始努力学习了,也遵守班规校纪了。每当我看到他,就会觉得自己对他的教育起到了一点儿积极的作用,我也不烦恼了,我觉得做班主任是幸福的,快乐的。

高中生的自尊心特别强,他们对周围的人和事极为关切,对别人对自己的褒贬议论非常敏感。教师稍重一点的话语都可以使他们激动和不安。所以,学生的自尊心,往往是促使个人克服缺点、发扬优良、积极进取的动力。爱护学生的自尊心,就是爱护他们前进的动力;而伤害学生的自尊心,也许就会阻碍学生的进步。陶行知老先生曾告诫说:“你的教鞭下有瓦特,你的冷眼里有牛顿,你的讥笑中有爱迪生。”尤其在处理突发事件上,作为班主任更应懂得不轻易怀疑学生，刺伤学生的自尊心。否则，就会影响学生身心的健康发展，甚至可能导致更为严重的后果。尊重信任学生是班主任对学生应有的态度和行为。

二、成全立于共生，践行“每一棵种子都会发芽”的平等教育

在教师的品质中，我认为十分难能可贵的是平等地对待每一个学生，平等地爱他们每一个人，使每一位学生都能从教师的行为中看到希望，受到鼓舞。人与人之间的智力、才能、学习成绩、性格特点、家庭经济情况等存在着客观差异，但每个人的尊严和权利都是相等的。作为班主任要有一颗平等之心，平等对待每一位学生，让每一位学生都享受到老师对他们的爱。我时刻提醒自己：一定要平等对待学生，不要戴有色眼镜看学生，每个孩子身上都有值得我尊重的地方。

每一棵种子原本都会发芽吗？是的，毕竟那样光彩照人的学生不是很多，更多的学生会在别人光芒之下黯淡了自己，消磨了信心。有时优秀和平凡只是起点不同而已，若是我们给这些不显山不露水的学生以足够的鼓励和关怀，挖掘出他们最大的潜能，他们将会回报我们以巨大的惊喜。我带的两届都是文科普通班，学生入学成绩不高、习惯不好、自控能力较差。他们因“普通”而看轻自己，缺乏学习的动力和斗志。甚至有很多学生家庭教育缺失，来自单亲家庭或重组家庭。原生态家庭带给他们的敏感、多疑、自卑等性格缺陷，使他们变得脆弱、无助，甚至出现心理问题。这就需要我用心、用情去温暖、感化他们。

我抓住每次考试的机会，考前给学生鼓舞士气，考后认真分析成绩的起伏波动。每次大考完我除了表彰优秀学生，对班级进步大的学生给予肯定和奖励之外，我还特别关注成绩在中下等的学生。他们往往是班里内向的、默默无闻的孩子。这些学生往往会被老师忽视，因为他们总是安安静静的，从不捣乱，成绩起伏波动不大，但也不够突出。其实，这些学生才是最需要关注和鼓励的。所以每次考试后我都会找这部分学生谈心，一起分析失分的原因并制定提分策略。渐渐地，这些学生的成绩提升了，而且开始主动找我谈心了。我不敢轻易看轻他们中任何一个。我带的 2016 级学生，他们中的大多数都是成绩很普通的那一种，平时默默无闻的，很难让老师注意到，内向、自卑又敏感，但最后都考出了比较满意的成绩。

其中刘同学虽然入学成绩在我们班排在十二名，但是她一点儿都不自信。再加上她的父母远在山东，长期住校，缺乏父母的关爱，更让她情绪低落，甚至打不起精神。她唯一的慰藉就是周末与妈妈通电话，对这个孩子我倍加关心。一次诗歌朗诵会，她因为文笔好也参加了。在上台比赛前她找到了我，说她不想上台。我们班当时有三个女生一个男生参加，那两个女生个子高、相貌好、声音洪亮，而她个子低、相貌一般、声音又低沉。她觉得自己和她俩搭不到一块儿，所以打算退出。我觉得这次登台的机会对她来说很难得，于是就给她做思想工作，鼓励她，并在朗诵方面指导她如何换气和断句。她渐渐地找回了自信。在登台之前精心地打扮了一番，盛装出席，就这样自信满满地登上了舞台。看到她在台上阳光、自信的样子，我感到很幸福。就这样一个默默无闻、内敛、情绪低落的姑娘从此以后开朗了起来，振作精神全身心地投入到了学习中。最后高考以 578 分考入了内蒙古师范大学汉语言文学系。

我一直教育学生要有草根心态，做农民式的学生，但是一定要有开花的梦想。鼓励的

形式有很多,有时是和风细雨,有时是疾言厉色。而无论如何,我们应给予所有学生信任,绝不放弃,善待每一个孩子。他们就如同乡间的那些草,每棵草都有自己的花期。哪怕是最不起眼的牛耳朵,也会把黄的花藏在叶间,开得细小而执着。

三、成全达于“和”“合”,建设良好师生关系,营造和谐班级氛围

中华“和”文化源远流长,“和”“合”二字都见之于甲骨文和金文。《易经》“和”字凡两见,有“和谐、和善”之意,而“合”字则无见。《尚书》中的“和”是指对社会、人际关系诸多冲突的处理;“合”指相合、符合。“和合”就是和睦同心。

作为班主任,要培养与学生的和睦感和共鸣感,真正把学生看作是自己的合作者。学生需要从多方面去培养兴趣和发展潜能,班主任应向播撒种子的农夫一样,尽量提供肥沃均衡的土壤,让学生在可预见的、独立安全的环境中勇敢地去尝试成功或失败。当然,班主任在建设良好师生关系的过程中,应充分发挥自己的主导地位,并注重学生身心发展的需要,使学生在民主作风下自觉地培养自制自律精神,不断地增强责任感,进而促进其自身的全面成长。我是语文老师,在这方面有着得天独厚的条件,经常会把语文课上成德育课。

记得在讲《春夜宴诸从弟桃李园序》时,因为这篇文章主要是抒发了热爱自然、热爱生活、热爱生命的豪情逸兴,所以我延伸拓展了“热爱生活,珍爱生命”的内容,给学生们播放了“力克激励”视频。力克天生无手无脚,只在左下肢有一个“小鼓槌”连两根脚趾。他曾被拒到正常学校上课、被同学奚落,甚至想自杀。后来他想通了,认定残疾是“上天的礼物”,结果今天他活得非常精彩,给万人带来希望。力克告诉学生们:“接受自己,认可自己,喜欢自己,爱自己,做自己。”我渐渐地发现在学生中抱怨的话语少了,激励的话语多了。他们不再那么浮躁,而是踏实了许多。

一次班会课,我给学生们播放了“感恩父母”的短片,屏幕上首先出现了手捧小脚丫的画面,配有以下文字:“那一刻,我们来到了这个世间,在父母温暖的手里,我们开始成长……时光飞逝而过,我们在慢慢长大,父母却渐渐枯萎。”接着画面切换成卡通漫画:小手握着勺子,一个碗上放着一双筷子。配有以下文字:“他们花了很多时间教你们用勺子,用筷子,吃东西……所以,当他们有天变老时……请不要催促他们……因为你在慢慢长大,而他们在慢慢变老……如果有一天他们站都站不稳,走也走不动的时候,请你仅紧紧握住他们的手,陪他们慢慢地走……就像当年他们牵着你一样……”

播完视频后,教室里安静得很,我的心里好像有一股暖流抑或是一股酸涩在涌动。在播放短片时,我时常抬起头观察学生的反应,发现有的同学是饱含着泪水看完的。据我所知我班有三分之一的学生是单亲家庭,这样的家庭往往会使他们缺失爱,缺少感恩。这样的孩子往往很叛逆,漠视一切。但我发现平时野性十足的、不屑一顾的他们也被这视频感动了。于是,我就让学生们写有关“感恩”的作文,反响很强烈。“心怀感恩,选择快乐”“感恩无须等待”“怀着感恩的心生活”……从作文中我看到了学生们细腻的情愫,更看到了他们不为人知的秘密。感恩的心是我们生活中不可或缺的阳光雨露,无论你生活在何地,或是有着怎样的生活经历,只要你心中常怀感恩之心,你就会拥有温暖、自信、坚定和善良。

我平时很喜欢在作文评语中跟学生交流。经常在作文中写一些鼓励性的话。诸如："命运总会青睐那些勇敢的人。加油！把握机会，路就在脚下。""文如其人，从文章中我看出了你的大气、豁达。""有梦的生活是充实的，无愧我心，便让自己坦然、释然。""每每看到你帅气的字迹，流利、睿智的话语，都让我感到欣慰。你有对语文的热爱，更有语文的素养，努力吧！望你在语文的世界中尽情徜徉。"

每当看到学生们看评语时甜美的微笑，自己心里也像蜜一样甜。写作文不再是他们头疼的事，反而成了学生与我沟通的平台。渐渐地我发现学生不再抄袭作文，而是开始写自己的亲历、亲闻，甚至把自己最真切的感受也写出来。我从中看到了学生的率真、坦诚、睿智、敏锐……

诺贝尔奖获得者温伯格曾经说过："你想成为什么样的人，多少取决于你与谁一起上学。"学生之间的接触在时间上最频繁，在空间上最接近，因此，作为班主任，我不仅要处理好师生间的关系，还要引导学生之间的交往，充分开发学生的交往资源，努力营造和谐良好的班级道德氛围，以满足学生基本的人际交往需要。随着时间的推移和空间的扩大，学生之间培养起真诚友好的同窗之情与健康的人格，就会从感情上把爱的范围不断扩大，愿意把自己的爱心奉献给更多的人，这无疑为他们以后走出校门处理复杂的人际关系奠定了坚实的基础。

总之，生命的世界是思想的世界，你种下什么样的思想，就可以生长出什么样的你。班主任工作便是播种思想的土壤，种下你的思想，就能幸福地听到花开的声音。带着思想上路，播种智慧和品格，成全孩子的碧海蓝天，这，便是我要的人生。

强化管理　养成习惯

马龙波

高中班主任是指引学生加强核心素养的“主力军”，在领导及同事的帮助下我不断累积帮助学生养成良好习惯的育人经验。下面针对我日常班级管理的几点做法进行分享：

一、与学生维系平等关系，发挥言传身教的作用

1. 我在班级管理中倡导育人为本，认为学生主动去做比教师必须要学生怎样做更有意义，因为高中生具备基本的学习、思维、判断等能力，只要拥有一颗积极向上的心，那么无需班主任督促，学生就能勇攀成长高峰。

2. 班主任需与学生维系平等关系，能深入学生群体，了解其思想状态，用学生可接纳、能理解、有共鸣的方式展开班级管理工作，以便及时发现并解决问题。

3. 班主任切记用居高临下的姿态说教，要用相同的标准要求自己，给学生树立榜样，注重言传身教，使学生能更加信赖班主任，继而提升赏识教育、信心教育、职业生涯教育、心理健康教育等效果。

二、营造良好的班级风气，助教育管理润物无声

1. 班级管理及学校管理规定是学生养成良好习惯的基础，亦是净化班级风气的有利条件，日常工作经验表明，刚性过强的管理规定容易激发学生的逆反情绪，使之不愿意遵守有关规定，甚至标榜特立独行，无法助其养成良好习惯，学生的叛逆表现与其不理解管理规定实施深意有关。

2. 为化解班主任与学生间的矛盾，营造积极向上的班级风气，我利用班会时间组织学生以“做有个性的人”为主题各抒己见，鼓励学生辩论，使学生能最终意识到个性的发展与秩序的约束并不冲突，同时指引学生塑造优质个性，树立正确是非观、荣辱观、价值观、生命观，继而通过组织开展班会活动营造良好的班级风气。

3. 我会给学生参与后勤服务、社会实践活动(到敬老院做义工等)提供机会，使班级管理举措更为丰富，做到班级管理德育为先，引领学生自觉遵守班级管理及学校管理规定，依托德育达到润物无声的班级管理目的，同时引领学生养成良好习惯。

三、关注高中生心理健康，提高班级管理有效性

高中生成长阶段特殊，承受着来自考学、交友、家庭等方面的压力，班级管理在从言行上约束学生的同时需给学生的心灵松绑，助学生纾解压力，关注其心理健康，积极同学生

交流,将交流视为班级管理有力举措,引领学生从规律生活、远离虚拟世界、制订学习计划等方面着手与影响心理健康的因素保持距离,久而久之养成良好习惯并助高中生身心健康成长。

总之,在以往的工作中我通过推行上述班级管理措施,学生整体素质得以提升,班级管理工作效果有所优化,然而在班级管理中仍存在学生差距较大、实践性活动参与度较低、家校共育水平有待提升等问题,班主任工作依旧挑战重重,需要我在今后的工作中不懈努力,不断解决问题并提升班级管理水平。

时光不语　静待花开

——青年班主任班级管理分享

江　丽

作为一名13年教龄2年班主任经验的班主任，我只能说，我还是一个“青年”，说心里话，我管理班级的方法并不成熟，管理的方式是否得当，还有待日后的验证，现在我只是将日常班级管理的办法叙述出来和大家分享。

一、分析学情

作为一名班主任，在没有见到自己的学生之前，我认为最直接最便捷地了解一个学生的方式就是先了解一下学生的中考成绩，从中考成绩中可以分析出一些问题，如：我班学生成绩在文科年级排名是85~312名，200名之后的有4人，其中一名体育生为312名，总体来说属于中等偏上学生；于同等层次班级相比，数学平均分较高，但是没有高分段，普遍成绩在60分左右，属于三门主科中的差科；英语平均分较高，属于优势学科；语文平均分差距不大，但没有高分段。通过分析中考成绩，我认为有的学生没能进入更高一层次的班级是因为他们聪明却不勤奋，或是勤奋而方法不对头；有的学生没有进入更高一层次的班级是因为他们没有好的学习习惯，或是学习态度不端正。于是，高一新学期初，我主要从培养学生良好的班风、学风，培养学生良好的学习习惯，以及鼓励后进生、激发尖子生等方面采取了一些班级管理措施。

二、班级管理措施

1.培养良好班风、学风

刚上高中时，学生的可塑性很强，所以一定要利用好高一新学期初培养良好的班风、学风，为学生今后能有一个良好的学习氛围奠定基础。如何让学生由“安逸”变得“进取”，由“懒惰”变得“勤奋”，由“自卑”变得“自信、自强”，由“被动学”变为“主动学”，让学生们端正各自的学习态度呢？从学生进入班级的第一天开始，我首先指导学生认真学习《中学生守则》及《锡林浩特六中学生纪律八不准》，并在之后严格落实。由于我们是文科班，女生多男生少，女生爱打扮，于是我严抓学生的仪容仪表，并常抓不懈，目的在于培养良好班风，是让他们在这高中三年，不分心，一心扑在学习上。其次，高一开学初，让学生根据自己的兴趣、爱好，选择适合自己的职位，组建班委和团委，让每一位学生都参与班级管理，增强学生的责任心。再次，组建学习小组，以班级入学成绩前6名的学生为小组长，组建6个学习小组（小组总分及平均分相近），每次考试后，对排名第一的小组及进步的小组进行表彰，建立竞争的学风。

2. 培养良好的学习习惯

班主任每天跟早晚自习，相比其他教师，与学生接触得最多，因此也最容易察觉及发现学生不端的学习心态及不正确的学习习惯，能够及时指出学生的不足之处并教给他们科学的学习方法，从而让他们养成良好的学习习惯。早自习巡视班级时，总会发现一些学生在补作业，上课抽查背诵时，总会有不会背的……，问其原因，学生总会说："作业太多，昨天没做完。""老师我背了，你一考我，我就紧张，就忘了。"……这个时候我也会质疑是不是作业留得不太合理了，自己太严厉了……，但转念又想，为什么别的同学就能够认真完成作业，为什么别的同学背诵不紧张……。通过观察，我发现这些学生往往学习不踏实而且不会利用时间，如：课间及活动课时，大多数学生都在聊天、打闹，自主学习、讨论学习的很少；跑操前，学生手中虽然拿着背诵的书本，但是只是装装样子，认认真真背诵的人很少。针对以上问题，我在班会中特别强调时间的重要性，让学生学会利用碎片化的时间，让学生有意识地"抢"时间"提"效率，并且在课前检验他们利用碎片化时间学习的成果，经过一段时间，班级同学的表现都已卓有成效。

3. 鼓励后进生，激发尖子生

对于学习困难的学生，我首先让他们明确自己高中三年要达到的目标，并告知他们目前在年级所处位置，让他们对自己有一个清醒的认识，这样在学习上他们就会有紧迫感，不会混日子；其次，帮助他们找出成绩差的原因，教育他们有的放矢；再次，对他们多鼓励，调动他们学习的积极性，让他们对自己的未来有自信心。我们班有一名体育生，入学文科排名 312 名（全年级文科一共四百多人），入学的第一天我找到一个和她一起抱书的机会，和她说明她在班级排名，希望也相信她能在今后的学习中通过努力赶超其他同学，在之后的学习中，她很努力，成绩也有了明显的提升，但是一段时间之后，我发现她的成绩有所停滞，询问她原因，她说自己背东西总是忘，我告诉她学习也讲究方法，背东西也要讲究抓重点，更重要的是需要通过做题来巩固记忆，死记硬背是不行的。功夫不负有心人，经过一年多的努力，这名同学现在排名是 248 名。

对于尖子生的培养，首先给他们明确奋斗目标，即要进入第一个考场考试，也就是考入年级前 42 名；其次，与临班尖子生作对比，比较本班尖子生在各学科上的表现出的不足之处，并分析原因；再次，对尖子生要求格外严格，一般来说，要考高分，一定要规范答题，抓细节。通过一年的努力，尖子生已经由刚入学的年级排名 80 多名进入年级排名的四五十名。

对于成绩居中的学生，我的做法是表扬进步大的学生，选出每个小组中进步最大的一名学生，在班级进行颁奖表扬。班级逐渐形成了良好的学习氛围。

三、班主任要言传身教，感染学生，影响学生

班主任班级管理工作质量的好坏，直接关系到本班学生的学习成绩及思想道德的发展。因此，作为班主任早自习提前到班级了解学生课前情况，下午下课后晚走一会儿了解学生晚自习前的学习及生活状态。作为任课教师，在学科教学上认真备课，精益求精，增加自己的文化内涵，用知识与人格的魅力去征服学生。作为班主任老师要用自己的勤奋

努力、高度的责任感，潜移默化地影响学生，感染学生，让学生明白“生命不息，奋斗不止”的道理，作为高中生的他们更应该勤奋好学，努力拼搏。

总之，班主任工作是一项艰苦而复杂的工作，她不仅要教书，更要育人。作为一名“青年”班主任，经验不足是短板，精力无限是长处。作为一名“青年”班主任，要不断向有丰富经验的班主任请教，才能提高自己，才能更好地为学生指引航向。作为一名“青年”班主任，自己的对班级管理的方法是否合理，只能“静待花开”。

第五集

收也·放也

我的班级我做主

——学生自我管理的几个案例

董　岩

一、自定班规

上学期我常常苦恼于一些同学不好的表现,且屡教不改。比如几个女同学总化妆,比如几对谈恋爱的同学在班里无所顾忌,比如在班里乱丢垃圾,比如说脏话成风……。我后来试着让班级整体形成一种遏制歪风邪气的风气。

首先我开了两次班会,让男同学给女同学写信,女同学给男同学写信,不署名,以异性的角度建议对方最好不要做什么,希望做什么。很多男同学建议女生不要过度注重外表,女生建议男生要大气,互相建议对方做事得体……,也互相赞美了很多。这次大家都很投入,每个人都很走心。之后很多人的坏习惯明显收敛了,男女同学也团结了。

下一次班会我开始让大家针对这些形成一些班规。以投票的方式,写上你支持通过哪些班规。很多高票通过的规定几乎一举把老师发愁的事情包揽了:化妆,班里谈情说爱,扔垃圾,说脏话……甚至说到了老师身上,如说不要拖堂等。

我把同学们提到的重要的十九条都张贴到班级,要求支持的同学签名。我在下面写道:这些都是养成习惯和培养公德的班规,凡是签上名字,就是以人格保证自己会遵守,没有处罚,自我约束。能保证做到再签名。最后居然所有同学都签上了名字。

这两次班会后,班级风气变好了不少,老师也省心了不少。

二、小组管理

上课迟到和上课说话,因为班里有一两个同学简直怎么说都不改。我抓不过来,让班长或纪律委员管,太累,也得罪人。后来我用小组打分的制度把这个毛病给改了。

我们班每周换行,左右换,但每一行永远是那几个人。我把每行作为一组,班级一共七行,也就是七组。本组内每周也前后换座。我让每周每组坐最后一座的打分。他们抽签,抽到自己组之外的哪组,就给哪组打分。打分的表格上,印着那组同学的名字和打分内容。接下来的一周时间里,他就要随时观察他负责的那组有没有谁迟到和上课说话。我对迟到这样规定:早中晚的铃声落时没坐到座位里就算迟到。我对上课说话这样规定:说笑扣分,讨论题声音大到影响了班级纪律,扣分。

为什么找最后一座打分?因为他坐最后,能看见全班。为什么每周抽签换人?因为这样就能每个人都有机会给其他人打分,也有可能被班里任何人打分。所有人都参与,人人平等。当然为了让大家公平客观,我反复教育大家,最不得罪人的方法就是照章办事,绝不徇私,绝不苟且。所以执行下来,非常有效,而且不破坏班级团结。

我发现我们班一到早中晚铃声响之前,几乎所有人都坐齐了。个别没回去的人拼命往座位里冲。但大家又感觉非常好玩,几乎成了早中晚的一次游戏。当别的班乱得不可开交时,我们班总是井然有序。自己班的孩子们都觉得自己班级这样挺好的。

每四周,我会给各组合分,分最低的两组给分最高的两组买好吃的。举行隆重而搞笑的颁奖仪式。那几个爱迟到和爱说话的同学连累过两三次自己的组,总给别的组买好吃的,最后自己都不好意思了,只好改了。

三、自主班会

现在的孩子大多不懂得民间疾苦,没有大情怀,没有公德,奢侈浪费,懒,怕吃苦,爱归咎他人,不积极,效率低,做人没底线,做事不讲究……最基本的是,不懂得团结同学,不尊敬老师和家长。

针对这些,我决定把每个星期的班会课都利用起来,开班会,或者搞活动。所开的班会是主题性质的,由学生选定、组织并主持。比如开过"从哪里学会珍惜""为什么要诚信""战胜处境"等,搞活动比如远足、辩论赛、班级足球赛、读书会等。主题在开拓当中,组织形式在探索中。我作为班任,在这些活动当中也在成长。

学生变得积极和团结起来,大家开始觉得班级很不错,越来越变得积极自信。

乘众人之智

——发挥每个孩子在班集体中的作用

卢广凡

每隔三年的8月底都会迎来四十几个稚气未脱、活力十足的孩子，我也将陪他们走过他们人生中又一重要的时期。高中的孩子，经常以批判的眼光看待周围的事物，情绪容易激动；同时，他们办事积极，富于热情。作为他们的班主任，如何更好地发挥他们的优点，让孩子们在集体中找到存在感、荣誉感，甚至是作为高中集体一员的幸福感呢？我是这样做的：

事例一：开学初，在通过入学教育和军训对孩子们有了初步了解后，给每个孩子分配管理班级的工作，让孩子们真正参与到集体管理中，分工如下：

- 班长1人
  - 副班长1人
  - 学习委员1人 ⟶ 各学科课代表7人、学习小组组长6人
  - 体育委员2人(男女生分开)
  - 劳动委员1人 ⟶ 各值日组组长6人
  - 纪律委员1人 ⟶ 各纪律小组组长6人
  - 劳动委员1人 ⟶ 电教管理员1人
  - 生活委员1人 ⟶ 卫生监督员1人、图书管理员1人、花卉负责1人
- 团支书1人
  - 组织委员1人
  - 宣传委员1人
  - 文艺委员1人

在确立了每个岗位的人选后，最重要的是明确每个人的职责，这需要一个过程，一般是一个月到一个半月的时间。在这段时间里，作为班主任必须紧跟着孩子们，出现什么情况谁来负责都是一个摸索和明确的过程，过了这段时间，孩子们知道了自己应该干什么，班级管理工作就“豁然开朗”了。当然，这也不是一劳永逸的事情，出现新的问题我会和孩子们一起商量解决。

事例二：如何组织集体活动，我举两个集体活动的例子。

大合唱：高中大合唱是孩子们非常看重的一件事情，有一次和孩子们聊起来，他们甚至觉得这关乎他们高中学校生活的质量高低与否，既然孩子们如此看重，那作为班主任也

必须高度重视，但班主任毕竟不是音乐方面的专业人士，那就放手让孩子们做，总负责人：文艺委员（之前选文艺委员时就知道这孩子钢琴过九级，歌又唱得好，一定得有说服力），把同学们分成选歌组、领唱朗诵组、配音组、服装组、后勤组（最累的组，孩子们戏称“打杂组”），最初有些许担心，会不会太乱而导致尝试失败，结果却是自然而然，水到渠成，大合唱获得特等奖。

2019 年是中华人民共和国成立 70 周年，学校组织了“内蒙古最美校园——向建国 70 周年献礼”活动，需要制作美篇，如果仅让几个孩子去完成任务就有些繁重，因此我和孩子们商量我们还是全体总动员，孩子们欣然接受。团支书总负责，分成文字组、摄像组、采访组、剪辑组、制作组，自愿报名参组，经过半个月的精心策划和实践，以孩子们的能力，以孩子们的彼此协作，孩子们诠释出了有着丰富内涵的美篇。

可能有人会问，那班主任干什么呢？时刻关注，适当指导，最后审核。

几次活动后，孩子们对班级的感情越来越深，同学之间的关系越来越亲，更重要的是让孩子们在经历中茁壮起来、丰富起来、智慧起来。于我而言，不为其他，只为见证孩子们的成长。

班规助力学生成长

——谈班规制定的流程

王建华

古语有云:“事必有法,然后可成。”“治班”需要“法”,这个“法”就是班级所有成员共同制定的一套合理可行并能严格遵守的班规。

1. 班规制定首先要解决学生思想认识上的误区,明白制定班规的意义之所在,这样才能在之后的班规执行过程中提升班规的权威性以及遵守班规的自觉性。

解决学生思想认识上的误区,主要是要让学生明白信任与严格、约束与自由、自律与他律的关系。

首先,尊重同学和严格要求同学是不矛盾的。人生来就有好逸恶劳的毛病,时时刻刻需要内在的克制和外在的约束,而制度约束应该是最好的一种外在约束,正所谓“不以规矩,不成方圆”。

其次,外在约束和自我克制是不矛盾的。既有自我管理,又有外在约束,从他律到自律,才是教育的目的。教育的最终结果应该是让学生知道该做什么不该做什么,并在心中树立起对规矩的敬畏感。

另外要使学生明白民主的原则应该是:行动上,少数服从多数;精神上,多数尊重少数。只有这样才能使学生既能做到令行禁止,又能拥有发表不同意见和申诉的权利,降低班规执行的阻力。

指导学生明确班规制定的原则,以使班规能真正发挥作用,而不至于成为一纸空文。

班规制定应该遵循怎样的原则呢?总地来说,班规的制定应遵循广泛性、可行性、制约性等原则。其中广泛性是基础,可行性是关键,制约性是目的。班规的可行性则需要考虑不搞道德提倡,多做行为约束;不能绝对,要有弹性;要有监督和奖惩等原则。

通过这样的指导,学生在制定班规的时候就能有意识地去关注班规的可行性,从而保证了班规能真正地落到实地,进而对学生起到更有力的约束作用。

2. 通过广泛征集班规条款并不断修改,直至形成所有学生都认可的班规。

如果班规由老师制定出来然后让学生照着做,不遵守就按律处罚,固然效率很高,但这样的班规多半不能让学生心悦诚服地照章办事,所以多花一些时间让学生充分讨论就显得非常重要。为此,我从学生军训期间利用班会提出制定班规的具体要求,到正式上课之后,提醒学生平时注意班级存在的问题,并拟写有针对性的班规条款,直至利用国庆,让班干部将每一位同学制定的班规进行整理,经共同修改后,再进行表决通过,之后变成师生必须遵守的行为准则。

3. 严格按照约定好的条款执行。

班规一旦成文，就要求所有师生必须无条件执行，做到按规办事。如果出现触犯班规的现象，也严格按照班规的约定给予相应的处罚，做到公平公正、一视同仁，以维护班规的权威性和约束力。

下面以我班的手机管理办法为例来做一说明。

学生手机的管理历来是一件棘手的问题，处理不好还可能导致学生的过激反应。我们也做不到像有些学校那样一刀切地禁止学生带手机进校园，所以，如何制定一个可行的班级手机管理规定就成了摆在师生面前的一个共同课题。遵循班规制定的原则，我主要做了以下工作：

首先，利用网络在家长中进行了《家校合作管理学生手机实施方案问卷调查》。通过调查摸清了学生手机使用的现状和家长对学生手机管理的需求。调查结果显示，大部分家长都认为手机有使孩子迷恋游戏，影响学习的弊端，同时有部分家长已经采取了一些限制孩子手机使用的措施，但也有部分家长表示对孩子的手机使用只能放纵，无计可施，希望学校帮助解决。

其次，召开班会，让学生讨论手机的利与弊，使学生明白沉迷手机游戏和做低头族的危害，号召同学们正确使用手机，配合班级手机管理工作。

最后，制定班级手机管理细则，分类管理学生手机。把学生手机管理分为家长管理、班主任管理和班级管理三类。第一类，学生手机由家长管理，学生进校不带手机；第二类，全住生手机周日晚自习前收齐交班主任，周六晚自习后归还。或班主任受家长委托，在约定时间内负责管理学生手机；第三类，带手机进校的同学，每天进班即把手机放入班级手机袋，放学时再取走。同时共同拟定了以下三条班级手机管理细则：

(1) 任何人不得在教室、宿舍、集体活动和考试期间使用手机。

(2) 凡是手机发出声响、亮屏或用耳机听手机内的音频等均视为使用手机。

(3) 如学生违反第一条规定，手机由班主任没收，学期末归还。

通过以上工作，三年来，虽然也曾发生过学生违反班级手机管理规定的现象，但因为提前有了约定，所以每次按规定进行处理的时候学生也没有出现过激的反应。同时，也使其他同学能够更加严格遵守班级手机管理规定，取得了良好的管理效果。

总之，“凡事预则立，不预则废”，班规的制定务必要遵循“扎牢制度笼子，强化制度执行”的原则，把学生经常会犯的毛病及处理办法提前细化在班规中，这样就能做到未雨绸缪，避免出现亡羊补牢、捉襟见肘的管理困境。

教师如何避免与学生发生冲突

张彦苹

新闻事件回顾：湖南省沅江高三某学生因和班主任老师发生争执，手持弹簧刀，刺向老师，导致老师抢救无效死亡。发生这样的悲剧让人痛心，痛定思痛，事件背后反映出来的问题让人不得不深思。

现在社会对于学校教育的评价就是升学率和分数，哪个学校的升学率高，考上清华北大的学生多，哪个学校就是好学校，校长就是好校长，老师就是好老师。那么上行下效，学校评价老师也是单一的，周考、月考、期中考、期末考都要排名，哪个老师教的班级的平均分高，哪个老师就是好老师，就可以去带尖子班、火箭班、飞船班。哪位老师任教的班级平均分下降了几分，内心是惴惴不安，寝食难安。那么对于那些教上火箭班、飞船班的老师来说，压力就更大了，学校这么看重你，让你带火箭班、飞船班，一旦分数低了，你如何交待？于是老师们就会对学生严加管理。班会晨会天天开，励志教育时时有。

那么在这样的教育环境中，作为一个普通的教师该如何应对呢？

一、要理性看待学生成绩

假如自己教的班级成绩不理想，或者是下降了，这时要积极找原因，是班级管理原因？还是课堂教学原因？不要把焦虑的情绪发泄到学生那里，因为就算把全班同学训斥个遍，学生的成绩未必马上能够提高。教师对于班级成绩的焦虑还来自担心领导不认可自己的工作。关于这一点，一定要相信领导，只要自己认真地去工作了，班级纪律、卫生、学习氛围、作业情况有保证，相信领导一定会看得见。就算领导没有看见，那自己问心无愧，也落个心安。如果有这样一种淡定的心态，那么和学生交流的时候，就不会因为学生的学习成绩下降而言辞激烈，或者给予学生过多的压力，而导致师生关系紧张。

二、不要使用威胁性的语言

老师刚开完质量分析会，心情烦躁，两个学生在班级发生肢体接触，被打的同学哭着来找老师，老师一看，气儿不打一处来，“怎么又是你，张某某，你是不是吃饱了撑得没事干？你天天找事？就不能消停一会？叫你家长来，不想念就回家待着去。”老师这么一说，学生却激动了，大声咆哮：“叫我家长？我家长不在，爱怎么着怎么着，叫我家长，没门……！”老师一看学生吼叫，也生气了，声音也提高了八度，“你还敢和我顶嘴？有你这么和老师说话的吗？今天叫你家长来，不叫来你就别进教室了。”听到这，这学生面目狰狞，咬牙切齿，摔门而去。这样的处理方法有何效果呢？

在学生情绪不稳定的时候威胁学生说叫家长，或者是说要严肃处理，这真不是一种明智的做法。尽量就事论事，不要使用威胁性语言。当然，老师也是人，也有心情不好的时候，不可能时时刻刻那么耐心，但是请记住，我们是成年人，是教师，什么时候都应该保持理性的头脑。

三、不要在班级全体学生面前处理违纪的学生

某学生上课玩手机，老师一个健步就走到他面前，“拿来，手机。”学生迅速把手机藏起来说，“我没有玩，我在桌堂里找我的笔记本呢！”老师一听，这不明显在狡辩吗，于是气不打一处来，声音立马变了，“你还狡辩，我亲眼看见你玩手机！”学生也不示弱：“哪有啊，我没有玩手机。”于是老师上前就去学生的裤兜里搜，学生捂着裤子，不让搜，老师和学生发生了肢体冲突……

这个问题其实有多种处理的方式，发现学生上课玩手机，可以悄悄走到他的面前，看着他，不要说话。他肯定会把手机收起来的。下课后找他到办公室谈，然后给他家长打电话，告诉家长老师不能搜身，所以请家长把孩子的手机管理好，如果明天还继续带手机，就请家长来学校把手机带走。

课上当着同学的面训斥，学生会觉得很不给他面子，情绪波动的时候容易做出不理智的事情，课下处理就给足了学生的面子，相信他们就不会那么冲动了。

四、对待学生要持宽容豁达的态度

老师上课讲到兴奋处，让某同学起来回答问题，只见那个学生一脸不高兴，怒声怒气地说：“不会。”老师当时就呆了，心里想既没有批评你，也没有唠叨你，你这是抽哪股筋呢？看到这样的学生，多数老师的反应是气愤，直接的做法就是语言批评，结果是学生哭，老师气。其实私底下一了解，原来是学生父亲中午劈头盖脸训他，他情绪无法发泄，到学校就一股脑倾倒在老师身上了，后来这个学生也向老师道歉了。

有时候学生不遵守纪律，和老师唱反调，并不是他真的对老师有什么意见，或者是有什么仇恨。而是他们的幼稚导致的，毕竟他们还是孩子，不成熟，胸无城府，说话直率，思想偏激，认识片面………比如：课堂上他违反纪律，老师叫他站着反思，他会认为老师是在“体罚”他；老师有时候拿他开个玩笑，他会以为你贬损他，从而记恨老师。

凡此种种，我们能与学生斤斤计较吗？如果我们老师能以更宽阔的胸怀，站在更高的角度看待和处理这些问题，学生也会因为老师的宽容和大度发自内心地佩服你，从而改变他自己；如果我们和学生斤斤计较，睚眦必报，那学生肯定会以和同学吵架的态度对待我们，那时，老师该怎么办？是和他们吵呢？还是打呢？想必哪一种都有失老师的身份吧！所以，做老师，要有一种宽容豁达的心胸，且能理解学生的行为特点，就能站在高于学生的角度看待他们，正确处理和他们的关系。

当班主任久了，什么学生都会碰到。有一些问题学生的情况比较棘手，比如有的是基因遗传问题，有的是母爱缺失问题。面对这些学生，我们就应该有良好的心态，以下是几个摘自网络文章的缓解教师情绪，避免和学生冲突的方法，老师们可以用起来。

1. 离开教育场景，调整好心情之后再行处置，有时候索性拖他个两三天，你会发现很

多事情，随着时间的推移，学生就不那么讨厌了，你忙于教学，也就不那么生气了，总之，你会看开，你会看淡，感觉不过如此。

2. 老师不是万能的，正如医生医不好所有的病人。社会上称老师为"人类灵魂的工程师"，是对我们这份工作重要性的认定，但要是用这样的高标准来要求自己，多数情况是会失望的，甚至是崩溃的。

3. 对有的孩子来讲，能维持现状就是成功的教育。责任心太重，有时也是种病态。在特定的情况下，可能不负责任，是最负责任的行为。得饶人处且饶人，对于某些学生，置之不理，冷处理，也许他们就不那么持续地"作"了，也就不会发生师生冲突了。

总而言之，教师和学生是平等的人际关系，既然是人际关系，那么我们就应该想着如何处理成好的关系，而不是糟糕的关系。

教师在生活经验、知识储备方面是优于学生的，但是在灵魂方面，学生和老师是平等的关系，老师不能给自己定位太高，觉得我是老师，我什么都是对的，我可以指导你的任何方面，学生必须洗耳恭听。说到底，教师的职责也仅仅在于传道授业解惑，至于学生接受不接受那也只能是顺其自然，不能强迫，如果因为自己工作中的压力或者某些原因而"过分管理"学生，那都是超越界限的，是不明智的做法。

为人师的深远之爱

赵亚平

虽然从教20年,但我做班主任的时间只有八年。这八年里,我一边学习一边尝试一边思考。碰过壁,着过急,也吸取了教训。在带第二届学生的时候,我常常和第一届的做法相比较,逐渐摸出了一点门道。我发现,思想教育是班级管理的关键,能让教育的效果事半功倍。如果把班集体比作一艘航船,德育在这艘航船的启航、行驶、抵岸的过程中发挥着非常重要的作用。

刚接手2012届5班的时候,我并不知道该怎样组建一个班集体,看到别的班主任怎样做,我便照样子去做。选班长选学委安排值日表,我以为这样就可以了,但是不久之后发生的状况让我措手不及,有的班委会成员没有榜样和领导的影响力,没有服务意识,同学们不服气,后来其中的几个干脆撂挑子不干活儿。班级的状态一度陷入混乱的边缘。这时候我才明白,班集体的意义不仅在于形式,更在于精神。班委会成员也只是同龄的孩子,不是天生的领导者。

于是,吸取第一届的经验教训,在接手第二届学生的时候,我做了一些改变。首先在学生到来之前将教室布置好,营造第一印象。我选择了"明德、责任、合作、友善"作为班级核心发展价值观,"立志、修身、精进、坚毅"作为学生个人发展目标分别张贴在教室前后,时刻提醒和激励学生。

这一次组建班委会我采用竞聘上岗的方式,开学之前就将班级的岗位设定好。除班长之外,还下设学习部、宣传部、文体部、劳动部、生活部、矛盾排查部,班主任助理等部门,设部长及委员30余人,各部长就是班委会成员。先把招聘岗位告诉他们,让他们根据自己的能力和意愿选择岗位。如果一个岗位有两个以上同学选择,那么他们需要发表竞聘演说,再进行集体投票选举。这样组建班委会有它的好处,首先承担某项工作是学生自己的意愿不是老师和同学们强加的,那么在承担责任的时候就没有怨言,而且岗位是学生自己通过努力争取得到的,他会更加珍惜并努力工作。

即使是这样一段时间之后可能会发现有的学生干部不能胜任工作,所以在班委会组建之初就告诉同学们现在只是试用期,一个月后我们将进行一次岗位复评。由同学们集体表决,能够胜任的成为正式班委,不能胜任的择优再选。除了班长、体委这样重要的岗位之外,我希望其余的岗位尽量不换人,那么班主任就需要在最初的一个月里辛苦一点,除了要教会他们具体做什么之外,对班委会成员的思想教育也要做在前面。我召开班干部会议,培养他们的责任感、服务意识和大局意识。我告诉他们,既然选择进入班委会,那么就与普通学生不一样,要在自我约束、个人修养、集体观念等方面都要比普通学生做得多,做得好。不要怕多干活,也不要怕别人说什么,只要是对的就去做,我一定支持。如果班委做事有不妥之处,我会私下指出,在同学们面前还是要尽力维护班委的威信,让他们的工作更顺利,也更有积极性。在培养班委这方面,我有意训练他们自己处理问题的能力。一开始遇到问题,他们会去问我怎么办,如果不是非我不可的大事,我就回五个字“自己想办法”。然后我默默观察这个孩子如何处理,只在需要帮助的时候帮一把。时间久了,可能学生也觉得我这个班主任没什么用,干脆就不问我了。但他们怎么处理呢?我班教室旁边有一个家长接待室,平时都不锁门,我发现那几个班委经常在里面开会,也不通知我,很多事情他们自己就解决了。但是班委会里有我的小卧底,他们说了什么做了什么,我又怎么会不知道呢?俗话说不聋不哑,不做家翁,班主任也是一个班级的家翁,只要他们做的是对的,即便走一点弯路也没关系,事情处理多了,他们就会知道怎样做是最好的。记得初一的时候,有一段时间班级纪律比较乱,尤其是课前和自习课上,班长找我诉苦说同学们自习课说话不服管,我说孩子每个人都长着嘴,这个年龄管不住嘴很正常,那么多人靠你一个人怎么管得过来?你不是还有一个班委会吗?后来,班长召集班委,团支部开了个会,要求每个班委会成员先管住自己的嘴,然后每人管好身边的三个人。这个办法是孩子们自己想出来的,还真的是行之有效呢。

初建班集体统一思想认识是形成良好班风的第一步。从第一节课起,就要让学生感受到走进六中初一 10 班,这是一个新的开始,10 班有自己的价值取向,每个人都要遵守。思想教育第一节班会课的主题就是荣耀、微笑、感恩。关于荣耀,我告诉学生们能在六中初一 10 班有一个属于你的座位是一件荣耀的事,这说明你是一个优秀而且幸运的孩子,要珍惜这份荣耀,所以从进入这个教室的第一天起就要以一个优秀的中学生来要求自己,心胸要宽广,做人要诚信,做事要认真。关于微笑,我要求学生每天带着微笑进班,带着笑容上课,心情好了这个教室的气场就会好,学习才会有效率。我对他们说初一 10 班不需要娇小姐和贵公子,无论你在家是多么大的太阳,在这个教室你就是与别人一样的学生,任何人都没有特权,所以每一个学生都要学会宽容,不能以自我为中心,说话、做事要先考虑他人的感受。关于感恩,我对孩子们说,从今天开始不出意外的话,这三年我都是你们的班主任,我们都没得选,这也是难得的缘分,我以人格担保,我会公正、真诚、尽心尽力,不会歧视任何一个人,但我们刚刚认识,非亲非故,我没有责任和义务,像妈妈一样无条件付出,所以要想我对你们好,首先你们要对我好。我要求不高,做到以下两点就可以:懂我望子成龙的苦心,所以不记恨我的严厉。懂我做班主任的辛苦,所以遵守纪律,尽量不让我操心。这听起来有点交换意味的要求让孩子们发出会心的微笑,原来他们的班主任也只是个真实的普通人。随着孩子渐渐长大,我发现我们师生之间真的产生了一些类似亲情的东西,后来他们真的会像懂事的少年迁就和照顾年长的母亲那样,会故意哄我开心。这两届学生很多地方都不一样,但有一个共同点,就是他们中很多人都称呼我为“妈”,我也默许了这个称呼,觉得做班主任是件很幸福的事儿。

德育不是天天把大道理挂在嘴边,深入人心才是关键。正能量不是你说了他就会照着做,而是要他从心底里真正认同。班级里的好人好事很多,只要班主任细心观察并及时宣传引导,班级的风气就会越来越正,你所希望的价值观就能成为主流。我讲一个故事:那是初一上学期学生入学不久,孩子们的卫生习惯还没有养成,这一天是周二,小骞同学负责拖地,他从前往后拖地的时候,路过一个女同学的座位,那个女孩那天恰好感冒了,桌子上有一堆她用过的卫生纸,可能还没来得及收拾,小骜同学走到教室后面把垃圾桶拿到女同学桌子旁边,双手捧着垃圾桶,示意她把纸收到桶里,收完了,小骜同学很自然地把桶放回去,继续拖地。就是这么个温情的瞬间,恰好被我看到,于是值完日学生坐好之后,我对大家说:我今天看到一个特别暖心的,令我感动的故事,想讲给大家听。于是我就把我所看到的,详细地,带着赞许的感情讲了一遍,除了赞许这件事本身之外,我特别强调小骜同学做了好人好事之后的从容坦然,仿佛这就是天经地义的,假如今天我没有看见没有说起这件事,我相信小骜同学下次遇到类似的情况,还是会这样做。我说,这就是10班精神。同学们自发地为小骜同学送上热烈的掌声,从此他就有了一个“暖男”的绰号。三年来,这样的故事有很多,比如有人为停了的钟表换上新电池,有人把墙上坏了的粘钩换成新的。每次考试,总有人提前到教室挪桌子贴考号把考场布置好。班级里谁的桌椅坏了,总有几个男生主动承担换桌椅的工作。每次有任务的时候,大家都抢着干,谁多干点,谁少干点,在同学们眼里,那都不是事,没有人会计较。我所做的,只是细心观察,发现亮点及时扩大表扬,最终形成风气。其实班主任如果想发现一个孩子的亮点借机表扬他一下,太简单了。举个例子,我班发作业的同学都是班里不爱学习的学生,课代表把作业抱回来他们就抢着发作业,这样的孩子怎么表扬呢?我就表扬他发作业的方式,他不是搜的一下把作业飞过去,而是走过去轻轻放在同学的桌子上。我看见了就会说,某某同学很有绅士风度,你们看他轻轻发作业,不打扰他人,从发作业就能看出他个人的修养。后来,我班无论谁发作业都是轻轻放在桌子上。

天长日久这样的引导就会使班级风气发生质的变化,慢慢地你会发现,即使是课间他们也尽量轻声细语;他们会使用敬语;从来听不到脏话;不用反复强调,也没有人在楼道里大声打闹喧哗。最让我欣慰的是,整整三年,同学们之间没有发生过一起矛盾事件。

学期末,我也进行了一次“感动10班年度人物评选和颁奖”活动,设立了“最美10班班委”“进步之星”“友善之星”“助人之星”等十几个奖项,并为他们书写了颁奖词。请任课老师为他们颁奖,将10班精神具体化。

思想理顺了,班集体的航船就进入了平稳的行驶阶段,这一路行来阳光多于风雨,欢乐一直相伴。班集体走向正轨之后,一切按部就班,班级事务分工到人,常规工作有章可循,孩子们形成习惯,班主任就轻松多了,学生能做的事一定要交给他们去做,班主任只需在幕后关注就好。比如体育运动会,从运动员的选拔训练到班级号码布,班牌的制作,我让体委临时成立一个校运会十班委员会,一切由他们负责。校运会分三个奖项:体育竞赛奖、精神文明奖和会操比赛奖。我只在赛前提了个要求:体育竞赛,量力而行,安全第一。但是我要精神文明奖和会操比赛第一名。很幸运,我们拿到了连续三年的精神文明奖和会操比赛第一名。

三年来我们参加了数不清的活动,历史故事展演、歌唱节、足球比赛……。服装、道具、选角、排练全是由学生主导,虽然并不能每次都拿第一名,但是孩子们自始至终参与其中,每一次班级活动的点点滴滴都将成为记忆里的珍宝,永远熠熠闪光。毕业那天,我们把三年来合唱过的每一首歌又唱了一遍。哪一句歌词是由谁唱的,怎样分声部怎样轮唱她们记得那么清楚。只是以前唱歌都是笑着,这一次唱着唱着就有人哭了。

丰富多彩的活动点缀在繁忙而枯燥的学习生活中,让日子值得期待。但学习总是第一要务,所以日常工作的重头戏还是抓学习。跟其他的班主任一样,我也关注各个学科的学习情况。抓背诵,抽查作业,随堂听课,观察学生的课堂表现。说起来不过是一些小事,一直去做就行了。我更多关注他们的学习习惯和学习效率。比如我会观察某个学生用几分钟可以真正进入到学习状态,我会观察听课的时候有多少人是盯着老师的。在思想教育方面我可能会对我的学生多一些期待,平时我总会跟学生说一些听起来很自恋的话,我总说你们是同龄人中最优秀的一群人,因为你们是 10 班人。每次月考之前都会告诉学生,我要总分排名第一,你们每个人都要为此而努力。很幸运,三年来的所有月考和期中期末考试 10 班几乎包揽了自始至终所有的第一名。我觉得学习成绩好是很多因素促成的,当你把一切思想、一切杂事都理顺,成绩好就是水到渠成的了。

班会是班主任的法宝,尤其是主题班会,班主任想达成什么目的都可以通过主题班会来完成。比如:走进并了解学生,发现并解决问题,转化或统一思想,制造或缓解压力,产生共鸣,升华情感……主题班会的时间要长一点,时间短了,说不透问题,不能直抵学生的内心。我的主题班会一般是一个半小时。开主题班会要充分准备,形式尽可能多样,从各个角度阐述一个道理,让学生深刻领悟。有教师的说教,也要有学生的活动。有大道理也要有事例的佐证,有老师的教导还要听听孩子们怎么说。从提出问题开始经过一系列的活动最终达成一个结论,这个结论必然是积极正面地引导。其实主题班会就是在洗脑,洗脑不是件容易的事,正因为不容易,所以做好了一定有效。从初一到初三根据学生的年龄特点我依次开过这些主题班会:初一上学期:“我能为 10 班做什么”,目的是责任感教育,“我的目标”与同学们谈论理想,树立远大志向。初一下学期:“如何与他人相处”讨论如何与亲人、老师、同学相处,谈到了孝顺、责任、友善等话题。初二上学期:“开学励志班会——在路上”目的是鼓励同学们在新的学期努力学习。另外一个就是“成长的烦恼”。初二下学期:“开学励志班会——在路上”,依然是为学习加油鼓劲。应同学们的要求开了一个“什么是爱情”的主题班会,帮助同学们理解爱情既是神圣美好的情感,也是沉重的责任,早恋不是爱情,只有成熟的心灵才能承担爱情之重。初三上学期:“开学励志班会——我们初三了”第一次擂响中考的战鼓。临近中考的两个月,我经常占用自己的课,为同学们减压,几乎每节英语课上,我都会在中间时段讲点与课程无关的故事,或者干脆让同学唱唱歌,驱赶疲惫。

沟通是班主任的核心工作之一。跟学生的沟通是一件很有创造性和艺术性的工作。班主任随时需要跟学生沟通,我前面说我要求学生带着微笑进班,那么每天早晨和课间我就会走进教室。对学生逐个察言观色,跟他们打招呼,发现哪个学生情况不对,马上进行干预,直接问他本人或者问周围的同学,随时化解学生的小心结和学生之间的小矛盾。久而久之这种沟通就成了我与学生之间的习惯,如果哪天课间我没去班级,很多孩子就会跑到办公室看看我在干什么。班级的动态、学生的情况大多是在这样随时随地的闲聊中发现的。

班主任与学生沟通的另一个重点是与不听话的孩子斗智斗勇。五班有一个话多的男生,有点自以为是,爱表现自己,吸引别人的注意。我多次提醒都不起作用。基于他的性格特点,我想了个办法,在一个课间,办公室里没有别的老师。我让他背对着门口站在里面,然后叫其他班级路过办公室的女生进来,问她们同一个问题:你喜欢特爱说话、特爱表现自己的男生吗?被问的几个女孩无一例外地说不喜欢。终于当第六个女孩走出去的时候,他红着脸说,老师您别再叫了,我知道了。五班还有一个男生,家庭条件优越,个性张扬,脾气急躁。在一次给他的信中我这样写道:“某某同学,外在气质高端大气上档次。内在修养虽谈不上低调,但足够奢华,剩下的一个词还需自行修炼。”我选择这样的方式告诉学生对与错,我知道他们能接受。当然改变人是最难的事情,即使他是孩子。所以我从不指望能通过一两件事或者一两次谈话就能改变一个孩子的坏习惯。但影响是潜移默化的,我相信我们的努力会让他的人格有所不同。

谈到早恋问题的处理,我的办法是不大惊小怪,并摆出理解的态度参与事态的发展。初中孩子的感情来得快去得也快,非常脆弱。先彻底取得孩子的信任,让她愿意跟你说心里话,然后密切关注事态的发展,一旦出现松动,我就可以帮忙分析,出主意,这个时候我的意见他就能听进去了。平时的教育也要跟得上,多夸自己班里的学生,男生最帅最绅士,女生最漂亮最可爱。控制学生跟外班学生的接触。我是这样想的,如果一定要有这样的情况,还是发生在自己班里容易控制。还要培养女生自爱甚至高傲的心和正确的审美,要让她们明白不是挽起裤管就叫作帅,也不是送一根雪糕就代表爱。也许是因为班级氛围比较好,学生们觉得没有必要通过早恋的方式寻找寄托,5 班和 10 班的早恋现象极少。有过这样的苗头,也很快烟消云散了,没有尴尬也没有伤害。毕业的时候,10 班一个女生跟我说,想想当初会喜欢他,真是脑子进水了,不过我不后悔,高中不会再因为这个耽误时间。其实这也正是我最想要的结果。我并不敢轻视所谓早恋,因为有一些经历是必然,无法阻止,但处理是否得当却可能关乎一个孩子爱的能力和未来的幸福。

班主任不仅要与学生沟通,教学生学会沟通也很重要。我要求学生学会与家人之外的人相处,不仅是同学,还有成年人。老师就是学生练习相处技能的首选,因为老师是除父母亲人外,最关心他们成长的非亲的成年人。所以要主动与任课老师接触,学会温暖任课老师,对于提升自己的人际交往能力和情商都大有好处。10 班就是这样一群懂礼貌,会说话,不气人的孩子,被老师们称为天使班,三年来没有一位任课老师向我告学生的状,我没有处理过一件师生、生生之间的矛盾事件,学生们敢于并能够以得体的方式把该说的话说出来,我认为这是很重要的能力。

有人说班主任其实是同时带两个班,一个是学生班,另一个就是家长班。与家长的沟通就比较复杂。的确是在见识过不同的家长之后,我得出了以下几个原则:

1. 理解,当一个学生出现了问题,一定不能不分青红皂白地苛责家长,很多时候我们并不知道那个家庭正经历什么。要把孩子的问题,如实告诉家长并提供可操作的改进方法,真诚地请家长配合。

2. 尊重,任何时候与家长的沟通都要体现你的尊重。委婉的言辞并使用敬语可以让沟通更流畅,同时还能让家长群里的人学会文明的交流。

3. 在家长群只做积极正面的引导,不批评,不揭底。比如只发优秀作业,只宣传班级好人好事,如果提到某个孩子一定是在表扬他。即使因为某个孩子的问题单独联系家长,也建议采用先扬后抑的办法,先说孩子好的表现,然后再说出一点点需要改进的地方,这样容易接受。家长会上也是这样,多鼓励家长,为他们减压,尽量让他们看到希望,知道该怎么改进。让家长和学生不是惧怕,而是期待家长会,这样才能为下一阶段的学习营造更好的家庭氛围,让他们有信心为实现下一个目标继续努力。

4. 感谢。谢谢两个字常挂在嘴边,尤其是某位家长为班级做一些事的时候,一定不要忘记在群里及时送上感谢。让所有家长知道班主任记得这件事并感谢他。以后开展工作就容易得多。初一的时候有一次我班需要学生打印材料,我在家长群里发了通知和打印内容之后,有一个家长朋友将材料打印了 40 多份,放在学校南门,并在群里告知家长材料已经打印好,并请我拿回班级发给同学们。我当然是第一时间送上我的感谢,后来就有家长朋友主动为同学们买来全班的复习资料,送到学校,多余的再送回书店,有家长在运动会期间为同学们送来饮品,还有家长朋友主动询问元旦晚会的时间,要为孩子们制作蛋糕台……这六年,家长朋友给我的工作很多的支持和帮助,家长们也成了好朋友。前几天 10 班的几个妈妈还带着孩子结伴出游。

5. 不强求。如果一个班主任遇到了一个问题学生,那么很可能你遇到的是问题家长甚至是问题家庭。这样的话就不要过分强求了,因为很多时候这样的家长只会帮倒忙。班主任只能依赖教师的言传身教和班级积极正面的氛围让这个孩子明辨是非,少受一点问题家庭的影响。尽可能地让这个孩子先学会做人,继而做学问。我们很无奈地承认教师不是神。不能让所有的学生都成人成才,但是我们会尽最大的努力。

当一个班集体建立的时候,学生身后的家长便被拉进了同一个群体,他们对班主任既信任又戒备。抛开学生不说,其实我们与家长才是同龄人。同是人到中年,同是上有老下有小,如果我们能够放下老师的身份像朋友一样去理解家长,并取得家长的理解,那么家校合作就不是空谈。

在所有人的共同努力之下,5 班和 10 班都顺利地抵达了彼岸。八年过去了,我收获了很多,从不知道如何开班会,到如今我的班级有一个不错的成绩和声誉。在这个过程中,我要感谢的人太多。领导的关怀,同事的帮助,家长的支持,家人的支持。我无法一一道谢,借这个机会,我只想郑重地向我的任课老师团队道一声感谢,谢谢你们,没有你们就没有优秀的 5 班和 10 班。

两届学生毕业的时候,我对他们的期待是一样的,那就是 10 年,20 年,更多年之后,他们还能像现在这样心理健康,并能自食其力,懂爱,懂尊重,知足、体面地活着。父母之爱子女,则为其计长远,老师又何尝不是如此?我认为这就是德育,也是教育的意义所在。

新手班主任的几点思考

崔艳敏

作为一个刚刚上岗几个月的班主任,我没有什么靓招能提供给大家。但是,几个月工作下来,我对班主任和班级管理有几点自己的想法,分享给大家。

一、做一个有人格魅力的班主任

孔子曰:"其身正,不令而行;其身不正,虽令不从。"班主任作为班级管理的第一责任人,每天与学生的接触最多,我们要想让学生接受自己的引导和教育,就必须用自己的人格魅力去征服他们。而在我看来,班主任的人格魅力可以是你扎实的专业能力、高尚的品德修养、真诚的爱心耐心、豁达的处事智慧、优雅的形象气质,哪怕是你练得的一手好字。当你的某样东西,能够让学生发自内心地喜欢甚至钦佩,我们的班级管理就会少遇阻碍。当然这一点说起来容易做起来难,它需要我们经年累月地积累和沉淀自己,不断修行、不断成长,我们一直在路上。

二、做一个腿勤目明的班主任

作为一个副科老师,每周的课时量有限,想通过自己的课堂或作业把握孩子们的状态非常不容易,这就要求班主任腿要勤,早进班多进班;目要明,眼光敏锐地观察每个孩子一天的变化;一天下来要反思每个孩子的表现,由此更准确地了解孩子们的状态,对症下药。

自接手新班以来,我每天坚持多进班、多观察,第一时间巡视孩子们的状态。初二上学期的某一天,我发现班级 D 同学家庭作业不认真,存在应付差事的嫌疑;白天上课要么眼睛发直总走神,要么昏昏沉沉困得睁不开眼;下课只要我走进班级,她必定趴在桌子上睡觉;下午的辅导课却忙得不可开交,不是着急听老师讲课做笔记,而是忙着写家庭作业;我连续观察了她一周都是这种状态。我想这孩子有情况啊,对家庭作业很积极,却完成得不好,早早完成作业应该休息充分睡眠充足,每天却又这么困,是不是回家玩手机呢?于是,我赶紧联系家长了解情况。经过和家长一沟通,果然如此,家长反映孩子最近迷上了打网络游戏,每天打到很晚,手机要不出来,一要手机就和家长闹,家长对此也是很无奈和无助。

针对孩子的这种情况,我和家长商量青春期的孩子太过于强硬的手段反倒不利于问题的解决,还会激化亲子之间的矛盾,所以由我先跟孩子聊一聊,然后借助这个契机,家长可以跟孩子制定手机的使用规则,这样既不会让孩子太反感,又能减少手机对孩子学习的影响。经过我和家长的共同努力,D 同学在玩游戏这个问题上有明显改观,家长说每天 23:00 主动把手机上交父母保管;因为不熬夜了,上课的精神状态也好多了。当然,我相信时间长了她还是可能会控制不住自己,但教育工作本身不就是如此周而复始吗,哪有那么多一劳永逸!

三、做一个有温度的班主任

爱是教师的灵魂，更是班主任最美的“语言”。心中有爱，温暖四季；教育有爱，温暖每一个学生。我们时常让孩子爱护我们的班集体，那么首先得让他感受到来自于班集体的爱和温暖。所以在一些重要节日我会给孩子们一些小惊喜。比如我曾经给班级孩子们集体过“六一儿童节”；期中期末等大型考试之后，我除了像其他班级一样给以精神奖励之外，还会给孩子们买一些小奖品，并赋予不一样的含义。我深信：你是不是真心对待学生，学生能够感受得到。

班级 W 同学，单亲，母亲身体不好不能从事重体力劳动，且常年吃药，家庭情况比较困难。了解到孩子是这种情况后，每次学校有助学帮扶项目，我都会第一时间联系孩子妈妈，尽量帮忙争取。也正是因为孩子是这种情况，所以我平时格外关注她，或与之谈心，或因为她学习不用心批评教育她。W 其实是一个个性极强的孩子，但是面对我的批评她能听得进去没有怨恨，我相信是因为我的真心她体会到了。

四、做一个敢放手的班主任

著名作家周国平说过：“成长的真理是——自我教育。”作为父母或老师，我们切不能剥夺孩子自我成长的权利。记得刚一接手班主任工作时，我总是不放心孩子们做事，所以凡事事必躬亲，这样的结果就是把自己弄得很累，任务完成效率低，效果还不好。后来，我尝试着放手，把任务交给适合的孩子们，孩子们可以在最短时间内完成得特别出色，这样既节省了我的时间，又让孩子们体会到了成就感，在做事中锻炼了自己的能力。

以布置班级展板为例，为了充分体现每个班级自己的文化特色，学校重新装修粉刷时，把每个班级的北墙留白，让班级自己布置。学期初级部就将这项工作安排下来了，可是我班迟迟没有落实，主要是面对空空的原木色展板我一个没有任何艺术细胞的人，没有一点思路。眼看就要召开期中考试家长会了，这件事势在必行。于是，我在网上对比再三后购置了一套背板图案，回来后晚上带着家属整整布置到 22:30，可是效果实在不敢恭维。后来我想，既然自己的审美不足以完成这件事，为什么不把这项工作交给班里几个有美术功底的孩子呢。于是，我将几个孩子叫到办公室，将自己的初步想法告诉他们，孩子们表示赞同，于是我根据孩子们擅长的事情，将整个工作分成几部分，交代给他们，并告诉他们，两天之内必须完成这件事。结果孩子们速战速决，当天就把这件事做完了，而且效果非常好，帮我解决了一个大难题。

还有，去年秋季的学校运动会，我班学生取得了团体第一名的好成绩。但是，整个运动会期间，我除了负责维持秩序，外加给孩子们拍各种“丑照”外，其他的事情都是孩子们自己组织完成的。班级写稿、投稿宣传委员全权负责，赛前检录体育委员全权负责，赛中事宜运动员自己协调，赛后班级场地卫生委员负责，孩子们各司其职，干得井井有条。经过这次运动会，我更加坚定班主任要学会放手，只有我们学会放手、敢于放手，孩子们才能更快、更好地成长。

几个月的班主任工作经历，给我最大的感受就是：班主任不好当。但是，既然选择了这份职业，我们就必须尽心竭力，然后你会发现累是真累，但是孩子们带给你的快乐也是真快乐。

班级管理的些许思考

邢志兵

班主任接手一个班级，需要制定班级的建设目标，要有“战略”高度，要有三年规划意识，甚至是更长远的目标，应该思考班级各项建设管理问题。根据我的经验，要想管理好一个班级，应该解决好三个方面的问题：班级日常管理、班级文化建设、班级制度落实。

一、班级日常管理

一位班主任的教育理念，是他实施班级管理的指导思想。这个指导思想是他所有管理方法和管理智慧的思想源泉，也是他落实管理措施创新管理方法的源头。我在6年的班主任工作中总结出班主任的教学理念应该是：简单、公平、可落实。

“简单是一种能力”，我这里说的“简单”，不是简化，少干工作，而是经历过厚积而后薄发的“简单”，是从纷繁复杂的表面现象中找出最本质东西的“简单”，是从千头万绪中找出头绪的“简单”。教育管理上的“简单”，内在表现为对某种教育理念或教育思想的深刻把握，外在表现为思想清晰、思路明确、立场坚定。解决管理班级的日常问题，不能只考虑眼前，而应该长远考虑，从根本上解决问题。

“公平”就是根据学生的不同发展需要，进行班内管理资源的有效、平等、适当的配置，使每个学生都能发挥其管理方面的特有潜能。班级的每一个管理岗位，实际上就是一个培养能力的平台，班主任如果分配不公平，就人为地剥夺了一些学生成长的机会，这对于学生来说不公平。如果不能公平地安排班内管理资源，时间长了就会引起学生的不满，进而影响班级的管理。

“可落实”第一指的是班级事情的难易程度，即学生现有的能力能够做好这些事情；第二指的是完成这些事情。

在班级管理过程中，班主任要分清“管理”和“教育”，例如“任命班长”是管理问题，“转化问题学生”是教育问题。我认为，班级管理应该“管理”和“教育”两手抓，齐头并进，这样的班级才会充满活力。

二、班级文化建设

加强班级文化建设一个非常重要的目的，就是提高班级的管理效率，加速实现班级的管理目标。完善的班级管理制度可以确保一个班级合理、高效、规范地运转，但完善的制度不能确保一个班级高质量的运转。因为制度再科学再周到，也不可能规范人的思想和价值取向，更不可能规范人做事的效率和质量。文化能够触及到制度不能触及到的学生思想和价值取向。优秀的班级文化，可以形成良好的班级舆论导向，时时处处对学生的行为起到引领、规范和约束作用，使学生在优秀的班级文化氛围中，通过内省和慎独来规范和约束自己。

而良好的班级文化其重要的作用是：可以激励学生、教育学生、引导学生。

1. 激励学生。为了从生活中培养学生的拼搏进取精神，我坚持对学生进行意志训练。意志训练是一项非常艰苦的事情，为了使这项事情能够长期有效地进行，我采用了文化激励的方式，召开主题班会，用名人、学长等的成功事迹进行动员，让学生自由发表意见，最后自愿报名。

2. 教育学生。班主任对学生实施教育可以采用直接教育，也可以采用间接教育。将教育思想间接渗透到班级文化活动建设中，既可以避免直接教育使学生产生的心理抵触，又能起到震慑学生心灵的效果。

3. 引导学生。利用好学生的好胜心，打造团结拼搏的班级文化，培养学生的团结拼搏意识，引导学生形成良性的竞争意识（可以是班内学生之间，也可以是班级与班级之间）。

一个优秀的班级建设，必须加强班风学风的培养，提升班级的精气神，培养积极乐观的学习生活态度，提升班级的凝聚力。

三、班级制度落实

结合学校的学生管理制度，由学生和老师共同参与，制定科学、合理、有效的班级管理制度是能够好好落实的前提。加强班级制度建设的目的就是培养学生的规则意识，使其在班级民主制度化。

我在班级制定管理制度的流程上是这样进行的：

1. 发现问题。班级在某件事情的运行秩序上出现了混乱，我先进行总结，随后学生讨论分析弊端，为了维持运行的良好秩序，必须制定相应的制度。

2. 讨论制度。学生和老师一起就制定的制度条款进行讨论，综合大家的意见，形成草稿。

3. 班级通过。全班同学表决通过。一旦确定下来，就坚决执行。

制度的制定需要根据班级的具体情况，一个一个地出台，逐步完善，最终达到制度化地班级管理。

执行制度的主体始终是学生，最终的目标是实现学生自己管理自己。我们班的管理制度，谁都可以进行操作，因为制度本身就已经规定了操作者的权利和流程，我要做的工作，就是确保操作者按制度执行，别走样。

总之，班级管理是一项复杂的工程，体现了一位班主任的智慧和意志，努力培养学生的优秀品格，增强学生的“向师性”，帮助学生真实地成长，不断地反思、长期地积累，使班级管理走上科学、合理、高效的道路上来。

班级管理点滴分享

那顺乌力吐

一、集体制定班规,量化管理

每个班级都有班规,我制定班规的方法是以道德规范和学校规章制度为依据,根据班级的实际情况,把自己以前带班制定的管理制度做一些简单调整,交给学生讨论,从学习、纪律、品德、体育、卫生、日常行为等方面对学生提出明确、具体、有针对性的规范要求,且量化上墙。我们很多老师可能会忽略学生讨论的过程,其实,学生讨论后,对老师提供的管理制度不会做多大的改动,但经他们讨论认可的东西,接受起来会更容易一些。否则,学生可能在潜意识中,认为是老师强加给他们的,或多或少会有一些排斥。班规量化,不要过细,否则,学生会反感。制度落实到位,随时查漏补缺,推动学生进步。规定每一项的分数,两周一公布,让学生有规可依,有章可循。

班规加减分制度内容解读——

扣分项:

1. 纪律

A. 上课吃东西1分;上课睡觉1分

B. 上学上课迟到1分

C. 跑操说话1分,无故不跑操1分

D. 私自带手机4分

E. 不穿校服2分

F. 早晚自习、早晚读说话1分;出去不打招呼1分

G. 背后议论他人或传播不实情况造成不良影响3分

H. 早恋被老师或校领导发现5分

2. 卫生

I. 在值日当天未完成自己值日任务1分(并接连值日一周)

3. 学习

J. 无特殊情况及原因不交作业1分

加分项:

K. 年级性考试中每进步十名加1分

L. 拾金不昧者2分(如饭卡、现金等)

M. 在各种学校活动中积极参加1分;获得荣誉另加1分

备注:加减分制度:每人初始分为 5 分,采取加减分制。班长每两周进行核实汇总后交给班主任。(第一周班委会成员若违反班规扣双倍。第二周每个人的扣分都按双倍扣)

二、关于早恋问题

对于高中生来说,早恋这个词并不陌生。早恋这个词更会让很多班主任头疼。

我第一届学生,班级内就有一对早恋的学生,当我发现时两位同学已经处在热恋阶段,我采取调座位、谈话、谈早恋的危害、通知家长等好多方法都没能拆散两人。最后两人高考成绩都不理想,而且上大学后两人分手了。

对于早恋,我不提倡,亦不反对。但是过密的男女生交往,极大可能会影响班风。我需要告诉孩子们的不是你到底要不要去爱,而是怎么爱,如何把握交往的尺度。

2020 届学生出现两种早恋的学生。第一种,在高一开学没到一个月,我就发现有一对早恋的学生,其中女孩爱化妆,男孩比较帅气,而且在班级有过密的行为,我掌握了充足证据后就把男孩叫到办公室问他:“是不是与某某谈对象了?”他说是。然后我很严肃地跟他说:“给你家长打电话,把你领回家反省,保证不再谈对象了再来上课。”之后找来那个女生,同样叫来家长领回去反省。因为刚高一,两个学生也是刚刚对彼此产生好感,然后我又很严肃地叫来家长把他们领回家处理,所以他俩很害怕,几天后家长把孩子送回学校对我说:“老师,我们跟孩子好好沟通交流了,孩子们也意识到错误了,真是太感谢你了。”之后我观察了一段时间,这两学生没有再出现过密的交往。

通过这个案例,我觉得,如果在一个班级发现有早恋的学生一定要及时发现并严肃处理,这样对其他同学也起到一个警示作用;否则会影响班风班貌。

第二种,是在高二发现的,但是这两个学生学习特别用功,最初两人经常讨论问题,后来发现两人每天一起去打水,去食堂吃饭,但是没有过密的行为。所以我也没有揭穿他们,但是我借着月考机会找这两个学生谈话,同时问他们有没有谈对象,但是两人都否认了。(其实我也希望他们否认,有时如果承认了反而不好管理)让他们明确现阶段的目标是什么,如果有喜欢的男孩女孩应该怎么办,如何把握交往的尺度。最后这两个学生考得都不错。

通过这个案例,我觉得,如果班级有这样早恋倾向的学生,建议不要盲目粗暴地拆散,而是应该密切关注,从侧面提醒、暗示、正确引导。

三、学会等待,多点宽容

传统的观念认为,宽恕就是遗忘过去的事实,其实并不如此。现在的心理学研究发现,真正的宽恕是记得。宽恕并不是姑息错误或者是弱者的被迫反应,宽恕不是软弱、退缩、无能、迁就的同义语。可以这么说,宽恕是一种更富智慧的方法,它提醒我们不要重蹈痛苦和不公正的类似行为。宽恕展示的是爱心和坚强,它是积极、主动、善良、伟大的同义词。

2017 届有一名男生,是一名非常有个性、有主见的孩子,在高二下学期开学第一天早自习,我进班级核对报道人数时发现他戴着帽子坐在座位上,我觉得挺奇怪,就让他把帽子摘下,他很不好意思地把帽子摘了,这时其他同学们的目光也汇聚到他身上,原来他把头发烫了,而且烫的是小卷,我很生气,就让他来办公室,在这过程中我在想处理方法,首先我在想用不用叫家长,但是孩子假期把头发烫了,开学来学校也没理发,我想叫他家长来也没多大用,使孩子更加叛逆,可能引发激烈家庭矛盾。我平息了一下心情,没给家长打电话,对他说:“你中午去把头发拉直了。” 他说:“行,老师。”到了下午我把他叫到办公室,看他头发理得怎么样,他摘下帽子我看,头发没有拉直,只是稍微理短了点。我发现他就不想理发,我就问他为什么烫发,他说他喜欢这样的发型,我又问他烫发多少钱? 他说挺贵的! 我就想,如果我喜欢一样东西,而且这东西又挺贵,别人让我把这东西扔掉,我也会犹豫不舍,但是高中生烫发这是不符合校规的,不能不管,所以我还是心平气和地对他说:“再给你一次机会,明天你把头发给我拉直了,像个高中生样来班级。”他也同意了。到了第二天我还没等进班级,级部领导就来办公室跟我说:“你班有名男生头发不合格,你今天让他理发去。”我已经猜到是他了,我把他叫到办公室,没等我说话呢,他就说:“老师,这回我真的去理发,您放心,我不会再给您添麻烦了。”这回他确实去理发了,把头发都拉直了,变成了一个帅气的高中生。这件事过了两周,这名男生来办公室告诉我:“老师,我们宿舍被评为文明宿舍,能不能给班级加分?”我说:“当然可以。”

通过这件事,我发现处理学生的问题不能简单暴力,要学会等待,多点宽容,要让学生自己意识到他的错误,这样他才会主动去改正错误。教育是一个“慢活、细活”,是生命潜移默化的过程。教育的变化是极其缓慢的、细微的,它需要生命的沉潜,需要深耕细作。

付出真心育桃李

张相玉

师与徒、父与子的关系在一定程度上是同构的,所以理解起来具有十分相似的脉络。初为人师我可能没有资格谈及这两者的关联,但从教十年来,我已具备了一定的教学实践,也成为一双儿女的父亲,在教书育人和教化育儿方面我可以开诚布公地说我已经掌握了一定的方法和经验,希望可以和各位同行交流,以便日后更好地从事教育教学工作。

"父与子"这一永恒主题习见于西方文化语境中。"天父对人类的成见在人类生活的第一个神话故事伊甸园的传说中演化为最初而典型的'父与子'冲突。"①不过在这一最初的宗教语境中更多的是强调父与子的矛盾,也就是日后逐渐所延伸的概念——代际鸿沟,这是人类历史发展进程中的一个永恒命题。这层隔膜既是年龄上的时间隔段与阅历方面的视角偏差,更是亲历者与想象者之间的不可逾越的距离。但是除了"代际冲突","父与子"之间最重要的则是承继与传扬。而师生关系何尝不是如此辩证——既是共融、承继,同时也存在不可避免的精神隔阂。故在教书育人实践中应该辩证地处理教学工作及师生关系。

作为师者我深知品行的重要性。《大学》开篇就提出"大学之道,在明明德……"②,此"明明德"指的便是发扬德行。为师者除了专业素养外,最重要的是其品行,通俗来讲,是他何以为"人"。韩愈《师说》中所言:"师者,所以传道授业解惑也。"③,此处的"道"自然不仅仅指涉的是学识,更是自身的修养。我觉得儒家所说的道德标准——仁义礼智信当今依然适用。其中"仁"与"义"为根本。所以董仲舒说道:"以仁安人,以义正我。④"在学生面前,老师们就是榜样,是道德的标杆,因此成为师者的前提是成为德行端正的"人"。近年来,随着互联网的发展,我们总能听说一些师德消解的社会性事件,这些恶劣事件,在我看来,很大程度上就是师者自身或者是学校过分看重"专业修养",而忽略对教师的德行进行考量所致。拥有老师与父亲这两个具有共同意识的重要社会身份,作为孩子们的引路人,我时刻将严苛的道德标准作为成为理想师者的核心要素。

教师的专业修养、学识储备及人生阅历是完成"传道授业解惑"这一教师职责的关键力量。我们只有能自己做到将专业知识烂熟于心、举一反三,才能更加融会贯通地传输给

① 刘洪一."父与子":文化母题与文学主题[J].外国文学评论,1992(3):38.

② 朱子律.儒家经典[M].北京:中国长安出版社,2007:3.

③ 李建龙.唐宋八大家,卷一[M].北京:中国言实出版社,2002:16.

④ 董仲舒(著),曾振宇(注说).春秋繁露[M].河南:河南大学出版社,2009:239.

学生。同时在新的时代语境下作为师者应该对“传道授业解惑”进行新的阐释。关于“传道”，此处我借用毋丹丹博士的观点，应该将自然之道、科学之道与人文之道结合起来①。而“授业”也不仅仅是以一种灌输式的方式“倒”给学生，还要实现知识的效能转换与创新追求。在知识智能飞速发展的现代社会，为师者只看重知识的实用性和应试性是远远不够的，还应该主动追求培养学生的创新思维与能力以适应未来世界的发展，从而在一定程度上达到对现实的超越。

“解惑”也不应该停留在对学业上的答疑解惑，对于班主任来说，有时候解学生认识世界与认识自我之惑显得更为重要。尤其对于高中阶段的学生来说，他们正处于认识他者和自我的懵懂阶段，对自我的生命成长充满疑惑和好奇，甚至叛逆的孩子会迫不及待地想要逃离包括父母和老师在内的所有“父辈”的“魔爪”，自认为已经具备了完整的人格与成熟的意识，但学生的这种自我沉浸在作为“过来人”的老师眼中，能够十分清晰地看到问题的症结所在，但如何与他沟通和交流，并引导他走出叛逆与困扰，这是我们应该好好思考的问题。根据笔者的教学实践，只有在师生平等的关系上才能有效地解决问题，既然他将自己视为个性完整的“大人”，你就不应再把他当作孩子，这样一来，他才会觉得自己的诉求和人格得到了真正意义上的尊重，从而有利于解学生之困惑。

既然说到了师生平等问题，那就再谈一谈师生关系以及师者“为教”的态度。虽然我国崇尚传统礼仪，但在现代社会，作为新时代的师者需要具有辩证的眼光。比如在我国传统礼教中，“为父者”与“为师者”是具有绝对话语权的主导者，而在现代语境下，这种主导式的教学方式不再适用，教师充当的只是引导者和检验者的角色。所以教学活动是具有平等关系的双主体行为。但同时，如果一味地以平等交友式的态度对待教学工作，那么针对所谓“三天不打，上房揭瓦”的学生是不受用的。所以整体上的态度应该是“温而厉、威而不猛、恭而安”②，由此感叹孔子的教学之道如此地具有先验性。此外，教师也应该是学习者，一方面，他应该不断地充实自身的德行修养与专业素质，同时在学生身上也有值得学习的地方，所以我们作为老师不应该高高在上，也要虚心向学生请教，尤其在智能时代学生们接受新事物的能力一定程度上要高于老师，所以在现代的教学手段中老师不免要向学生讨教。

总而言之，为师之道从古时起延续了几千年，经过时代的变迁，我们要用辩证的眼光来看待教学工作中的方方面面。针对各种教学理念与方法我们要根据自身教学实践能够去芜存菁，随着时代的发展我们要具备与时俱进的能力，积极响应国家的政策与号召。作为新时代的教师我们要以社会上教师德性消解的真实案例为警醒，还要冲破教学工作中教条主义的桎梏，更要对专业素养的阙憾进行补拾，从而在新时代背景下实现对以服务社会为己任的教师精神的重新塑造。

笔墨及此，想到家中玩闹或已熟睡的孩子们，再看向埋头苦思的学生们，我深感“为父者”与“为师者”在责任与使命上的相通性。无论是教子还是育人都任重而道远，而让

① 毋丹丹.传统教师德性的现代诠释[D].西南大学，2013.

② 孔子(著)，陈晓芬(译注).论语[M].北京：中华书局，2016：93.

我坚持的理由无非是他们一步步的成长，是他们给了我信念与勇气。在笔者看来，《我和我的父辈》电影中那首诗很好地诠释了“为父者”与“为师者”看向孩子们的心情，诗中写道：我的孩子/如果可以/我想告诉你世间的一切奥秘/告诉你山川大河日升月落/光荣和梦想/挫折与悲伤/告诉你/燃料是点燃自己/照亮别人的东西/火箭是为了梦想/抛弃自己的东西/生命是用来燃烧的东西/死亡是验证生命的东西/宇宙是让死亡渺小的东西/渺小的尘埃是宇宙的开始/平凡的渺小是伟大的开始/而你/我的孩子/是让平凡的我们/想创造新世界的开始[①]。虽然电影中的诗是父母写给孩子的，但在我看来，这又何尝不与老师对学生的情感相贴切呢！代际关系虽有隔膜，但更多的是期许与承继。无论是父母，还是教师群体都在拼尽全力为我们的“孩子们”创造一个新世界的开始。同样，终有一天他们会继承我们的精神与使命，扬起风帆在他们的时代为他们的“孩子们”开辟另一个美好的乐园。

① 引自电影《我和我的父辈》。

浅谈班主任工作中对潜质生的转化

刘志鹏

所谓潜质生，是指在学习、纪律、品德等方面中，一方面或者几方面暂时落后的学生，他们具有很大的发展潜力。大部分潜质生，不只在单科学习上暂时遇到困难，达不到课程所规定的要求，与实际教学要求有差距，并且在日常的教学中与班集体、同学、老师、家长存在对立问题。具体表现为：成绩不理想，理解能力较差，对学习没兴趣，上课注意力不集中，怕学、厌学；在行为、习惯、自律上表现糟糕，遇到困难退缩、放弃；经常违反课堂纪律、违反学校规定等。班主任促进潜质生的转化要从以下几个方面浅谈：

一、尊重

1. 班主任首先要正确认识潜质生问题的形成原因。

潜质生形成的原因是多方面的。包括家庭因素、社会因素、教师因素、学生团体因素等。不管成因如何，都不是孩子主动的选择。作为班主任，只有正视他们，认识到这种现实是社会发展的必然，才能够给予潜质生真正意义的尊重。

2. 要正确看待潜质生暂时的落后。

作为班主任，我遇到过很多潜质生转变为优等生的例子。更何况古今中外，笨小孩转变成天才的例子举不胜举。如果班主任不能认知这一点，就可能断绝了潜质生转变为优等生的机会。

3. 班主任要切实实现对潜质生的尊重。

所谓“亲其师，信其道”。班主任要走访每位潜质生。通过走访，让家长、学生感受到被真正的尊重、被真正地重视。通过走访，建立起潜质生档案，从而找到转变潜质生的突破口、切入点。班主任要以关心学生的生活作为突破口，利用课余时间和潜质生聊聊天，唠家常，说一些与学习无关的话题。等谈话自然了才能让学生感受到被尊重，学生才能敞开心扉，才能进行转变。

二、关爱

1. 大部分潜质生的主要问题是缺少关爱。

教育家曾指出，没有爱就没有教育。关爱学生是教师高尚情操的反映，也是教师取得成绩的关键因素。真正的教育要求教师转变观念，弘扬以学生为本的教育思想，把关爱学生看成自己的职责。教师如果能够真心地去关爱一个孩子，换来的是孩子对教师的爱和对教师的信任，是对学习的热情以及学会去爱别人。潜质生尤其如此。

2. 客观认识潜质生的个性与能力。

学生是有个性的,能力水平、习惯、作风各有不同,且都处于发展变化之中。潜质生的个性、能力就更加复杂。因此,作为班主任要正视现实,承认差别,进而客观公正,心平气和地看待每一位潜质生,哪怕是最个性的潜质生,也不能让他意识到“自己的落伍”,要鼓励每一个学生,让他们都“抬起头来走路”①。每个潜质生性格不同,有的活泼好动,有的沉静稳重,还有的倔强固执,有的坚强,有的软弱。作为班主任应了解每位学生的个性心理特征,并利用他们的个性心理特征去调动潜质生的主动性、积极性。

3. 班主任对潜质生切实的关爱行动。

班主任可以借助住宿生生病的时候给予生活上的帮助,这些小小的帮助就是关爱的种子,必然能在学生的心中盛开。也可以为同一个月份的孩子一起过一个生日。或是参与到学生运动会的训练中来。参与到运动会的整个过程中去,体会学生的经历感受。甚至借助一次校园活动,把自己有计划地安排到不同的学生群体当中去,与学生交流。方法不胜枚举,只有让学生感到被关爱才能完全信任老师,当学生把老师当作“自己人”的时候,班主任才可能让潜质生开始转变。

三、引导

1. 引导潜质生形成正确的人生观、世界观。

“立德树人”是教育的根本任务,“立德”指的是立“师德”和立“学德”,要先立德才能够树人。作为班主任自身要正,做到有理想信念、有道德情操、有扎实学识、有仁爱之心。不仅要向孩子传播知识,更要教会孩子如何做人。要为人师表、严于律己,做到有教无类、因材施教,为孩子做好榜样,教师要先拥有正确的三观才能帮助学生选择好正确的人生方向,这是教育工作的根本。当潜质生出现问题后,要尽早地发现问题、分析问题、解决问题,但多数家长都忙于工作,忽略了与孩子的交流沟通,这也是造成孩子养成错误三观的直接原因。班主任需积极与家长沟通,只有家长们重视起来,才能更好地开展家校合作,全方位、全程育人,能够帮助孩子树立正确的三观。

2. 引导潜质生发现自己的兴趣。

爱好和兴趣是最直接的动力,是激发潜质生学习的杠杆。学生的爱好各式各样,有的喜欢文科,有的喜欢理科,有的喜欢朗诵,有的喜欢运动,有的音乐才华出众,有的写作能力出色……班主任要寻找潜质生的特点,因材施教,引导潜质生发展特长,开发学生潜能。

3. 引导并促使潜质生形成自己的学习方法。

根据学生个性特点、兴趣特点,引导潜质生形成课前预习的办法,引导潜质生形成课堂听讲的方法,引导潜质生形成课后巩固加深的方法。总之,引导潜质生养成良好的学习习惯。

潜质生普遍存在注意力不集中、爱开小差等问题,适当的提问、适当的参与能提升他们学习的兴趣,让他们有一种能学、会学的感受,从而逐步树立学习的信心,并将信心转化

① 魏书生. 班主任管理漫谈[M]. 桂林:漓江出版社,2014.

为学习上的积极性，由被动学习在潜移默化中转变为主动学习。班主任可以联合科任教师课堂教学时适当提升潜质生课堂表现的机会，增加他们的参与意识。另外，班主任要经常鼓励潜质生，让潜质生体会到期望和关心，先让潜质生回答一些简单的问题，然后根据情况适当加大难度。从一开始的点名回答到自主举手抢答，慢慢地使他树立起对学习的信心。

班主任还可以联合科任教师适当降低对潜质生的要求。潜质生的学习任务绝不能与其他学生等而化之，一是要减少题量，二是要只做基础题，降低难度。老师若要非逼迫潜质生完成力所不能及的学习任务，只能激化师生矛盾，有百害而无一用。降低学习要求也是对潜质生的转变。

4. 切实引导潜质生参与班级活动回归班集体。

班主任要让潜质生参与班级工作和管理。关爱潜质生不是放纵，不是讨好，更不是歧视，而是培养他们的自信和自尊。因此，根据他们特点，安排适当的工作，但绝不是放纵他们去玩耍和逃避功课。因为孩子对孩子的影响是不可替代的。潜质生只有在班集体的良好氛围中才能良好转变。

四、转变

“静待花开终有时，守得云开见月明。”潜质生的转变是在尊重、关爱、引导之后才可能发生的事情。带着一颗真诚的爱心，正确地对待每个潜质生，把每个孩子的闪光点挖掘出来，多方面入手将他们的劣势转优，这就是我们教育潜质生真正的意义所在。

且思且行 且行且珍惜

吴志强

有人说:教师这一行是件苦差事,特别是班主任的工作更是琐碎和繁重,但是你一旦结缘这份工作,特别是已经全身心地投入到教育教学中,你会觉得教师的工作还是很有成就感的。其实我们很难成就什么惊天动地、气吞山河的丰功伟绩,我们班主任做的是教书育人的平凡工作,这份工作是脚踏实地的坚持,是真情实感的付出,简单的我们,常常会因为一点小的收获而激动万分。一路走来,我也在不断成长,我想优秀的班主任就应该且思且行,且行且珍惜。

成长心得一:永远不能放弃每一名学生。

十几年前的一个开学季,初为人师的我踏进了六中这所全盟人民都向往的学校,这一次我是以教师的身份到来的,我内心很激动!我是一名教师,一名班主任,我个性好强,追求完美,我期待能凭借自己三年的全情投入,尽我所能,使班级的每一个学生都能大幅进步,改掉一切坏毛病,班风正,学风浓,让自己的班级成为年级乃至学校的标杆。然而我遇到了困难,我的第一届学生成绩平平,问题多多,想象中的美好状态难以达到,特别是部分顽劣学生,三天两头状况百出,让我抓狂。

其中有个孩子叫张艳(化名),是班级的一名学困生,迟到早退,上课睡觉,看小说,不交作业,顶撞老师,化妆,凡是学生可能犯的错误,她一样没落下。而我作为班主任也把各种兵法、秘籍使用了个淋漓尽致,讲道理,写检查,叫家长,罚值日,调座位,停课等,可是她依然如故。在我看来,她似乎是没救了,这时我这个年轻的班主任心里冒出了个可怕的想法——想办法把她劝退、开除。

在我这名班主任新兵束手无策之时,高三来了,张艳不仅没开始学习,反而谈恋爱了,我感觉机会来了(高中不是义务教育,对于严重违纪的学生可以实施劝退,我心里默念),我正在酝酿如何收集她的罪证,伺机劝退她,事情来得就是那么凑巧,张艳(化名)居然和班级的好几位女生打架,因为这些女生和她男朋友说话。我心里想:看来她心理方面也出了问题。我迅速叫来家长,历数她高中三年来的种种错误,暗示她的父母,这个孩子已经无可救药,不如早点学门技术,我说得冠冕堂皇,备受折磨的父母也是无计可施,最终同意退学,看着家长无奈地把张艳(化名)领走,我如释重担,但莫名的心里产生一丝说不出来的惆怅,我有隐隐的不安,我是不是做错了什么?我想她一定非常恨我,一定的。此后多年,这种不安常常会浮现。

从此再无她的消息。若干年后的一个春节,我突然接到了一个电话,说是我曾经的学生要来给我拜年,她没说名字,我很惊讶,是谁要来,不是电话短信问候,这么正式登门拜访!

当她一进门的那个时刻,我不敢置信,这不是我劝退的张艳吗?她和我说,她后悔当初调皮捣蛋,不听老师劝诫,当她请我原谅这么长时间未曾联系时,当她感慨没能上大学只能四处打工时,我突然明白为什么我总不安,为什么我后来从未劝退学生……原来我一直在后悔,我居然在她最需要帮助的时候放弃了她。

第一届班主任的工作结束了,虽然它不太完美,可能还有很多遗憾,但这三年却让我懂得班主任工作责任之重,永远不能放弃每一名学生,这也是一种成长吧。未来的我更应该且思且行,且行且珍惜。

成长心得二:善于发现和欣赏每一位学生。

教育家袁卫星讲过:

如果一朵花不美,就请欣赏他的叶子,
如果叶子不美,就请赞美它的枝干,
如果枝干不美,就请赞叹它的根基,
如果根基也不能使你产生情感的冲动,
那你总该为它是一株蓬勃的生命而讴歌……

欣赏是一种能力,是一种美德,更是一种艺术。作为教师,作为班主任,能够发现每一位学生身上的闪光点,即使是另类的差生,也一样可以挖掘值得欣赏赞美的地方,也许你的一个眼神、一个动作或是一句话,都有可能是孩子成长的基石。

2010 届有一位学生王梅(化名),开学的第一天就用夸张的造型演绎了一个进班仪式,这在我这样一个号称严厉的班主任思维字典里是行不通的,但我没有马上纠正,我觉得这里边肯定有问题,无数教育名家都告诉我们教育需要时间,教育需要等待,对于学生的问题需要耐心。272 分的中考入学成绩(为什么这么低呢?正赶上我盟之前小学五年制改六年制,传到那一年的初中毕业生,生源少且质量一般),夸张的梳妆打扮,来自贫困旗县农村的普通孩子……

其实这些都是刚入高中各种条件较差且分数低的学生自卑心理的一种表现,我决定帮助她,我要让她建立信心,我相信她能走出心理障碍,我让她当了班级干部,并且不断地鼓励和纠正她,我发现王梅(化名)同学的内心还是很强大的,她曾经担心同学们看不起她,她曾经担心自己没有希望,我告诉她,想要成功,光有担心没有行动是不够的,成功需要坚定的信心,执着的坚持,永不言败的上进,曾经的没落并不能说明我们一无是处,只要你有一颗追求上进的心,有志者事竟成!她转变了,学习成绩直线上升,班级干部工作尽心尽责,得到了全体同学的拥护,老师们的好评。高三时她被评为锡林浩特市级优秀学生干部,在 2013 年高考中以 409 分的成绩被内蒙古师范大学录取,现今她是一名小学英语教师。

成长心得三:给每一位学生注入前进的动力。

2006 届的两位学生小刚和小哲。中考入学的成绩还不错,但高中的生活刚开始,他们就呈现出相当的不适应,不够努力,以为高考还远着呢,先玩几天再说吧!随之而来的是各种违纪问题的出现,我好不容易把他们拉到正常学习的轨道上,新问题又出现了,好多知识都不会,曾经耽误的内容短时间难以补回来,他们又开始怀疑自己是不是没有希望了？这个时候我觉得自己又该出手了，我告诉他们，不能急功近利，只要你们从一点一滴做起，会好起来的，后来他们的学习也出现了起伏，在关键的阶段，我利用各种方法对他们进行鼓励，功夫不负有心人，最终他们以优异的成绩考取了重点院校，成就了高中生活的精彩。这样的学生在我带班的日子里随处可见，学生往往是由于自身的不努力，最终考上一个不入流的大学结束高中生活。如果当初我的工作不够细致，没有给学生注入前进的动力，如果当初没有在关键时候帮他们一把，我想结果可能是另外一回事了。高中三年是学生的人生转折，也是学生进一步发展的起点，我作为一个班主任，要帮助他们掌好舵，要帮助他们成就精彩。

相信学生，给他动力，不能放弃，学会欣赏。学生的潜力是无穷的！2007 届有一名学生粉振纬，记得是东乌旗的一位女生，在经历高考失败后，痛定思痛，用 8 个多月的时间，成功逆袭，351 分的理科高考成绩改文科后，以 598 分的文科成绩考入理想大学。沉下心勇往直前，我们皆是黑马。

班主任工作其实就是一种状态，一种坚持，班主任工作其实就是细心呵护，永不放弃，严肃认真地工作其实就是对每一个家庭负责，对自己的职业负责。班主任工作其实就是帮助学生加强自控，帮助学生建立自信，帮助学生走向成熟。你只有从点滴做起，从小事做起，怀揣那份坚持，感受那份付出，用心去和学生沟通，才能享受成功的喜悦！

情理并举　静待花开

——班主任工作点滴分享

王　宇

入职工作十一年，担任班主任工作已过五年，在班级管理这条路上由曾经的茫然无知到渐入佳境，一路走来，感谢领导的信任，同事的帮助，家长的支持，学生的努力，进而共同完成着班级管理的每一项事务，在交流、碰撞、合作中共赢共进，共同成长。回首过往，认真细捋其中的心路历程，点滴记忆，零碎繁杂，现拙献给大家，不妥之处，敬请指正。

一

首先，班主任工作要心中有爱，而且是广泛意义上的大爱，怀着一颗爱人之心，去与学生相处交流，毕竟学生生活的环境、出身的家庭都各不相同，尤其是单亲家庭的孩子，由于过早地经历了家庭破裂，其中的苦楚无处言说。他们封闭自己的心灵世界，甚至有的同学会变得偏执冲动，一切的原因都是家庭失衡造成的。面对如此局面，我想说，怎么做才是不二法门呢？我觉得是宽容，我们有时候是需要学习释家思想的，要有宽容意识。

我曾经执教的一个学生，该同学父母在他幼时离异，父母离异后孩子跟随爷爷奶奶长大，父亲一直另外生活。成长环境中父母的缺失，让他内心冷漠；祖父母无限的宠爱，让他无所畏惧。他来我班时，已经是休学后准备复学，当时正值军训结束，他成熟的打扮让我意识到管理的难度。果然，刚来几天，他就长篇大论地写情书，我以为是作文，拿起一看是爱慕的表达。之后便陷入各种小圈子，然后终于在同学中发展了一个，直到有一天我从监控中看到两人过分的举动。然后我开始强势介入，女生的家庭是正常的，我找来了女方家长，各个击破，让女方家长以保护孩子为由，开始陪读，男生和同学说，等待我对他的严惩，后来以停课反省结束，这是我和他的第一个回合。

突然有一天，我发现他神色不对，在我的多方打探之下，确定他已经被分手，他很痛苦，据说甚至要借酒消愁，因为某一天的晚自习，我发现他的生日礼物中有一瓶红酒存在。我没收了红酒，找到了送礼物的同学，批评了该同学，也告知了家长。本来分手是好事，可是我觉得他强烈的反应应该不会就此消沉，这是我和他的第二次交锋。

第三次，是他某一天又找了一个女朋友，而且他俩一拍即合，因为都是所谓的被分手，有很多共同的话题，有一种“同是天涯沦落人，相逢何必曾相识”的感觉，之前两次交锋，我采取冷处理，宽容待之，用我的话说，就是感恩教育，希望通过温暖融化他内心的冰霜。可是，效果并不明显，但我觉得，坚持下去，希望就在眼前。

第四次，我在周一早自习收手机时以检查有无电话卡、是否为长用机为由，看到了他的微信聊天,发现了彼此亲昵的称呼,然后我没收了他俩的手机,让家长在家严格监督,但收效依然甚微。我甚至在周日上午的考试结束后跟踪他们,开始女生一人在大门口耗着,后来看我一直不走,转移我的注意力,绕道往西门方向走,我步步紧跟,终于她上了包车,目送着包车远去,我深感工作的不易,这是第四次交锋。

上了高三,由于早自习比较早,该同学隔三岔五早自习迟到不来,家长的请假信息往往是三易其稿:起先是早自习请假,而后变成前两节课请假,进而变成上午请假。在如此反复多次之后,我召开了班会,提出迟到的严重性。可是有一天他又故技重演,我给其家人打电话,让其速来,否则下课后我去叫他起床。要么来上学,要么来办退学手续,如果生病请出示医院证明。在我的一再要求之下,他来了,之后他迟到的次数越来越少,慢慢我发现他开始学习了,而且是很投入的那种,他可能理解了家人的苦衷,也深知自己未来的出路,虽没有尖子生那样好学,但这个曾经的问题学生渐渐进步,他可能悟到了人生的意义与价值,在高考中考取了理想的分数,完成了自我的一次蜕变,抑或是涅槃。

我觉得我的努力没有白费,我的感恩教育让他内心的冷铁在加热,冰霜在解冻,虽然过程漫长,但当我看到他的进步时,我非常欣慰。事情过后,我不断回想,我之前的“柔”和之后的“刚”,其实是宽容的两种表现,也是一个渐次接受的过程,如果没有前面的感恩教育,他不会对我放下戒备,就不会有后来的接受。当然,孩子的顿悟接受也是一个重要的因素。

二

其次,班级管理讲究严格,要想做到严格,就得让他们相信这样做是对的。那么,你的班级管理思想必须是建立在学情之上的。不讲求实事求是,必然事与愿违。所以我所做的每一件事情都先经过全班通过,进而同学们再要求自己,在心理上是容易接受的。

本届学生入学初,根据他们的学习及表现,我觉得他们有三大特征:一是班级同学分数差距较大,达70分之多,两极分化比较严重;二是普遍比较偏科,英语太差;三是自控力不足。

针对以上问题,从高一到现在,我遍试办法,经过大家的共同努力,目前效果良好。

高一入学我做的第一件事情就是严抓纪律,在班级中营造良好的学习氛围。在晚自习课上,我发现有一名同学天天悠闲自在地跷着二郎腿看小说,我当场没收了该书,把他的二郎腿踢回了正常状态。可是之后我发现,该生阳奉阴违,只做表面文章,背后继续我行我素,甚至说高一不用努力。

周六的家长跟班自习上,我听说家长管不住,睡觉说话,林林总总。我准备借此机会整顿班级。调取一周以来的所有监控,我坐在电脑前快进后退,记录整理,三个小时,我找到了很多值得规范的事情。到班级开班会,我大发雷霆,指出了每个涉事学生的问题,他们面面相觑。之后我把他们叫到办公室让他们观看自己的一举一动,他们都低下了头。然后通知家长,对违纪学生做停课处理。之后班级纪律一下子变好了,因为他们怕回家被家长唠叨。

通过观察发现,爱说话的同学毕竟是少数。我开始在座位上孤立他们,设置单桌,让一帮不说话的同学围绕他,禁言禁行,很多同学都改了过来。班级风气开始良性发展,到期中考试时，我们班的成绩已经抬头，不再是同层次倒数第二，而是前进了一名。我知道这背后是大家的配合得来的。

英语成绩的提高主要是英语老师的功劳，我这里不做赘述。下面结合两极分化和自控力问题，我举一名同学的例子。该生入学成绩在班级就是最低，第一次谈话半个小时没有说一句完整的话。军训结束之后不随同学回班自己悄悄溜进食堂，及早地大快朵颐。能利用高三晚自习和高一晚自习的时间差，以上厕所为由，先悄悄溜到一楼厕所，然后在高三下晚自习铃响后立即出去买东西，所选食物嚼起来都是无声的，比如面包、胶类食品，以供二晚享用。可以说，他在体己方面下足了功夫。期中考试成绩揭晓，他的成绩令人咋舌，不仅在全班倒数第一，在年级排名中也倒数，翻看他的入学履历表，兴趣爱好一栏中写满了各种球类，唯独没有和学习相关的任何字眼。我觉得我遇上了一位高人。

之后就是家访，电话、微信和面谈，均有涉及，可就是谈不透。家长也没有办法。通过和同学了解，说该生喜欢和他人说话，借以打发时间。而且为了创设说话的情境，不断地寻求契机，不断地逗笑人家。有一次，他先是用脚在过道里画半圆，如此反复，来引起他人的注意。后来看没有市场，又和过道那侧的同学借块橡皮，然后竟然以橡皮开头，开始了说话。这件事情发生后，我找来了家长，三方会谈，指出他的所有问题，然后让他选择未来的出路。最终的结果是纪律好了，成绩依旧，因为他确实底子薄，这是我们要正视的现实。

针对学情，我让他大胆地问题，不要害羞。不拘一格，可以问老师，也可以问同学。针对他英语太差的问题，我建议他改学日语，目前，他的成绩已在回升，相信通过扎实的努力与付出，他一定会有所收获的。

三

某种意义上，教育不能简单地归结为只有师生之间的交流引导，其实家校沟通意义更为深远。真正的教育是三位一体的。一个问题学生的背后站着两个问题家长，也许是他们意识不到问题的严重性，也许是短浅的疼爱遮蔽了他们本有的思想。他们宁愿相信孩子的一句空话，也不愿意相信老师的事实证明，因为，那是不美好的。

曾经班里有一位同学，中考时成绩在班级靠前，自诩不用学习就可以提升成绩，反之，则降低成绩。对于他的谬论，我一再否定，然后他就用假学习来敷衍。手机问题也很严重，往往是等我没收了第三部时，家长就会打电话寻要，而且保证不会再给孩子。然而如此往复。还有他的恶作剧已然涉及校园欺凌。针对以上问题，我约谈了一直以来没有见过面的孩子父亲。其父亲假称孩子在家从来没有这些毛病，自己表示也很痛心，将配合学校一起管好孩子。可是实际情况并非如此，直到有一次孩子当着我的面污言秽语地顶撞了他，才证明了此事的存在与否。

因为头发不合格，其母亲连续三次领出去理发，可依然不合格。就在第二天早上，家长给我打电话谎称孩子昨天折磨自己开窗户睡觉中风了，希望学校不要再管他的头发，可是下午来了之后，其实根本没有中风的任何迹象，连医院都没有真正去过。

一次学生违反宿舍纪律，宿舍科要约谈家长，从中午十二点半能耗到六点才来，反正就是不配合。管理难度可见一斑。

高考查分时，其他学生或家长都及时发来了成绩截图，迟迟不见他的成绩，给其家人打电话才得知,他没有考上。

孩子毕业之后,我一直在思考这个问题,失败的教训到底在哪里?为何竟然如此难以雕琢?思考的结果是孩子从小在母亲的溺爱中成长,父亲因为工作原因很少参与其中,等到问题出现,为了所谓的面子,全家掩而盖之,不去直面问题,以至于成了蔡桓公。这是家校沟通不畅、师生交流不通和家庭内部沟通不畅共同造成的,缺了其中某一个环节,都是行不通的。

以上是我对班主任工作的一点儿自我认识,有成功的喜悦,也有失败的教训。我深知,任何事物都是现实存在的,不能用完美而主观的态度去臆测,而要真实地去面对。无论成功抑或是失败,重要的不在于事情本身,而在于从中汲取的经验与不足,能够成为一面镜子,去鉴照当下,引领未来。

以人为本　注重心理

——学生教育管理中的心理学应用

常　蕾

在现阶段的改革背景之下,学校尤其强调培养学生的主体,将学生作为活动进行的中枢,唯有更加突出其主体性,才能更好地调动学生的积极性,从而促进了学生的学习效能与课堂水平的提升。教学理论层面上对学校教师管理方法的心理学应用研究,对学校实际教学与管理工作的质量管理水平提升产生了积极影响。

一、在学校德育管理中,心理学应用的重要意义和学校心理健康问题的表现

(一)学生教育管理中心理学应用的重要性

学生在教育管理工作过程中,对学校的教育管理工作要采用科学方式,把心理学的方法运用到学校教育中,能发挥积极效果。而心理学的运用则对教师的心理辅导工作的提高与完成更具有意义,它可以有效提升学校实际教育管理工作的效能水准。在当前中国经济社会快速发展的大背景下,学生在学习中往往会受各方面因素的影响,对学校实际教育管理产生了较大的障碍。因此教师需要对学生心理有更全面的了解,把心理学的知识运用到实际教育中,以掌握学生的心态转变和精神面貌改变情况等。而心理学在对学生的教育管理中的运用,对学校管理效率的提升更为有益,能有助于教师更加系统化以及有条理地完成学校管理,从而提升学校整体的教育效能水准。把教育心理学知识运用到学校教师管理工作中是有预见性的,能对学生的学习情况和目的等有更详尽的掌握,也便于学校教师与教育管理人员的工作实施。

(二)学生教育管理中学生心理问题表现

中小学生在成长过程中,由于受到社会生活各方面负面因素的影响,也会产生许多社会问题,如在个人心态方面。某些学生由于学习上的失利,心态上会受到影响,影响进一步学习的动机,从而产生了精神不振等问题,进而对学校的整体状况造成影响。而中小学生在自身心理健康方面的行为问题也比较突出。有的中小学生自觉性较为欠缺,产生了自傲浮躁和自卑心理以及懦弱等情况,这些都是具有较多负面因素的社会问题。

二、学生教育管理中的问题成因以及应用策略

(一)学生教育管理中存在问题的成因

学校德育管理工作当中的问题相当多,这必须对现实问题成因加以详细分析,如此才

能促进现实问题的解决。以传统的教育管理方法,把学校视为严格管理的对象,而没有对学校的教育管理模式科学化。在金字塔式的教学管理机制下,中小学生比较易于形成逆反心态,这也不利于进行对小学的教育管理工作。此外,由于对有心理问题的学生过分关心,这也会对我校的教育管理工作形成影响。再者,在学校的德育管理工作进行流程中,以及在心理学的团体活动展开流程中,因为没有系统化的教学管理工作,很难实现所期望的德育目标。由于心理老师和辅导员,缺乏对社会心理学的应用系统科学的掌握,很易导致学校教学管理工作的失控。加之对学生的教育管理工作的两极化,这些因素都是导致学校教学管理工作低效的主要因素。在学校的教师管理工作实践中,由于对中小学生的个性与特点未能进行足够的关注,这对教师的教育管理工作也形成了一系列负面影响。每位学生都有自身的特点,而教师只有能够理解学生,并使学生的特点得以合理发展,才能够调动学生的学习潜能,从而发挥教育心理学的功能。

(二)学生教育管理中心理学应用策略

在学校教育管理的过程中,使用心理学就是科学,所以笔者结合社会实际对教育心理学的使用策略加以探讨。

1. 建立和谐的师生关系。唯有重视学生与教师间良好关系的建立,方可有效发挥教育心理学的积极功能。在教育心理学理论中,教师交流是教育心理学应用中成败的关键问题,通过加强与教师之间的沟通交流,对于教师了解学校各方面信息都具有意义,也可以使老师比较详细地掌握学生的各方面状况,以便选择针对性的方式来进行教学管理。在教育心理学的实际运用中要保障老师的教学积极性,调动学生主体性,使之发挥自我潜能。唯有重视建立和谐的师生关系,才能促进学校教学管理的效率管理水平的提升。

2. 科学把握罗森塔尔效应。在实际的教学管理过程中,学员们对老师的动作和表情等都会更加关注,而唯有当老师足够相信学生,学生的学习积极性和主动性才能得到有效充分调动,学员才能主动配合老师的教学管理。同时老师也要重视对学生的表扬和引导,使学员更能体会到老师对自己的信任与信心,以便参与整个课堂过程,从而提升课堂的教学效果。

3. 强调以人为本教育。对人本主义的教育理念的融入对我校的人文教育也相当关键,在我校教学管理中,要强化对学生的生活和学业等方面的管理工作。在对中小学生的管理工作中,老师要强调学生的主体地位,调动学生自我管理的积极作用,如此就可以更好地呈现出老师管理工作的有效性。而老师的言行态度和职业道德素质等对学生产生的影响也是巨大的、潜移默化的,因此老师也要做好榜样,促进学校发展。

4. 提高学校心理健康教学有效性。通过开展团体心理健康指导课程,可以帮助学生建立健康的心态,让学生用积极向上的情绪来处理学业和生活上的问题。在具体的心理教学的实施过程中,要寓教于乐,使学生体会到心理教学的兴趣和实用性,这样才能促进心理教学的深入发展。要将学生团体心理健康指导工作纳入学生平时的学校管理当中去,主动调节学生情绪,把学校的心理健康指导工作与现场教学和随机教育紧密联系,培育学生的健康心理,这样才能真正促进学生的全面发展。

5. 不断完善心理健康指导制度,建设优化心理健康指导团队。详细全面地考虑各个领域的问题,严格依据相关制度加以操作落实。要全面关注心理健康辅导团队的建设,强化对心理健康辅导教师的专门训练,使心理健康课后指导得到科学化发展。

三、结语

学校德育管理的开展,与学校的现实发展紧密相联,要强调主动性,要注意科学应用心理学专业知识。唯有保障中小学生的身心健康发展,才能保障学校教学管理的顺利进行,并帮助学生在校园中积极地成长。

参考书目:

[1] 张润柱.提高课堂教学有效性的策略[J].教育理论与实践,2014(23):2.

[2] 刘德芝,王红.课堂教学中教师低效行为研究[J].山西煤炭管理干部学院学报,2014(2):2.

[3] 赵香元.基于新课程改革的有效教学初探[J].湘潭师范学院学报,2014(3):3.

正人正己　立己达人

全素花

班主任工作任重道远,既要教书更重在育人。它是一项特殊而神圣的职业,虽然班主任的“官职”很小,但是肩负着每个学生家庭的梦想。班主任的一言一行、一举一动都深刻地影响着学生的成长和进步。因此作为班主任,你必须首先要严格要求自己,发自内心热爱这份工作,才能真正体会这份工作的意义和价值。

首先,做好班主任工作须“正人正己”。孔子曾言:“其身正,不令而行;其身不正,虽令不从。”所以要求学生做到的,教师首先要做到,而且要做得更好,更具有示范性,在无形之中为学生树立榜样。班主任的世界观、品德、行为、对每一件事的态度,都会这样或那样地影响着全体学生。所以班主任要有良好的职业道德与使命感,有为教育事业无私奉献、甘为人梯、善为人梯的精神。每次参加班主任培训时,了解了许多班主任工作事例,总会提到大爱无疆,这对我触动很大。使我深深认识到作为班主任,要用自己满腔的爱去关心、尊重每一个学生,要耐心细致地去指导每个学生,体现出班主任的责任心。如:教育学生遵纪守法,教师就不能有违法乱纪行为;告诉学生要尊重他人、语言文明,自己却满口粗言秽语,学生也就不可能得到纠正。教育学生劳动不怕脏、不怕累,教师就必须做到亲自动手,吃苦在前,做好学生的带头人,否则,即使你说得天花乱坠,头头是道,而不注意自身修养,也不会得到满意的效果。同时班主任还要有严谨的治学态度、精深的学科专业知识储备和广博的科学文化知识。因为班主任还担任着教学工作,而与学生最经常接触和交流的是课堂教学,我们殷切地希望学生们能珍惜时间、勤奋向学、虚心求教,从而学有所成。为此在教学工作中,我始终坚持不断“充电”学习。在 2012 年时我通过充分的准备考取了内蒙古师范大学化学教育硕士,又经过三年寒暑假不懈努力、勤奋学习,取得了教育硕士学位。平时我总是翔实备课,积极参加各种教学活动,经常虚心向同事求教。所谓“学高为师,身正为范”,班主任时时事事“正己”做学生的表率,也必将“正人”教育出品学兼优的学生。

其次,做好班主任工作要“立己达人”。在教育工作中要努力做到“立己”方能“达人”。我们想成为一名受人称赞的班主任和教师,就要深深意识到师爱是最神圣的,其神圣之处在于它有很强的原则性和崇高的使命感。教师要做到爱而有度,严而有格。在社会急剧变革的今天,多种思想文化的冲击,新旧价值观念的冲突,激烈的竞争,以及拜金主义的侵蚀,无不冲击着孩子的心灵,基于这种大环境,热爱学生与严格要求相结合应是教育的基本准则,让学生体会什么是真诚的爱,用实际行动去爱,但面对各种因素,我们务必要做到对学生的关爱一视同仁。学生对老师的态度是十分敏感的,一句亲切的话语投到学生的心中,会激发他们的上进心和敢于同困难做斗争的必胜信念。同时,对于他们所犯的错误,绝不能随便放过,要帮助他们究其病因,以便杜绝。坚决用同一个标准衡量学生,绝不是仅仅以学生的成绩来做评价。

对于学生来说,信任更是推动其上进的力量。我们班上也有几位同学在学习上有些困难,有的同学是因为学习目的不明确,再加上自己贪玩,家长过于溺爱,教育方法不正确,导致孩子学习成绩及各方面都比较差,常受到同学们的冷落。通过一段时间的观察,我掌握了该生的一些基本状况,与他们单独交谈,让他明确了学习的目标,学习成绩自然也就有了明显的进步。再如有的同学是因为思想懒惰、不认真听讲、作业不按时完成,学习习惯较差,造成成绩上不去。针对这种情形,我帮助他努力克服自身惰性,纠正了学习习惯,让他变得爱学习了。作为班主任,对于这些特殊学生,首先亲近他们,尊重他们,在学习上耐心引导,生活中热心关怀,经常同他们交谈,了解思想状况,抓住时机,尽量做到多表扬、多鼓励,多给他们改错的机会,使他们感受到来自各方面的帮助,重树自信心,尽快提高学习成绩。班主任要走进学生的心灵,班主任是班级的组织者、教育者,必须要善待每一个学生,做好与每一个学生的沟通交流,缩短师生间的心理距离,与学生“打成一片”。时刻注意发现学生身上的闪光点和学习中的长处进行因材施教,树立学生的自信心,让学生们“亲其师信其道”,如此我们不仅可以在教学中和学生一起教学相长,还能顺利地开展班主任工作,成为有满满成就感和幸福感的老师。更使学生们志存高远,学有所获。

教育是一门科学,育人成才是一种长期精雕细刻的艺术,在工作中只有不断地“正己、立己”,才能“正人、达人”,培养出适应社会需要的高素质的人才。我会争取在今后的班主任工作中,多学习各方面先进经验,不断改进和提升教书育人的方法及水平,积极探索,善于总结,成为一名有智慧受好评的班主任。

第六集

苦也·乐也

学无止境　教亦无止境

赵日杰

千年之前，朱熹先生写过一句诗：问渠那得清如许，为有源头活水来。意为水之清澈，是因为有源头活水不断注入，我想我们读书、工作甚至做人也如同这个道理。只有思想永远活跃，以开明宽阔的胸襟，接受种种不同的思想，鲜活的知识，广泛的包容，方能才思不断，活水长流。正如教书育人，学无止境，教亦无止境。

班主任工作也是如此，需要我们不断地学习，不断地思考，班主任怎样才能更好地与学生和谐友好地相处，怎样才能帮助孩子健康阳光地成长，让高中阶段的学习生活成为实现同学们人生理想的铺路石，是每一位班主任始终要思考的事情。回顾从教之路，总觉得自己是幸运的，年逾不惑，如果问我最值得骄傲的事儿是什么，那可能就是，我一直在当班主任。工作 23 年，班主任经历 22 年，空白的那一年我初为人母，初中两届，高中六届。

细数这二十年，磕磕绊绊，所幸一直都行走在路上，苦与累，却从未间断。

首先是读书。学习不懂的知识，认识未知的世界，提高自己的个人素养，从而遇见更好的自己，见到更精彩的世界，让自己拥有更好的选择。我充分利用自己是语文老师，再加上自己也喜欢读书的优势，积极引导学生，鼓励学生多读书、读好书，读书成为我作为班主任一直努力倡导和积极推行的事情，对我个人而言这不但因为我是语文老师，更与班主任工作息息相关。我喜欢充实班级的书架，鼓励大家积极给同学们推荐好书，给出推荐理由。感谢同学们把自己的书拿来与大家分享。在级部的倡议之下，每周二晚自习让同学专心读书，只要是积极健康的书籍都可以在自习课上阅读，在班会上增加读书交流的环节，谈谈你最近读过的好书。把同学们的读书笔记装订成册，再分享给大家作为纪念。也要求自己多读书，跟上学生的节奏。因为我相信一个爱读书的孩子品行是不会差的，一个常读好书的孩子是会志存高远的，这样的孩子会给班级注入正能量，如果有着浓厚的读书风气，那么班级会一直向一个好的方向发展，从而达到不治而治。让学生感受到读书的意义，感受到她的好，然后继续读下去，从中受益，是我一直在努力做着的事情，班级的阅读之路虽曲折，所幸也一直行走在路上。

除了读书还有写信，我一直相信文字的魅力有时比语言更丰富。面对一些看起来冥顽不化的学生，语言总是显得太苍白，学生们往往是道理都懂，行动力却差一些。我喜欢选择写信的方式，诚诚恳恳地写一段或几段文字，把自己用语言表达不清的情感书写出来，回头看看会把自己也感动得唏嘘不已，这样还可能避免自己因动怒而激化矛盾。每逢此时，学生也是感触颇深，他们往往会有回信，这种古老的方式常常会有意想不到的效果。我会主动写，也会鼓励学生去写。2011 年 9 月我们高三了，要搬进 2 号楼，我在信中说乔迁是为了高三，希望同学们能勇敢面对，拼个无怨无悔。即将过去的这个暑假我给孩子们留了一个作业就是给班主任写一封信。2012 届入学伊始我让学生写了一篇自我介绍，规定了一些内容，比如自己的优点、缺点，三年的学习计划，理想的大学专业等，2015 年高三 3 月 20 日模拟考试之后我把保存了三年的有些破损的这些自我介绍发给了大家，发的时候没有公布姓名，只是往下读，让学生猜测主人。有时候快要读完了还有人没听出来这是自己写的文字。然后我说："希望大家不忘初心，砥砺前行。"没想到班级一片哗然，有激动，有感慨，甚至还有人不相信这是自己三年前写的，他们从中看到了自己的成长，看到了自己当初豪情满怀的承诺，又审视了今天的自己，我抓住这样一个契机开了班会，让同学们畅谈自己的感受，释放自己，在高考倒计时百天的日子里能有一颗从容淡定而又拼搏向上的内心。放学时大家竟有意犹未尽的感觉，至今让人记忆犹新。这让我想起木心的小诗《从前慢》，诗里说从前的日子变得慢，车、马、邮件都慢，文字的力量就是这样恒久而深厚，可以春风化雨，感人至深。带每一届学生进入高三时，我都会隆重地开一次班会，并将班会命名为"寻找自己高考光荣榜上的位置"，因为学生面对上一届的高考成绩时，我捕捉到了很多复杂的情绪，高亢的，低落的，有信心的，无奈的，我觉得这是一个好的契机，我把高考光荣榜解剖成一个立体的金字塔，这样层次更分明一些，让大家思考在这个金字塔上你现在的位置，拼搏一年后预期可以达到的位置，并让学生以写给自己的信的形式完成，其实书写的过程就是整理思维的过程，印象更加深刻。从这些文字中我们往往会读到学生内心的释然，而这也正是我们想要的东西，稳定的心态成为决胜高考的有力保障。每一届学生毕业时我也会把毕业证一一发到学生手里，每一个学生都会有针对性地说一句话，有一个孩子叫罗琪，他嫌弃自己这个名字"太娘"，就要求我们叫他罗建刚，毕业时我对他说："希望三年的成长，你能在罗琪和罗建刚这两个名字中有一个正确的选择。"又对呼斯尔说："希望在高考考场上你能坚信自己写完 800 字的作文。"因为他认为自己写作水平太低，经常不写作文。那个时刻总是为学生感动，为自己幸福，希望学生们在高考时拥有一颗淡定而又昂扬的心。

曾经我带了四个男生，一个宿舍，一样叛逆，他们四个抱成团对抗老师，每天早晨因为洗头，每天下午因为踢球迟到，抽烟，上课玩手机也是平常事。三年来，我们师生之间有过数不清的正面或侧面的较量，彼此之间都积累了丰富的"对付"对方的经验，可是我觉得自己心很累，就决定改变策略，用无声的行动代替说教。每天早晨我会给他们中的一位打电话叫早，下午我会去球场督促他们提前回教室，自习课上玩手机我就长时间地站在他身边，一段时间后，我给他们四个集体写了一封信，在信中表达了老师对他们诚挚的期望，在回信中我也看到了精诚所至、金石为开的力量。

多年班主任工作的经历让我学会了包容与淡定，坦然面对学生所犯的错误。从前的自己眼睛里揉不得一点沙子，不允许学生犯一点儿错误，发现学生稍有差池立刻暴跳如雷，惶恐不已，随着年岁渐长，我意识到会犯错误的学生才是真实的，既然有些问题逃不掉，躲不开，那我们何不坦然面对，欣然处之，合理建议，积极改正。学生会犯错，作为班主任的自己同样也不是十全十美的，发现自己错了，我也会真诚地道歉，这样非但不会有损自己的形象，反而让学生更加信任老师。人非圣贤，孰能无过，过而改之，善莫大焉，老师给了学生机会，学生回馈老师以宽容，这就是一场心与心的相处。

当然,接受问题存在并非置之不理,能容错是一种胸襟,会纠错是一种艺术。用阳光心态去影响学生,方式也应该是多种多样的,不一定要一味地唠叨,责罚。曾有一个学生非常优秀,模拟考试考砸了,情绪低落,给自己的高考判了死刑,之前这样不稳定的情绪也出现过,谈心讲理似乎作用不大,我都觉得黔驴技穷,不知该说什么了。索性找了一个阳光明媚的上午,把这个学生约了出来,去散步,吃雪糕,他唱歌,我讲笑话,上课铃响了,我又把这个孩子送回教室,自始至终,没提学习,不谈成绩,但是我觉得他很开心,很轻松,他理解老师这么做真正的用意,我也感觉自己这么做对了。

从前我觉得学生的天职就是学习,学生戏谑地说,分数是学生的命根,其实我作为老师也曾这么认为,每天满脑子想的都是成绩,分数,排名,见到一个学生脑海中第一个念头竟然是他考了多少分。后来经历得多了,摔的跟头也多了,才明白这样急功近利会适得其反,一个孩子的成功是综合实力的较量,只会学习的孩子也是可悲的,我们不光要学好书本知识,更要学会有品质地生活,优秀的高中生应该是有眼界,有胸怀的。于是就想改变自己的关注点,从最关注学生学习转变为最关注学生内心的平静,脸上的笑容。努力去做一个有胸怀、有眼界的班主任。在学习上每个学生都有自己应有的位置,自我放逐的孩子其实很少。就像每一朵花都将绽放,只是花期不同。只要心理健康,积极上进,合理地调整自我期望,达到自己应有水平就是成功的。我应该学会坦然接受学生学习成绩的波动起伏,允许学生有差科存在,每个人都有上进心,只要把内心的各种魔念驱除出去,学习成绩自然会提高。之前我的一个学生因为种种原因,已经很久没有上课了,去看他的时候,自己内心的那种难过无法言说,我想只要这个孩子能够快乐地回到集体中,其他都已不重要。因此,我鼓励每个学生都能发挥自己的特长参与有意义的活动。

当了这么多年班主任,见过形形色色的学生,自认为自己很爱学生,很努力地去做一个好老师,每一届学生到最后都能带给自己一些小小的喜悦感、成就感,内心总感觉自己很充实,似乎可以游刃有余了,可是每当接手一届新学生时,又觉得自己像一个手足无措的新兵,每三年一届的学生竟是那么的不同,变化太快让我应接不暇,逼得自己得不断学习,不断改变。2016 年自己的女儿上高中了,作为母亲,作为高中生的家长,我竟然忘记自己是一个摸爬滚打了二十多年的班主任,似乎变成了门外汉,尤其孩子高三的时候,那种莫名的焦虑,担忧,惶恐,对于每一次成绩的看重,和孩子的艰难沟通,那段最难熬的日子幸亏身边有很多同事的帮助,突然之间我意识到,我的学生在高中这三年尤其是高三所承受的身体、学习、交友等方面的困惑和压力,我到底了解多少,关心了多少,学生到底对班主任信任度有多少,他们出现这样那样的难题的时候是怎样调整的,会第一时间想到我这个班主任吗,会不会有学生因此而影响了他们的选择,我是不是做得还不够,我是不是应该更努力一些?也许只有经历了才有了深刻的感受,原来让一个老师成长的除了你自己还有你的学生,我学会了反思,学会了换位思考,我也第一次感觉到想做一名优秀的高中生有多么不容易,做青春期又面临升学压力的父母有多不容易,想做一个优秀的有格局有远见的班主任更是多么不容易。我意识到自己年轻时不理解学生的父母,人到中年了又觉得不理解学生了,所幸朝闻道而可以夕死矣,现在开始反思可以让自己以后更好地前行。

班主任工作让我备尝教育的酸甜苦辣,曾经有一段时间对自己忙忙碌碌压力颇大的工作感到倦怠，可是我很快发现这其实是我人生中最浓墨重彩的一笔，在学生身上，我看到了自己的价值，虽然艰辛但是开了花，结了果，在默默地耕耘中，我品尝到了人生的充实感和幸福感。不求轰轰烈烈，只求踏踏实实，因此我很感谢那些奋斗的日子。更想感谢的是这些年来一直陪伴在身边的充满正能量的同事们、搭档们，有你们能让我心安，让我有努力坚持的勇气，让我困惑时感觉自己不孤单，感谢一路有你，感谢生命中有你。

教学相长　师生同行

柴　媛

作为教师,无一例外,我们曾经都是学生。

我们的知识是老师手把手教的,我们的经验是老师口耳相传的,我们的信心是老师树立的,我们的视野是老师开拓的,我们的情怀是老师培植的,我们的品格是老师砥砺的,我们的思想是老师影响的,我们的性格是老师塑造的,我们的生命是老师润泽的。

是老师成就了我们。作为学生,我感谢我的老师。

同样,作为老师,我也感谢我的学生。

是学生,是各种各样的学生,促使我在繁复的工作间隙,没有忘记思考。

己所不欲,勿施于人。古人可能是想让后人学会尊重。我们当学生的时候,不喜欢什么样的老师,那我们就避免重蹈覆辙。我们当学生的时候,不喜欢被要求做的无用功,那我们就不要让它再次轮回。学生有学生的隐私,学生有学生的人格,学生有学生的缺点,学生也有学生的尊严,一个未成年人,无论如何,是需要一个成长的空间的,甚至是需要试错的机会的,教师需要尊重,也应该尊重学生。那就从识记学生的名字开始。记住那些被家长寄寓厚望的独一无二的名字,在初次见面的开学第一课上准确无误并且声音洪亮地念出来,就是尊重。如果课下还能对着学生的名单琢磨琢磨,想象演绎出一连串的寓意,即使是一个美丽的误会,那也无妨。毕竟,当他日后课上犯困、不写作业的时候,我们或许还能在那稚嫩的面庞上多看出来一点可爱与明朗。

苔花如米小,也学牡丹开。学习从来不是立竿见影,可能更像是水到渠成。盛夏的果实,要拜时间所赐。多一分耐心,学会等待,学会倾听花草拔节的声音。倾听,就要俯下身子低下头。多少次,面对犯错的学生,我们总是不由分说,总是劈头盖脸,总是咄咄逼人。狂风暴雨往往带来摧残和反抗,和风细雨可能才像人们说的润物无声。遇到问题,如果让学生先说呢?

在时间的洪流中,牙齿终挨不过舌头。所以,老庄讲示弱。有一个学生,总是找来古怪刁钻的试题问我,当我绞尽脑汁百思不得其解的时候,只见该生满面春风两眼含笑,左顾右盼甚为得意。我才明白醉翁之意不在酒的奥义。怎么办呢? 这些没有“天理”的地理题就像他的撒手锏一样,让人招架不住,只剩下难堪。那就示弱。当我明确表示一筹莫展时,他似乎早已迫不及待,不失时机地当着同学给我讲解了一番。看着师生目瞪口呆恍然大悟的表情,他很是高兴。我的判断是对的,难为老师,多幼稚的行为。“悲剧”上演多次之后,我找到了破解的法门:在课堂上盛赞该生的聪颖,并让其课前为大家讲解。从此,一个昂首阔步的少年在三尺讲台有了一席之地。他不仅不再难为老师,而且逐渐成为地理“达人”,俨然大师兄的样子。示弱,让我从容地走下了“台阶”,也成全了一个调皮的学生。

无数鲜活的例子,让我们总结经验教训。无数渺小的思考,让我们回望身后的道路。

老师与学生,口耳相授,薪火相传,教学相长,一路同行,世间美景万千,温情不过如此。

“多面手”是怎样炼成的

马晓伟

十六年的工作生涯，将近十年的班主任工作经历，回想起来，还真是奇怪，竟然每一届学生的风格特点都不相同，总以为自己工作的时间较长，遇到的问题也够多，可每次带班总能遇到新问题，静下心来回想，这些问题的处理还需要老师具备一定的基本功。

首先，我觉得作为一名班主任要学会“包打听”。

新同学一入学就要做好学生家庭及个人情况的详细调查，比如是否是单亲家庭、是否有宗教信仰、学生性格特点及喜好等情况，并把这些情况及时与各科任老师沟通，这样做有助于我们采取相应措施管理教育学生，尤其是一些特殊家庭的孩子，有时他们对某些问题很敏感，我们一定要做到胸中有数，不伤学生自尊，让学生充满自信。

其次，我觉得作为一名班主任需要具备各种职业的一些简单技能。学生无论遇到什么问题你都得能给他们一个满意的答案，这样能让学生对你有充分的尊重与信任，现在学生娇气，稍微有点不舒服就觉得严重得不得了，老师要学会判断一些病情是否严重，做出正确处理这些情况的决定；学生间闹矛盾，我们得学会公平公正地调解，这时我们的角色又像是法官；丢东西的事在班级也是时有发生，这还需要我们有火眼金睛；有时学生还会产生各种不良情绪，那我们要做好学生的心理工作，履行心理咨询师的职责；学生找不到倾诉的对象，我就充当他们倾诉的对象。

再次，我觉得作为一名班主任，还得有一双会发现的眼睛，不仅能发现学生的优点，更要及时发现学生的缺点，以帮助他们尽快改正。记得有一个学生初一刚入学时，我就发现他有一个极不好的习惯，他总是把十个手指的指甲逐个放在嘴里用牙啃，指甲不长也要啃，无论是在听课，还是在思考问题时都是这样，除非两只手都占着时才停止这个动作，我找他谈过，他自己说也很痛恨这个从小就养成的坏习惯，但却改不掉，我听完后与他约定，帮他改掉这个毛病，从那以后我上课时，用我们的暗语提示他注意，到后来只需我给他一个眼神他就能明白是什么意思，我的提示次数越来越少，他的坏习惯也离他越来越远。后来他竟然一整天都不会有一次那样的动作，我打心底为他这一改变高兴，他自己也为这一改变而欣喜若狂，为他这一坏习惯头疼坏了的父母更是激动不已，还特意向我表示感谢。

再有，作为一名班主任还得学会“说谎”，当然说的“谎”必须是善意的。比如有的学生觉得自己在各方面都不如别人而感到自卑时，我们得找出他们的优点并添油加醋地加以肯定，尽管这优点连自己都觉得牵强，这样同学们也就不会瞧不起他，他本人也就会拥有自信，在集体中与同学们和睦相处。我们班有一位同学，学习差、反应慢，什么爱好特长都没有，刚入学时同学们谁都不愿和他来往，有的同学甚至还总欺负他，我就极力找他比别人强的地方进行褒奖,比如我有一次看到他值日时擦地很卖力,我就顺势夸了他,并强调说全班其他男生没有一个擦地像他这样认真负责的,从那以后他就生怕别人拖地超过他,所以干得更起劲了,真的做到了在劳动方面让其他同学汗颜。

另外,班主任要正其身,树立个人威信。一般来说,学生都有"向师性",班主任要教育好学生,不管是从生活上,还是学习上,都必须从自身做起,为学生树立一个好榜样。例如,要求学生养成良好的卫生习惯的同时自己应该有良好的卫生意识;要求学生注意仪容仪表,就要从自己的仪容仪表抓起。要求学生遵守校纪校规,就必须自己先做到上班、上课不迟到、不早退,严格遵守学校里的一切规章制度。我也会主动打扫班级卫生,和同学们一起大扫除;有同学生病了,我会主动看望或问候;生活上有困难的学生我会给予生活上的帮助。班主任在学生面前更应该注意自己的言行,该严肃的时候就严肃,该和蔼时要微笑,但原则不能丢。

作为一名班主任还要学会用多种方式对学生进行思想教育,说不定哪一种方式就会对学生产生一种无形而有具大作用的动力。

我在每个学期末为学生在家长通知书上写激励性评语,有的同学就特别珍惜,每次都用手机拍下来收藏,时不时找出来读一读,感受老师对他的关爱与赞许,元旦的时候,我给他们每人一张贺卡,并用心写上我的祝福语,这更让他们欣喜万分,颁布各种奖状时要配以颁奖词,这对他们来说也是无法忘怀的瞬间。班级里要求养花,我并没有买来或要求学生从家里拿来现成的花摆放,而是找来花盆,让学生找来适合种花的土,并从我家里剪来一些花的枝杈,与学生一起共享它们慢慢长大的过程,并让学生体会花在生长过程中体现出来的顽强精神,这个过程也让同学们明白很多道理。所以说班主任用不同的方式对学生进行积极的思想引导,这种潜移默化的作用不可小觑。

总之,我觉得作为一名班主任需能上得了讲台,跑得了操场,看得了小病,化得了矛盾,忍得住怒气,挤得出微笑,直得起腰做人,伏得下身育生。其实我们是一名优秀的演员,我们扮演的角色绝不唯一,喜怒哀惧哪一样都能演好。我们要把自己定位为学生心目中的男神女神,才能有信心干好我们的班主任工作,才能让学生信服。班主任工作是一门技术,也是一种艺术,我们不仅要做技术过硬的班主任,更要把这项工作做成让人称赞的艺术。

铁打的班主任

刘志春

同事十年，我该怎样评价学敏呢？流水的班级，铁打的班主任，对，这句最贴切。我校刚组建初中部时，学敏任五班班主任，第二届，学敏任九班班主任，第三届，学敏连任九班班主任，第四届，学敏任六班班主任。十年里，她有九年当班主任，一年因休产假，暂时缺席班主任行列。

冬天早上六点五十多，三号楼学生尚且寥寥无几时，学敏身着黄色长款羽绒服的身影小跑进教学楼，冲上楼梯，略过办公室，直奔班级。有时她会第一个按开班级的灯，脱掉外套，抖落一身寒气，满教室巡视一圈，确定没有什么异常，开始了她和学生的早自习之旅。她经常是"泡"在班级里的，第一节课预备铃已然响起，学敏还站在讲台上或是训话，或是看着学生朗读笔记，上第一节课的我经常看见她转身回办公室，而她的外套还静静地搭在讲凳的椅背上。

每个课间，班级到办公室的走廊上，着碎花小衫，下搭百褶裙或直筒裙的身影会准时从办公室出来，目标明确地走向班级，她脚下快速而稳健地移动，风风火火，裙袂轻扬。总计二十多步的距离，她硬是走出女汉子的节奏和气场。下一节课预备铃声响起，任课老师已站在讲台上，学敏还在细细叮嘱，意犹未尽，直到正式上课铃传来，她才恋恋不舍地走了。

学敏先天条件极好，仿佛就为班主任而生的。第一届五班在一楼西侧，我们在二楼东侧经常能听到她铿锵有力的训话，我们私下经常说她可能需要挥舞着手，歇斯底里地喊才能有那样声震屋瓦的效果。倘若路过她的班级，就会看到学敏两手抱着肩，小丁字步，神态甚是悠闲，她天生的金嗓子，仿佛自带高能音响。经她一手栽培的亲传弟子林鑫完美地继承了这一特点，上下课林鑫喊一声："起立！"经常震得我们一哆嗦。十年，班级换了一轮又一轮，不间断地喊下来，金嗓子也受不住了，自觉配备了"小蜜蜂"，班主任工作对体能的消耗真是不容小觑。

学敏管理班级事无巨细，学生读书，身体板直，两手将书竖放在桌子上，后面格子里书都摆放在左侧，桌子横纵都是一条直线，整齐划一，张老师在第一次听过学敏上课后曾感叹："学敏带的班像个部队，她一声令下，全体操练起来。"经常看到她魄力十足地训话："班干部，拿出你们的魄力，拿出你们的精气神儿！"那样子颇有几分率领千军万马的霸气。

学敏批评学生很是"别具一格"。

她对擅自改校服的同学如是说："什么季节了，你还穿着七分裤，回去整成十分。""一个男生,那裤腿细得像鸡腿,好看吗?”

刚开学时我在上课,学敏悄悄从后门踱进班级,俯身压低声音问一个男生:“老师让干什么?”那男生回答:“老师让边读边批注。”学敏音调突然提高三度:“那你咋不听话?咋咬手指头?先写,等老师说全班咬手指头,你再开始咬。”班级各个角落爆出几声“嗤嗤”的轻笑声,她一眼扫过去,很多同学立刻捂住嘴,两肩抖动,脸色潮红,极力掩饰的笑声欲罢不能,包括我。她的幽默、搞笑让同学们经常像听相声、听脱口秀,即使被批评也甘之如饴。

去年冬天搞笑的学敏自己搞笑了一回。事情经过是这样的,一天下午,学敏在班级转了几圈,拉开羽绒服拉链,迈着大步,感觉颇爽,不像每天走路牵牵绊绊的感觉,一低头,她猛然发现自己没穿裙子,只有打底的棉裤。学敏若无其事般走出班级,抓起电话就给主任打过去:“领导,我得请十多分钟假,回家穿一下衣服。”我后来脑补了主任的表情,半张着嘴,轻皱眉头:“什么意思?你,你再说一遍。”事后我们几个知情者爆笑,学敏笑得更是恣意任性、欢畅之极,揉着肚子,前俯后仰,笑声抑扬顿挫。

她并不是粗线条的人,相反很细致,分来的每个学生小到兴趣爱好,大到家庭、成长经历,浅如日常表现,深如性格成因,学敏都门儿清。学生毕业几年,她和人谈起来滔滔不绝,如数家珍,直让人怀疑她是潜伏在教师队伍里的“间谍”。

当了班主任的学敏经常很健忘,因为急着来学校偶尔忘记穿裙子,班级、办公室、另一个班级间来回穿梭,常常忘记喝水,以至于怀孕后期得了肾结石,那段痛苦的经历让那大保温杯成了她以后的“标配”。

她很健忘,忘记的是自己,她记性很好,她记住的都是学生,教过的所有学生。

做一滴润物细无声的春雨

李伟卓

“亲其师，信其道；尊其师，奉其教；敬其师，效其行。”

我国古代第一本教育专著《学记》中的这句话很好地诠释了良好的师生关系对于学生的重要影响——良好的师生关系能使学生用良好的情绪去面对学习。在教师的日常工作中，良好的师生关系是班主任顺利开展工作，进行班级管理的前提。当然，它不仅关系着师生之间的教与学，也关系着每一位老师和学生的生活，所以这是一个需要每位老师不断去探索和研究的课题。

在我看来，良好的师生关系，就是一种互相尊重，彼此理解，亦师亦友的关系。

一、民主公平，是滋生师生关系的沃土

要想建立良好的师生关系，首先就要做到民主公平，可以说民主公平是滋养师生关系的沃土。

在班级管理中，我用三步建起了民主公平的管理体系。

在学生初一入学之初，我和孩子们专门花了一节课时间来一起选定班名，每个孩子把自己对班级的期许，凝结成两个字的班名，逐一写在黑板上，然后经过大家一轮轮投票，最后选定了现在的班名“远航一班”。这个郑重的选定班名的仪式，让每一个孩子都感受到了自己对班级建设的责任，也感受到了参与班级建设的快乐。并且在一轮轮的投票过程中，我们也统一了思想，明确了班级的发展方向。

班名选定后，我又向全班同学征集了班训，最后选定了这句与班名风格和内涵都比较一致的班训：

“笔耕书上除勤奋无他，舟行学海有远志领航。”

最后，也是最重要的一步，就是制定班规。制定班规一定要让学生真正地参与进来，而不是班主任定好了班规，再去征询学生的意见。因为，这样往往会给学生造成这样一种印象——班规是班主任用来管理我们的，甚至会认为班规是针对那些调皮的“坏学生”的。但我们制定班规的目的，恰恰是为了让学生能够自我管理，形成一种良好的班级秩序，是服务于每一个学生的。

我们班班规的每一项条款都是我和学生们经过认真的思考和商量定下来的。所以在后面执行班规的时候，我很少有听到反对意见。学生自己定了班规以后，很多事情就可以用制度说话了。因为我们班实行的是学分管理制度，学生在班级的学习、纪律、卫生、文明礼仪等都以学分的形式考核。做得好加相应的分数，做得不好就扣除相应的分数。学生

犯了错,不用总是批评唠叨,扣分就好了。不完成作业扣 2 分,忘带作业扣 1 分,值日迟到扣 1 分,上课影响老师讲课扣 3 分,课间吃零食扣 1 分,等等。我们班规定,如果一周累计被扣 5 分,就要抄写一遍班级公约,如果扣 10 分,就要抄写一遍班级公约和一篇政史地生知识点。在实行的过程中,很少有学生交不上的情况。而如果学分总分低于 60 分,学生就要通过劳动来赚取班分,值日一天加 2 分,直到补齐为止。

在我们班学分有很多用途,他们的学分可以用来参加拍卖会买东西,可以减免假期作业,也可以购买前排的座位等,所以学生们对学分也非常看重。往往为了赚得学分,会争着、抢着去完成班级事务。

初中的孩子很叛逆,不喜欢听老师和家长的说教,甚至有时候说教还会让一些孩子恼羞成怒,起反作用。所以,我觉得有时候扣分这种简单直接的方式,更能够起到管理他们的作用。班级的加分和扣分都是由班干部负责,这样也能避免班主任对学生形成主观的评价,而导致师生间的矛盾。

我认为作为班主任,最重要的就是要做到公平。要避免善意地理解好学生而恶意地揣测坏学生。建立民主公平的班级管理制度,才能营造和谐的班级氛围,建立良好的师生关系。这一点在我有一次读了学生的周记后感触更加深了。

他们初一入学的时候,我对作业的要求非常严格。有一天,我们班一个学习很好的男孩子早上忘记带作业,中午又忘记带了,我就在班里批评他了。没想到第二周我在判他的周记时,竟然看到他是这么看待这几件事的——

他说:“那天早上,我没带作业,本以为老师会因为我学习成绩还不错,就不批评我了,但是中午的时候老师狠狠地批评了我,还扣了我 2 分。没想到李老师对待我们这么公平,不会因为你是好学生,就特殊对待你。”

有了学生的理解,感受到了民主公平的管理的好处,我更加笃定,要努力做一滴民主公平的春雨,给学生平等的滋润。

二、宽严相济,是发展师生关系的良方

我的第二点做法是宽严相济,相对来说我是一个比较严厉的老师。在班级管理中,很多方面要求都很严格:

(1)班规执行要严格;

(2)纪律卫生要严抓;

(3)仪容仪表要严整;

(4)作业考试要严肃;

(5)文明礼仪要严守。

我觉得要让学生对老师有尊敬之心,对学校和课堂有敬畏之心。所以入学第一学期,我的主要精力就是规范他们的行为和思想。相对来说,初一的时候比较容易做到,因为年龄比较小,又是刚到了一个新的环境,这时候是老师树立威信的最佳时段。

做严师固然能够管束他们,但是要想获得他们的信任,有的时候还要扮演慈母的角色。所以,通常情况下,我会这样做:

(1)遇事先问原因耐心倾听;

(2)学生犯错要给以改正的机会;

(3)对学生的叛逆报以理解的态度;

(4)不过分要求成绩,鼓励全面发展。

这样,学生对我除了尊敬,还能够信任我、亲近我,对我坦诚相待。我很幸运,在担任班主任的五年里,几乎没有被学生顶撞过一次。所以,我一直努力做一滴宽严相济的春雨,让学生既敬畏又爱戴。

三、陪伴,是浸润师生关系的甘露

有一句大家都很熟悉的话:陪伴是最长情的告白。班主任是和学生相处最多的老师,每一天的陪伴,都倾注着我们的心血和爱,也都在加深着我和学生之间的情感。

我会尽量每一天多抽出一些时间陪伴在他们身边。除了尽早到校外,我在班级开展了早起读书的活动。现在每天早上在钉钉群里,叫学生起床和我一起打卡读书。早读完成后,我会发一段激励他们的话到班级群,让他们感受到我对他们的期许和鼓励。

每学期,我都会尽可能抽出时间给他们举行一些班级活动。比如每月一次的拍卖会,美食节、丰收节、化装舞会、绿植售卖会、读书节等活动。在活动中,我和学生成了亲密的朋友,一起吃,一起玩,非常快乐。班级活动是我和学生们之间最美好的记忆,在活动中,我们能抛开学习和课堂上的一切问题,像朋友一样毫无芥蒂地沟通、交流。

陪伴是巩固良好师生关系的最佳途径。常和学生在一起,才能更深地了解他们,发现他们的优点,取得他们的信任。

所以,我想努力做一滴亦师亦友的春雨,默默陪伴着学生。

四、文字,是提升师生关系的养料

当然,我在班级管理中,不是单单采用短平快的扣分加分。作为语文老师,我充分利用自己的优势,经常会用文字和学生沟通。最日常的方法是周记评语,有时会通过写信的方式沟通。去年我又开了一个公众号,不定期发一些关于学生的文章,用这样一种方式,公开地表达我对他们的关注和情感。这些文字,记录了我和学生的点点滴滴,不仅拉近了我和学生之间的距离,也获得了家长们的认可。我们班的科任老师都知道,一班的家长非常配合学校工作,无论我提议什么、要求什么,家长们几乎都是全票通过,一致同意。

家长们的信任,也成了我和学生关系的润滑剂,让我们相处得越来越像一家人。

用心浇灌,静待花开。人们常说,每一个孩子都会开花,只是花期不同而已。作为老师和家长,我们要有用心浇灌的毅力,更要有静待花开的耐心。

永远不要小看自己对一颗稚嫩的心的影响力,也许一个不经意的微笑能如三冬里的暖阳,融化他冰冻的心;也许一句不耐烦的抱怨,就能将他推进冷漠的深渊,冰封他那双充满期待的眼睛。

在今后的工作中我会继续努力做一滴温暖细心的春雨,滋润呵护着那些渴求关注、脆弱敏感的心灵。

五、阅读，是联结师生关系的纽带

我和学生之间最大的共同话题就是读书。为了做他们读书的榜样，我每读一本书，就会在朋友圈发布一次打卡，找时间会把自己的读书心得分享给学生，并且给学生推荐一些适合他们读的书。开始早起读书活动后，我还写了一阵子日记，记录和孩子们一起早起读书的时光，也发表在了公众号里。我们班的孩子普遍都很爱读书，课间总是能看到几个孩子拿出课外书来读。最让我感动的一次，是有天我看到我们班的高艺娟，把我那个学期推荐给他们的书都买来了，并且一本一本读，一本一本记读书笔记。乌申斯基曾说过："教师个人的范例，对于青年人的心灵，是任何东西都不可能代替的最有用的阳光。"我觉得有时候 1 个行动胜过 100 句说教。孩子主动地学习老师，就代表着他对这个老师的接受和认可。

所以我也建议大家，给学生培养一个终身受益的兴趣。可以是读书，也可以是运动，或者是其他的兴趣。既能长远地影响他们的人生，也能消耗他们过剩的精力。课间的碎片时间都用来读书了，班级矛盾减少了，师生间的共同话题增多了，可谓是一举两得。现在阅读已然成为一条纽带，将我和学生的感情联结得更加紧密。

我每天坚持 5 点早起读书，希望能够不断地充实自己，努力做一滴启迪智慧的春雨，引领学生走向生命的深处，去发现生命更深层次的意义。

在班主任的修行的路上，我愿一直做一滴润物细无声的春雨，用自己的行动和爱心去潜移默化地影响每一个孩子。

和伊一一起走过的日子

何晓霞

一年一度的高考已经结束了,又一拨高中毕业的孩子们也即将踏入大学校园。回顾这些年来的工作,自己觉得既充实又欣慰。充实的是:每天忙忙忙碌碌,没有虚度,欣慰的是:努力没有白付出,把更多的孩子们送进了大学深造。任教12年我始终认为,教师去教书育人是天职,这其中教书只是手段,育人才是根本,除了要帮助学生获取知识,更重要的解决他们的思想道德困惑,让他们树立正确的“三观”,身心都茁壮成长,成为栋梁之材。说到栋梁之材就不由自主地想到了她——伊一。

一、走近伊一

记得那学期刚开学一段时间,我就发现伊一这个孩子性格敏感,心理素质较差,学习上时松时紧,容易受情绪影响。在学校表现得极度缺乏安全感,不愿意和周围同学接触,在班级只和她的一位小学同学做朋友。内心十分渴望爱,却又不敢表达。

我通过联系她的初中班主任,询问班级里她以前同学,发现这和她幼年的特殊经历有着很大的关系,父母在她很小时就离异了,她先跟着妈妈生活,后因妈妈再婚又和爸爸一起生活了一段时间,随着爸爸的再婚,她只能跟着爷爷奶奶一起生活。这样的经历导致她的家庭教育有很大的缺陷。由于缺少父母的陪伴,所以极度缺乏安全感,不信任周围的人。父母的再婚让她在生活中总是小心翼翼,对别人的一举一动都很敏感,从不主动联系父母。长期缺少父母的约束与督促,没有好的学习习惯,学习受情绪影响很大。缺少与父母爱的沟通,十分渴望被爱,同时也不会表达爱。

但是伊一有较强的好胜心,做事目的性很强,果断不拖沓;善于观察,善于思考,能很好地寻求到解决问题的方法与途径。这样的性格很大一部分是受到她爸爸的影响,她爸爸在外地做生意,是个很成功的商人,他睿智,头脑灵活,善于与人沟通。虽然不经常和孩子生活在一起,但是比较了解孩子。伊一也渴望爸爸关心她,能多和她谈心。

了解到这些情况后,我主动和她父母联系,讲明孩子的情况,希望父母多关心孩子,哪怕多打几个电话。她的爸爸妈妈都是做生意的,平时都比较忙,和他们沟通后她们都敷衍了事,给孩子打过一两次电话之后就又不管了。我知道后,很是气愤,于是,我借第一次家长会的机会,特意让她爸爸她妈妈都来参加,并要求会后单独和他们谈谈。那天,我把孩子现在出现的许多问题及其可能产生的后果都一一说给她爸爸妈妈听,还给他们讲了之所以出现这些问题的原因。她妈妈听了很惭愧,觉得亏欠孩子太多,说打算接孩子在身边住一段时间,多关心照顾她,增进一下母女间的感情。她爸爸惭愧地说抚养孩子这么多年,不如老师了解孩子的内心。并且表示节假日一定回来看孩子,与孩子多聊天多沟通,周末也尽量抽时间给她打电话。慢慢地,伊一也开始参与同学们的一些活动,不再完全把自己封闭起来。另外,我还让她做班级的文艺委员,让她多组织班级活动,经过一学期组织班级各种文化建设,运动会入场方队设计,大合唱,元旦文艺节目等大型活动后,伊一变得爱说爱笑了,也愿意经常找我商量活动事宜,偶尔也找我谈谈心里话,但每次都是欲言又止,还是有一定的防备心理。我大多数时候都充当倾听者,等待孩子进一步的信任。

良好学校教育需要良好的家庭教育做基础,如果家庭教育有缺陷,在学校教育中,要先观察孩子的性格特点,深入了解每个孩子的家庭成长环境,针对不同情况“对症下药”,进而弥补家庭教育的缺陷。一个人的成长,首先接受的影响就是来自于家庭,来自于父母,家庭是孩子的第一学校,而父母扮演孩子的第一老师角色,家庭对孩子身心健康的重要性是不言而喻的。然而家庭教育常常被人忽视,现代社会各方面的压力,让父母无暇照顾孩子,更不要谈教育了,好多家庭都是孩子跟着老人一起生活。孩子缺失了家庭教育的第一任老师,各式各样的问题就留给了学校教育,而作为班主任,我们的责任更加重大。除了要完成科学文化素质的教育,更重要的是弥补孩子家庭教育所造成的各种缺陷,甚至很多时候需要对父母进行引导说服,来完成家庭教育的弥补。这样才能更好地解决孩子的思想道德困惑,帮他们树立正确的“三观”。

二、伊一犯错误了

伊一上课总犯困,早自习经常以头疼为由请假不来学校。一次,伊一在数学课上打盹,我过去拍了拍她桌子说:“困就到后面站一会儿。”她没理睬我,坐直了,可是不到 3 分钟,她又趴在桌子上了,我走过去又说:“困了就到后面站一会儿吧!”她一声不吭,拿起书走到后面,将书重重地摔在书架上。随着“砰”的一声,班级的空气都凝固了,同学们都看着我怎么解决。我知道我让她到后面这件事碰触到她敏感的自尊心,她在挑衅,等我一发火,她用激怒我来挽回她的自尊。我采用冷处理。当作什么都没发生,继续讲课。她没得逞,开始觉得很尴尬,低着头看书。后来觉得很无趣,就认真听起课。接下来的几天里,我没有主动找她谈话,她也没有找我道歉。但是我发现她上课态度变得很积极,是想引起我的注意,第三天上课时我专门留了一道思考题,让有思路的同学到办公室找我。班级没几个人会做,伊一认真思考了一晚上,第二天早自习就早早地站在了办公室门口。我俩认真分析讨论了这道难题,这件事也随着我俩的相视一笑就过去了。没有其他师生交流中的谈心说教,也没有学生的诚恳道歉,当然也没有再出现过类似的要小脾气。有的时候,相视一笑就是最好的沟通。

后来谈起这件事,伊一告诉我,那些天她正和爸爸闹情绪,因为爸爸现在的妻子怀孕了,她觉得她本来就不多的父爱又要被人抢走一部分。那些天心情极差,后来爸爸回来陪了她几天,给她讲了很多人生道理,让她慢慢学会自立,学会成长,她也慢慢释然了。

在学校教育中,每个孩子都会犯错误,犯错误的原因也有千千万万种。有时是为了发泄自己的不良情绪,有时是想不通,死钻牛角尖,有时又是为了哥们义气,有时又是出于报复,故意为之……有的错误需要立即发现,马上惩戒,之后再进行思想教育,保证它再不发生;有的错误不需要处理,无视它,时间一过错误就不会再发生了;而有的错误需要提醒,需要纠正，但是你无法让它不再发生，只能调整到可控范围之内。所以作为班主任，要时刻保持清醒的头脑，准确判断犯错误的原因，适时有效地给予处理。

三、伊一的信任

高一时伊一总是以头疼为由请假，说自己精神压力太大。我猜测她是晚上玩手机睡得太晚，但我没有说破，也以帮她缓解精神压力为由找她谈心，并提醒她高二学业重要，一定要少请假。她也答应会努力克服，刚开学的一周她没请假，可谁知好景不长，接下来的一个月，她几乎早自习都请假，有时甚至一上午都请假，我向她妈妈问过情况，她妈妈说她最近头疼得厉害，过几天给她找中医再看看。看来她妈妈应该被她蒙蔽住了。我试着和她爸爸把我的想法说了，她爸爸比较了解孩子，也觉得情况不对头，她爸爸说周末赶回来了解一下情况，果不其然，在她爸爸的试探下，她说了实话，她因为和楼上班级男生谈朋友，晚上聊天到很晚，早上根本起不来。她爸爸问我这种情况要怎么办，我告诉他只能引导，不能打压。她爸爸陪她待了一周，慢慢和她谈了男女生相处的恰当距离以及男女生只有有相同目标和发展方向，才有可能长久相处。她在虽然短暂但是浓浓的父爱影响下，慢慢疏远了和那男生的距离，高二第一次月考的失败，让她明白她和这个男生没有共同的目标，这段小风波也随之结束。

事后，她爸爸告诉她幸亏这次老师及时发现，并指导她爸爸进行恰当地引导，才没有在高二这么关键的时刻出现大问题，并且告诉她要信任老师，遇到事情多找老师沟通，把老师当作良师益友！从这件事后，她觉得我是个可以信任的人，第一，我不会戳穿她的问题，不会伤到她的敏感自尊心。第二，我信守诺言，不会把发现的事情说出去，让她的隐私得到了尊重。第三，她觉得我特别了解她，她的一些想法好像总能被我看穿。

打那之后她经常找我谈心，我也知道了她更多的“秘密”。她告诉我，她特别喜欢化妆，总觉得化妆可以吸引到更多人的关注与喜欢，这样就不会像以前那样没有朋友。我告诉她，这样的关注太肤浅，不能让别人长久地喜欢她，只有丰富自己的内涵，用知识和智慧装扮自己，增加自己的个人魅力，才能让别人更长久地喜欢。她还告诉我，她中考没考好，一部分是因为父母离异，故意叛逆不好好学习。还有一部分原因是自从父母离异后，她一到考试就心慌就紧张，还总想去卫生间。我听到这些时，鼻子酸酸的。可孩子在说时，已经异常平静，很难想象当年孩子是怎样艰难地承受过来的。

经过两年的艰难磨合，伊一终于彻底信任我，愿意与我无保留地沟通；我也顺利地把伊一带到学习的主跑道上。在高二升高三的期末考试中，她如愿地考进了全校前100名。记得当时知道成绩，她激动地给我打电话报喜，放下电话没几分钟，她爸爸也打电话对我表示感谢。当时我觉得很幸福，一种只有做老师才能体会到的幸福！

学校教育中，很重要的一点：师生间要建立起牢固的信任，有了信任才能合作，才能更好地进行知识的传授与思想道德的培养，才能一同成长，一同进步。

张康之先生的《在历史中看信任——论信任的三种历史类型》中谈道：“在对信任问题的研究中，我们根据农业社会、工业社会和后工业社会的基本历史形态，以及熟人社会和陌生人社会的交往和人际历史形态，把信任分为习俗型信任、契约型信任和合作型信任。……在今天，具有现实意义的信任关系建构活动就是积极地促进合作型信任的生成。”在学校，老师与学生是合作的共同体。只有相互配合才能更好地进行知识的传授与思想道德的养成。而合作是与信任联系在一起的，合作是促进信任和增强信任的基本途径，信任是一种资源，信任是合作的前提和基础。所以在学校教育中，学生对老师要建立牢固的信任感。

四、伊一的高三

随着紧张高三的来临，伊一的学习劲头越来越足。在高三第一学期期末考试时，她成功地突破了总分600，考了全校第36名。大家都觉得最后一学期的几次模拟考试一定会越来越好！可“320模拟考试”刚结束，伊一就冲进办公室，抱着我哭得不成样子，她泣不成声地说：“老师我考砸了，我又出现了中考时的紧张。”我安抚了她一阵儿，她终于平静下来。调整好情绪回班级继续上课了。可是几天后的一个晚自习，她又哭着来找我，说感觉以后很难考好，她说现在看到班级的其他同学学习很勤奋，就害怕被其他同学超越，说话时眼睛里充满了恐慌和无助。我这次先安抚她，并且告诉她她现在有点轻度焦虑，我建议她寻求心理疏导，并且告诉她心理焦虑是每个人都会出现的问题，是一种正常的情况。其实她现在的学习是没有问题的。而且解决她现在的困难最好的方法就是寻求心理疏导。她在我的引导下，周末由妈妈带着去找心理医生进行了第一次心理疏导。回来后，状态好多了，又约了4次心理疏导后，自信的伊一又回来了。“420模拟考试”虽然不是特别理想，但也进入了全校前50名。“520模拟考试”之前，她主动找心理医生进行沟通，疏导压力，所以，“520考试”也稳定在全校前50名。“520考试”结束后，她申请回家复习，我在和她谈了这段时间学习及生活的注意事项后，给她办理了离校的手续。这期间我一直和她妈妈了解她的状况，她妈妈说学习、睡眠都很正常！我心里还是惴惴不安，就怕她高考中出现紧张情绪，发挥失常。6月8日晚上她的一个电话给我打了一针镇静剂。她说自己估分能上600分，说可能因为长时间没参加考试，在高考考场上反倒觉得很亢奋！我心里的重石终于落了地，我为她骄傲，她成功地战胜了自己的心理焦虑！

随着2019年6月23日凌晨0点18分的一个电话，给我和伊一的这段师生故事画上了一个大大惊叹号！——先是她激动声音说：“老师我考了635分”，接着是哽咽的声音：“谢谢您老师！您是我遇到的最好的一位老师！”

陪伴是最长情的告白，相守是最温暖的承诺。

三年的关心呵护，三年的真情陪伴，换来的是发自内心的尊重，换来的是牢固的信任，换来的是那一句“您是我遇到最好的一位老师！”。

五、“伊一”的故事还没有结束……

我班有位同学12岁母亲去世，跟着父亲和继母一起生活，性格内向，胆小怕事。我俩经过三年的共同努力，成功地突破了500分，圆了他的“一本梦”。他也是“伊一”。

我班还有位同学从小父母离异，跟着母亲和年迈的姥爷从东北老家搬到这里生活，性格暴躁，言语过激，班级没人愿意和他做朋友。我俩经过三年的共同努力，他成为班级最受欢迎“二哥”。高考506分，比中考入学时提高了76分。考取了自己最喜欢的“软件工程”专业。他也是“伊一”。

作为班主任,只要你用心,你会发现周围有很多的“伊一”。他们需要你陪他共同成长,共同进步。让我们倾注自己的真情,来发现“伊一”,培养“伊一”;让更多像“伊一”一样的孩子,把握好自己的人生方向,走好自己的人生路!

做一名有爱的老师,培养有爱的学生

李洁琳

魏书生老师说过,我们总是教孩子,爱祖国,爱人民。这些都太大了!如果一个孩子连自己的父母也不爱的话,他有能力去爱祖国和人民吗?怎样培养孩子爱的能力呢?有一个办法就是:多劳动!所以,我们也不用让孩子把“爱父母”挂在嘴边,只需要培养他们的行为就好了。

一、“懂得爱”,爱劳动

在班级里也是这样,我对孩子们表达爱的方式就是,让他多干活。我越喜欢哪个同学,他干的活一定是最多的。

现在的初中生都不太擅长干活,一是家里没什么家务,二是家长不太想耽误孩子们的学习时间。久而久之,孩子们做家务这根脑神经就不发达了。我班大扫除,劳动委员在活动课大喊一声“大扫除了啊!”哗啦一下,班级同学跑了大半。劳动委员特别委屈地去找我。我到班级一看,还剩下一少半学生。于是我就带领这一少半学生操练起来。先把桌子全部推到南半球,然后拿着从学校领来的地板清,我一点一点把倒在地上,然后学生们每人脚下踩一块钢丝球,一点一点把地板上的污渍全都蹭干净。大家一起干活,也是一件有趣的游戏,同学们一边蹭,甚至一边跳起舞来,大家说说笑笑,一会儿就把地板洗得格外干净。看着亮得可以照人的地板,同学们心里的喜悦油然而生。原来,劳动是这么有趣的事情啊!那些逃避劳动的同学陆陆续续从外面回来,看到干净的地板,也不禁赞叹:真亮呀!好干净呀!我搂住其中一位同学站在门口,问她,干净不干净?她说:干净!“开心不开心?”“开心!”“有没有你的功劳?”她不好意思地低头说“没有”,我又问她,“那下次有没有你的功劳?”她眼睛一亮,特有信心地说:“有!老师,肯定有!”这样,劳动就成了我班一件快乐的事,通过为班级做事,同学们对班级的感情更深了一层。每次看到锃亮的地板,同学们的快乐也就多了一层。

我们班有个男生,刚开始我是想选他当班长的,可是总觉得他身上缺少点什么,可能就是担当和责任感吧。于是,就委屈他做了劳动委员。

这两年我也一直在培养他,没想到,他也真的非常值得培养。当他为班级做的事越来越多的时候,他的责任心也就增强了。

我班值日生每天晚上放学值日,这位劳动委员都会一直陪在最后,一边监督他们值日,一边帮助值日生。久而久之,他成了我们班人缘最好的人,每个同学都特别喜欢他。每次值完日,还向我汇报,老师,值完了,你看,干净吧?我一看,还真干净。有时,我不经意地看一眼窗户，他马上说："老师，我知道了，没关窗户，我现在就去关。"关完了之后还和我贫，"老师，你看，我多了解你，你一看窗户，我就知道你是在提醒我呢。"

看，就是这样一个学生，他的心里有了别人，也就懂得了爱别人。同时，他也尝到了劳动带来的快乐。

还有一个男同学，是我的语文课代表。一开始，我感觉他有点太温柔，缺少点男子汉气概。但是这个孩子特别听话。每次交给他的任务他都不折不扣地完成。所以，他做的事也越来越多，能力也一天天增强。其他班的主科课代表基本上都是两个人，我看他的任务特别多，就和他商量，老师再给你找个搭档吧，可他总是说："不用，一个人能行。"后来我看他果然一个人能行，而且，还有余力，就让他当了学习委员。他每天早晨负责统计八科作业的上交情况。他从每个课代表那里统计没有上交作业的名单，并且写出原因，统计在一张纸上。这一项工作几乎就用了半个早自习，但是他的学习成绩不仅没有掉下来，而且还有所上升。再后来，他把拉单桌的任务也承包了下来，每次周五小测验，他就动员大家"拉单桌了啊！"嗓门也很大，挺有号召力。和原来刚入学时的柔柔弱弱大不一样。而且，他也亲自动手，和几个有力气的男孩子一起把单桌拉好。后来，布置考场也成了他的任务。每次月考前，不用我说，他就主动去办公室找我，要桌签，要名单。显然把这件事当成了自己的事。有时候老师开会，不能监考，他就主动坐在讲台上，一边答题，一边监考。都快成了第二个班主任了。

四月份，我出差的时候，他主动每天给我发一个信息，汇报班级的情况。他亲自组织同学晨测，并组织同学自己批改晨测。组织同学自己判随笔。等我回来，一点儿活也没给我留，能处理的全处理完了。

从这个孩子身上，我明显感到，随着他做的事越来越多，他的责任心也就越来越强，同时，他也越来越爱这个班级。他甚至感觉班级就是他的第二个家。

其实，我什么也没有做，我只是给了他一次次劳动的机会。渐渐的，他的爱的能力就在劳动中培养起来了。

二、"懂得爱"，爱生活

对于现在的孩子们来说，说得最多的差不多就是"考试"和作业了吧。每天家长说得最多的也是学习、考试、分数。这样一来，孩子们的生活变得十分单调，如果有娱乐，估计就是手机了，男生沉迷游戏，女生沉迷聊天、追星。所以，我感觉，现在如果想要培养孩子感知幸福的能力，需要教他们学会生活，感悟生活。

2018 年的作文命题中说："学校"一词的意思是"闲暇"。希腊人认为闲暇时，一个人自然会花时间思考和学习。其实，这样的思考和学习并不只限于学校和课堂，试想：在午后捧读心爱的小说、诗歌，一次印象深刻的旅行，参与一项有意义的活动，或者徜徉在山野湖边、漫步在村落牧场，躺在草地上做一会儿梦……这些看起来对提高学业成绩似乎没什么用处，其实不然，它们滋养着你，丰富了你，是另一种学习。也许就像人们所说的："这个世界上昂贵的东西，往往是无用的。"你对此有什么体验和感悟？

从这样的作文要求中，我们也可以看出，现在作文的导向也是让学生学会生活。之前，我们总是强调很多升学，说考上好高中，好大学目标就达到了。这样，我们总是把幸福当成一个很远的目标,而忽略了当下的幸福。其实,在当今这个压力大的社会,学会体会“当下的幸福”,是一种更重要的能力。庄子也曾经说过“无用之用,方为大用”。同样,我们的孩子们需要培养的,也是一颗安静的心,一颗会体会“闲暇”的心。我就是总带着孩子们做一些看似“无用”的事,他们善感的心在渐渐苏醒。其实,每个孩子都有一双善于发现的眼睛,我们要做的,只是把他们“唤醒”。

记得初一时的一节下午的语文课。上着上着,天就慢慢阴了下来,于是,我们打开灯,继续讲。谁知秋天的雨说来就来,只听得外面的雨声越来越大,密密的雨打在对面屋顶上,瞬间冒起了白烟,还伴着轰隆隆的雷声和一道道闪电。

孩子们的眼睛不停地望向窗外,外面的景色比我的课有吸引力多了。干脆,这节语文课,我们就看雨吧。我让同学把灯关掉,大家一起来到窗边,好好看一看这一场大雨。雨下了好一阵子才结束,我的语文课也所剩无几了。孩子们意犹未尽地回到了座位,脸上还带着欣喜的笑容,谈论着这场大雨。

下课后,我并没有给学生布置写作文的任务,可是好多学生在后来的随笔里都提起了这场雨。尤其是一位刚刚从东北转来的同学,从未见过这样说来就来的大雨。特意写了一篇美篇,来描述它在内蒙古大草原上,看到的如此任性的一场秋雨。我想,许多年以后,学生们也许会忘记那堂语文课老师所讲的内容,但他们会记得,那一个电闪雷鸣的课堂,我们关了灯,一起坐在教室看雨。我想,我很幸运,是一名语文老师。语文,有时不完全在课本上,很多的,就在我们的生活中。在生活中学习,不仅不会影响孩子们的成绩,相反,还会提高他们的成绩。

教育就是要培养这样的孩子。不一定“多愁”,但一定要“善感”吧。当我们把他们的眼睛擦亮,把他们的嗅觉打开,他们的人生也会因此而丰富吧。

有一句话说“从你的全世界路过”,作为一名初中老师,也许,我们的责任不仅仅是帮助他们提高成绩,同时,我们也是他们青春的参与者,这是一件多么值得庆幸的事情。在他们的青春时光,培养他们一颗敏锐的心,那么,在他们走向高考的艰难的路上,就会发现路边有多少美丽的小花和他们相伴。当他们以后在工作中遇到挫折,回想起曾经点点温暖,心头也会瞬间升起美好的感觉。这不就是最“有用”的东西吗?

想要走进孩子的内心,得把自己变成一个孩子。保持一颗童心,和他们一起玩,一起闹。甚至比他们还像一个孩子,是一件很有趣的事情。

“她和其他老师不同,她在下课铃结束后,总是对我们说:‘玩去吧。’都站起来活动活动去。”如果是上午的最后一节课是语文,下课后她一定会说:“都回家吃饭去吧。”让我们哭笑不得,她在活动课时,总会严肃地走到班里,站在讲台上对我们说都下楼玩会去,50再回班。所以,同学们总会打趣道:“别人的班任都让回班学习看书去,就咱们班任每次都让出去玩,不到点不能回班。”这就是学生笔下的我。可能,在他们眼里,我是最不像老师的老师吧。还是我前面说的那个学习委员,在一次作文里面写我:“疯起来简直和我们一个德行。哪里还有什么师道尊严可言。”我看到之后很高兴,因为这个孩子以前很胆小,这次,他敢这么说,说明我真的和他们打成了一片!我终于获得了孩子们的喜爱。有的班主任会担心,这样能保证孩子们的成绩吗?我说是可以的。孩子们亲其师就会信其道。在这次小中考中,我班又获得了生物年级第一的好成绩。在雷夫老师的《第56号教室的奇迹》里说，我们56号教室和其他教室的不同就是，我们这里没有恐惧，我们用信任代替了恐惧。如果我们都能达到这样的境界，该有多么美好啊！

三、老师要学会爱自己

1. 要学会爱自己的身体。

我们要用平和的心对待自己。自己也有力不从心的时候，自己也是常人。一年前，我查出了高胰岛素血症，据说，这是糖尿病的早期。自从自己生病以来，最重要的不是身体，而是自己的心态，感觉自己做什么事情都力不从心，连上楼都要喘半天，每天上午和下午都要加餐，平时在办公室还好，有时遇到开会，又不能吃东西，只好自己饿着，任自己全身哆嗦，虚弱无力，汗流满面。或者是自己好容易找到一个没有人的地方，狼吞虎咽，赶快补充能量，生怕别人看到，常常是一边吃东西，一边流泪。心里想，自己怎么成了这个样子？以前的自己哪里去了？难道这就是自己所谓的余生吗？我的一生就要这样熬下去吗？这样的日子何时是个尽头呢？我用了整整一年的时间来调整心态。首先，学会的就是接受，就是臣服。事实已经如此，就算我再不接受，也于事无补。与其挣扎，不去接受吧。光是这个接受就用了大半年的时间。然后就是改变自己的态度。接受我需要不停地吃东西的习惯，自己也是经过了激烈的心理斗争。总感觉爱吃零食是“没出息”的表现。可是，现在最科学的饮食方式就是少食多餐。在两餐之间加餐，更有利于高效的工作。后来，每次在办公室里吃东西，学生看到，我就给他一点，我们一起吃。时间久了，学生有时也给我买来一些加餐放我桌子上，我心里也是暖暖的。我甚至还发展了几个小食友。有时公共场合，不得已时，也得吃点，同事看到就会为我的“豪放”而微笑，我就回报她一个微笑。现在，我的包里总是有吃的东西，同学戏称，到哪儿都背着要饭口袋。我也接受这种说法。现在，我的心态对于疾病来说，已经变得很平和了。

用微笑面对困难，困难也会减半。这一年，我也让学生们看到了老师笑对困难的表现。身教有时胜于言教。以前除了上课，我在桌前批作业，一坐就是大半天，坐到颈椎疼痛，后背僵硬。站起来，得揉着脖子后面好久。医生给我的建议是每天大约需要走路八千到一万步。或者做相应的运动。后来，我就常常约同事一起打羽毛球，虽然球技很烂，但是，每次打完之后，身体轻快，心情愉悦。再去批作业，效率居然高了好多。

2. 修炼自己的内心。

每周四我要去练一次瑜伽。练瑜伽不是为了练出一个好身材，主要是为了获得一颗宁静的内心。每次在做“树式”的时候，就感觉自己像一棵树，把根深深地扎在土壤里，尽情吸收土地里的养料，双手笔直地伸向天空，感觉自己的身体无比舒展，心情也舒展到说不出的放松。每次静坐的时候，以眼对口，以口对心，和自己的心做到连接，才能真正找到自己，获得宁静的内心。以前，我总是想回到过去，想要回到那个精力旺盛的，无所不能的自己。现在，上天给了一个更加宁静，更加宽容，更有爱心的我。让我接受自己，包容自己，学会爱自己。

我们的内心是一个容器，当里面充盈着满满爱意的时候，它就可以缓缓而流。我们只有不断滋养着自己，爱满则溢，自然就有更大的力量滋养我们身边的人，滋养我们的孩子。

让我们做一个有爱的老师吧。爱自己！爱孩子！爱别人！

投入爱心　收获感动

——班主任工作经验分享

王文静

回首三年前,初次承担班主任工作,兴奋之余免不了焦虑,更是对班级的全体同学都有一个特别统一量化的衡量标准,理所当然认为所有的孩子无论是学习还是日常规范,甚至是一些思想习惯方面都应该是整齐划一,所以最开始处理班级的一些问题,我一律采用铁血手腕,绝对镇压。

现在回想,我犯了一个很严重的错误,就是忽略了学生独立的个体性。最初意识到这个问题,是在与学生磨合了将近一个月的时间以后,我就发现一些特立独行、性格别扭的孩子,即使他们貌似在遵守这个班级的班规纪律,但是她们对我并不感冒,无论我说什么她们都是面无表情,无动于衷,甚至个别学生在走廊里与我碰面,都不会打一声招呼。那个时候我突然意识到,我要想管理好这个班级,单单是依靠班规纪律是达不到理想效果的,一些个性特别强或者成长环境比较特殊的孩子的确需要一些有针对性的方法,我需要让这个班级有秩序有规矩但更要有人情味儿。下面我谈一下在与这些个性学生打交道的时候,我学到的一些经验和教训。

第一,也是最重要的,就是在心里承认这些学生的不同,而我们应该做到的就是接受这种不同,并且尊重不同,接下来再去想一些具体的办法。我班有一位女生从入学开始就有一个特别奇怪的表现,她和同学可以打得火热,但是对于老师一直很高冷,从不与老师主动打招呼也不会去交流,我甚至认为她品质有问题对老师可能有天生的敌意,最初我特别反感这个孩子的表现,采取冷处理的办法,不动声色地去打压她。后来家长会,我和学生的妈妈交流了一下,才知道孩子回家和家长沟通也不多,性格一直这样。为了挑战自我,我开始主动接触这个孩子,主动和她打招呼,主动和她交流,和她谈一些未来的规划,理想的大学。在课堂上,我也会有意识地和她多进行一些眼神交流,在一次课堂限时训练中,她完成得特别好,我现场给她批改并且在班级表扬了她。慢慢地我发现了她的变化,她开始展现自己的情感并且与我进行交流,英语成绩稳步提升。该生每天精神状态特别好,学习劲头也比较足,整个人的状态和高一入学的时候截然不同,从这个孩子的个案来看,我得到的一个经验就是必须承认每一个孩子的个性化,要给予充分的尊重,不可以无视,而是要通过自己的言行去一点一滴地改变她,更不应急于求成。

第二,对于一些问题比较多的学生一定要去关注他的家庭和他的成长环境,即原生家庭的影响。上届班级有 8 个单亲或者离异家庭的孩子,其中一个女孩儿的问题是比较突出的。高一入学在排查家庭问题的过程中,我就知道这个孩子父母离异,她与父亲一起生活。但是最初我觉着这位同学性格开朗、乐观，还自荐当了班长，我也没有过度关注，但是慢慢地各种问题出现，我开始联系家长才发现，这个学生从小到大的生活及学习全部是由四个姑姑打理，父亲酗酒和孩子交流不多，父女关系有时候还比较紧张，她是一个典型的缺乏父母关爱，缺乏安全感的女生。所以她还是有很多的性格缺陷，她会认为世界不公平，她会想方设法地去引起关注，吸烟，化妆，早恋，她特别希望摆脱自己目前的生活状况，她会撒谎骗人，而且毫不理亏。我对她的管理方式也不是特别恰当，所以她对我有很大的抵触心理，认为我是针对她，对她有偏见。就在高二上学期，学生出现了很大的问题，对孩子自身也造成了很大的伤害，带来了很大的精神打击。而在这次的问题处理中，我没有像以前一样一味地去指责他，批评他。而是以一个类似姐姐家人的身份去与她沟通，设身处地地去为她着想，从心底去关心她，爱护她。在这次的问题解决之后，我特别明显地察觉她真的从心理上开始认同我，接受我，开始变得阳光起来了，有一些感恩之心了，春节的时候，她还给我发了一条特长的微信，我觉着是春节时最暖心最欣慰的一条祝福。

其实在这个孩子的身上我看到了很多成长于这类家庭孩子的身影，对于这些学生，我们一定要有耐心，有耐心去了解他们的一些成长故事，有耐心去与他们周旋，与他们斗智斗勇。还有就是关心与爱心，当你真的将她心底的那扇门叩开之后，她们会更懂得感恩，会更珍惜你对她的好。我自认为在这类孩子的成长道路上，我们扮演着更为重要的角色，我们多一点儿的耐心多一点儿的关心会在她整个成长过程中投上一缕阳光。

第三，如何把握与学生的距离也是一门特别高深的艺术，既要亲近还不能让他们放肆，尤其是那些本来就与你不亲近，甚至有点儿抵触你的学生。所以针对这类学生，我就选在一些特定的时刻与他们培养感情，打感情牌。我记得有一次我是选在了中秋，只有住宿生在校上自习，我就去为住宿生买了一些月饼零食之类的，晚自习交给了班长，这些孩子特别感动，在班级同学群中发一些感谢的微信，即使走读生不在其中，但是学生也会对你的这种行为特别认可感激，这件事情后住宿生同学与我的关系明显拉近了。还有一年年底，已经临近期末，所有学生都已经进入一个比较疲惫的状态，学习不努力，班级日常管理也出现问题。恰逢元旦，我给每一位学生准备了一张卡片，我用英语写下了53份祝福，前一晚上放在了他们每个人的桌角，第二天我到班级的时候，我班所有学生在齐声朗诵课文，没有一个人不规矩包括那些平日里调皮捣蛋的一些淘气学生，那种特别好的学习状态与学习氛围一直延续到期末考试，期末成绩也是很理想的。那个时候我才真正意识到情感的力量真的是神奇的，在一些时候它会帮助我们巧妙地去化解一些问题，当然在这个过程中作为老师也是特别幸福的，我很享受这个过程。

到目前为止我仅仅担任将近三年半的班主任工作，一切都是在摸索中进行，短短的三年半，成长的同时我也走了很多的弯路，但让我感受最深的还是作为一名班主任可以感受到的快乐，幸福，欣慰。我希望在未来我能成为一名更加优秀、快乐的班主任。

一枝一叶总关情

——我的班主任工作经验分享

马利芳

上班二十一年,但是班主任工作只有五年,给大家做班主任工作经验分享,我感到有点惭愧,因为有更多的班主任比我有经验。我下面只是粗浅地谈一谈我在五年的班主任工作中的点滴做法。

一、全面掌握班级的学习动态,关心每一位学生的学习

我们班级现有学生43人,从他们进入这个班级我就开始逐步地了解他们的学习情况,哪些是优等生,哪些是学困生,哪些学生有偏科现象,哪些学生对学习失去了信心,给他们进行分类,根据不同的情况,分配不同的学习任务。比如优等生,每天除了要完成必须做的作业,还要额外地留一些有难度的习题;对于学困生,在课堂上我让每一位任课老师观察他们的反映,如果发现他们有听不懂的,课下叫进办公室再给他们讲一遍,对于每天留的作业我只要求他们做基础题,慢慢地增加他们对学习的信心,慢慢地给他们提高试题的难度;对于偏科的学生,让他们把重心放在偏科的学科上,首先培养他们对这科的兴趣,然后督促他们多做一些相关的习题;对于学习失去信心的学生,不厌其烦地给他们讲学习的重要性,给他们树立正确的人生观,给他们树立学习目标,不断地鼓励,直到他们有信心为止。只有这样充分地了解每一位学生的学习动态,才能上好每一节课,才能提高班级的成绩。我很欣慰的是,我们班的成绩在每一次的考试中,在同层次都名列前茅。

二、点滴之间有爱心

关爱学生是我每天的工作之一,作为班主任不光要关心学生的学习,还要关心学生的生活、身体健康及心理健康。例如,每天早晨走进教室,我先看看学生有没有到齐,如有学生没到,及时跟家长取得联系,问清楚没来的原因,如果生病了及时送上问候;遇到天冷或天热的时候,提醒同学们增减衣服,上学路上是不是注意安全了;对于学生身心的健康,要在精神上给予他们鼓励和支持。我常常用语言开导、鼓励、教育他们,不断与他们谈心,这样既掌握了他们的心理活动,又消除了他们的精神压力,还取得了他们的信任。对于单亲学生的家庭情况,我每天都要问候一下,问一下生活上有没有困难,我班有两个男生从小就失去了母爱,我每天的一句问候让他们感受到老师对他们的关心和爱护,让学生体会到老师很在意每一位学生,让他们有一个好心情投入到一天的学习中去。这些事看起来很平常,其实这是作为一个班主任最基本的工作,这正是一个班主任爱心的具体体现。

三、对调皮学生的管理

一个班级要想具有良好的班风，必须把一些调皮捣蛋的学生管理好。一些相对调皮的学生进入班级后，他总会做一些试探性的动作看看班主任是否管他，对于这些学生必须要管得住，否则他在这个班级就会肆无忌惮。比如我班级有一名同学，他进入这个班级后，老是坐不住，上课不是跟同学说话，就是搞一些小动作，三番五次教育后，没起多大的效果，我就给他调桌位，让他跟几个不爱说话的女生挨着坐，几天以后周围的女生哭着找我来了，说我们不跟他说话，他就踢我们的椅子并且还骂人，我一听，非常生气，但我又冷静地想了一想，说服教育对他来说已经不管事了。我必须想个办法给他来个下马威，于是我就给家长打电话，简单地说了孩子的情况后，就跟家长商量对策，通过一番探讨后，我和家长商量吓唬他一下，随后我把家长叫到学校，当着学生的面吓唬他，只要再犯同样的错误，直接撵回家，并且让学生写下检讨和保证书。通过这件事情后，这个学生有了很大的改变，慢慢进入了学习状态，也震撼到了其他调皮捣蛋的学生，所以现在班级的学习氛围有了很大的改观。但是对于学生的管理，一定要有耐心，刚开始一定要有付出，日后就好管理了。

四、班级管理是盯出来的

因为我所带的班级是中考分成绩不太高的学生，所以各种不好的习惯体现得淋漓尽致，管理这种班级，最简单的方法就是盯紧点。盯班级要抓住三个关键。

1. 盯班一定要盯自习：早自习，辅导自习，晚自习以及大课间等，都要盯紧点。

2. 盯班要盯学生：看看哪些学生上课不好好听课，哪些学生扰乱了课堂秩序，定好了问题学生，班级的纪律好了，学习氛围自然就上去了。

3. 盯班要盯事情：对于班级扰乱秩序的事情，绝不姑息。比如打架，迟到早退，在班级玩手机等这些事情，一旦发现，要严肃处理。

总之，班级的管理要全面，班主任其实就是每天管理一些鸡毛蒜皮的小事，但是把这些小事管理好了，整个班级就管理好了。

做幸福班主任——看招

盖正一

还记得第一次接到担任班主任的通知时，我的内心其实是非常抵触的，因为周围的班主任老师们都太辛苦了，付出了太多太多，我担心繁重的班主任工作会影响到我个人的生活。但是，在当了班主任之后，我才深刻理解了那句话："没有当过班主任的教师生涯，是不完整的。"现在的我想说，我因我是一名班主任而感到幸福。以下是我在成为"幸福班主任"道路上，摸索出的招式。

一、做一个宽容的有心人

我所带的班级，学生的入学成绩都很一般，所以在正式开始工作前，我就做好了充分的心理准备，三年下来，我的目标是什么，我要怎么管理学生，我要制定什么样班规等，结果现实还是给了我一个措手不及——有一位初中时就让很多老师头疼的"传奇人物"就在我的班级！我秉持"知己知彼，百战不殆"的战术，经过多方打听，收获如下情报：这个学生敢在接受批评的时候大摇大摆坐在椅子上公然挑衅老师，他交往的，用他的话说，就是他的"兄弟们"，遍布初高中六个年级，而他的圈子还不仅于此，甚至包括所谓的"社会人"，还总有"不想念了"的想法。面对这样一个大神，经过几个回合的互相试探，我制定了攻克他的战术：第一步，了解他。通过家校沟通以及和他的几次谈话，我了解到，这个孩子父母离异，各忙各的生意，平时对待他就是物质方面的满足，精神层面的关注和交流基本没有，更别提教育他了。我想，这可能就是他如此叛逆的原因吧。接下来我的第二步，接近他，最终走进他，走进他的内心。他，不觉得自己是个孩子，我就跟他讨论成人世界要承担的责任；他，不愿意服从老师的管教，我就不去"管教"他，而是跟他平等相处，去听听他的想法；他，学习成绩非常糟糕，也没什么动力，我就每天给他制定一个小目标，达成之后就鼓励他；他，缺点一大堆，我就找到他的优点，比如懂礼貌，健谈，甚至长得帅我都要夸，目的就是为了让他不要排斥我，慢慢放松对我的警惕，最后放弃对我的抵抗。一年下来，他的改变非常明显，虽然成绩还是一般，但再没有挑衅老师的情况出现，与家人相处时也懂得了父母的不易，同学之间产生矛盾，他也会第一时间站出来劝解。我觉得，这些都是他的成长与进步，而作为班主任，能够参与他的成长与进步，我也收获了满满的成就感。

我们班还有一个女生，也是非常的有性格。我所带的班级是文科班，班级学生绝大多数都是女生，作为一个"钢铁直男"，这种状况着实让我头疼。女孩子都有自己的个性，批评轻了不起作用，批评重了又哭鼻子抹泪。我说的这个女生，她不爱跟其他同学交流，就连学习状态不好老师提醒她，她都认为是看她不顺眼专门针对她。总之，她就是封闭状态,没把自己当作是班里的一分子,没有班集体的归属感。在家里也如铜墙铁壁一般,父母根本没法跟她沟通。她的这些问题,我试图通过与她谈话解决,但是怎么谈她都排斥,依然将自己封闭起来。不久后,终于有了解决这个问题的契机。我给学生布置了设计班徽的任务,每个人都来设计,之后同学投票决定采用哪一个。巧的是,她的设计最终获得大家的认可,我就趁着这个机会,在班里举行了一个小小的颁奖仪式,之前在和她沟通时得知她非常喜欢军事,所以颁给她的奖品,就是一个航母模型。我还记得,当我把航母模型颁给她的时候,她的眼中既有意外又有感动。通过这次活动,她感受到了同学们对她的认可,也感受到了老师对她的用心。在那之后,她不再封闭自己,逐渐和班里同学打成一片,她的家长也说,孩子回家话变多了,而且经常把班级发生的事儿跟他们分享。

所以,宽容一些,用心一些,不要急着去解决学生的问题,想办法走进他们,那么我的幸福指数也就会高一些。

当然,光宽容是不行的,还得宽严相济。接下来跟大家分享我的"第二式",做一个严厉的执行者。

二、做一个严厉的执行者

"没有规矩,难成方圆",管理班级也要有一套班规。在高一入学时,我就立下了我们班"规矩",在纪律和卫生方面建立个人扣分制度。比如纪律方面,迟到,每人扣 0.5 分;上课交头接耳或睡觉,每人扣 1 分;卫生方面,座位周围有废纸,每人扣 1 分;值日不合格,值日组员每人扣 0.5 分,等等,每人总分 20 分,累积扣满 5 分,办公室约谈一次;扣 10 分,带家长约谈一次;扣 15 分……这种情况从来没有过,因为平时哪怕扣 0.5,我都严厉对待,"锱铢必较",因为我认为,无论班规如何,不坚持执行,就是一纸空文。如果我一笑而过,学生们就会得过且过;如果我对班规的执行不够严格,学生们就不会把它当回事儿,长此以往,班级就会形成散漫的风气。所以,说实话,我们班的学生们,都挺怕我。我在办公室里常备一把戒尺,就放在我办公桌显眼的地方,倒不是为了惩罚学生,而是一种警戒,为了让学生真切感受到规则的存在。我从高一起就"严"字当头,之后,班级各方面管理起来就顺手得多了。

三、做班级文化的领航者

担任班主任工作以来,最让我骄傲的是我们班的班会。除遇考试或学校活动,每周都会在固定时间进行班会活动。班会主题如果学校有规定,就按学校的来,学校没有规定,我就让学生选题,我负责把控。我把班级同学分为 8 组,轮流负责班会的设计和组织。从选主题,到找素材、做 PPT,再到主持、展示、发言、讨论,整个过程,都是学生们自己完成,我负责在每次班会后进行总结发言。最初,他们的班会,选题很空泛,言语很稚嫩,经过一次又一次的锻炼,大部分同学都能落落大方地站在讲台上,清晰阐述自己的观点,大胆发表他们对这个世界的看法。记得有一次班会的主题是"我的未完成",我印象非常深刻。同学们在负责小组的带动下,要去分享自己在做却没做完,或者想去做却还没开始做的事情。我以为不外乎是一些好好学习、感恩家长一类的事情,没想到,我的学生有的给自己订下了特别具体的"看世界"的计划,有的一直在关注心理有问题的同龄人,还有的参与到网络平台中的“反网络暴力小组”。这次班会给我很大的惊喜,让我看到了他们丰富的精神世界,也让我看到了他们作为高中生对社会的责任心。这样的班会形式,让我们班形成了“深入思考,敢于表达”“团结协作,勇于担当”“不囿于眼前小天地,乐于关注大世界”的班级文化。

以上三点,是我摸索出的一点小小收获。感谢作为班主任这段经历,让我有幸在学生们的生命中留下一些痕迹,更希望这些微小的痕迹,能够让他们走向更美好的未来。

回想最初,我以为能轻松的工作,有更多的闲暇时间就是幸福。这几年的班主任工作,让我明白了,真正的幸福,是一颗心与几十颗心的共鸣,是每天都要迎着晨曦而来伴着晚霞而归的充实,是很烦恼很焦虑很忙碌但依然觉得很值得。

锦灰略堆

——班主任德育工作初探

徐佳芳

我不算年轻,但资历尚浅,参加工作七年,承蒙学校和领导的信任,一直担任班主任工作。锦灰堆意为一些边角废料,但是还有一定的价值。是清代绘画的一个流派也是著名收藏家王世襄先生的作品集。借此题目,但愿我下面的分享对大家有用。

德育工作是班主任工作的核心,也是一项重大而艰巨的任务。俄罗斯教育家苏霍姆林斯基说:“从我手里经过的学生成千上万,奇怪的是,留给我印象最深的并不是无可挑剔的模范生,而是别具特点,与众不同的孩子。”这就告诉我,每个学生都有“可塑性”。作为一名班主任,不能选择适合教育的学生,应选择适合学生的教育。

这七年我一直带普通班,我所带的班级 G201312 班,62 人有 21 人是单亲和留守家庭子女,G201601 班,有 11 人是单亲再组和留守家庭子女,其中有 4 人从小就处于父亲失联状况。G201910 班,班级容量只有 41 人,但仍有 11 人为单亲再组和留守家庭子女,比例明显变高。三届学生,特长生人数都在 10 人以上。其他的孩子也都基本上是打工家庭的子弟,几乎没有正式工作的家庭。他们中的很多孩子小小年纪却都需要为家庭分忧,甚至为生计苦恼。所幸三届学生都非常质朴,勤奋,努力。最终也都取得了理想的高考成绩,第一届学生中考入学最高分只有 398 分,全班 360 分以上的人数不足 10 人,但最终考取本科人数 24 人,2016 级 1 班全班考取一本 5 人,本科 35 人,也是比较让人满意的。下面我介绍一下我的德育工作。

一、爱是一种能力

道路千万条,爱是第一条。德育工作最先强调的一定是爱学生,网上盛传一些话,比如“教育就是一场盛大的暗恋,你费尽心思去爱一群人,最后却只感动了自己。真是学生虐我千百遍,我待学生如初恋”。这些话无不证明,班主任们都是爱学生的,但是爱的结果呢?却只感动了自己。所以我想要分享的第一个理念就是——爱是一种能力。其实班主任工作光爱学生是不够的,还得有技巧。

1. 爱的技巧——了解她。

咱们中国有句古话叫“龙生龙凤生凤”,说的就是家庭教育的影响,所以了解一个学生要全面了解他的家庭,然后再接纳他们的不同。

我十分强调时间观念,对于学生的迟到尤其是住校生周日晚自习迟到都比较重视。我第一届班上有一个平时各方面表现都不错的女同学连续两周的周日晚自习都迟到了。

当她第二次迟到的时候，我非常严厉地批评了她，还惩罚了她。后来我想了想，周日是从家里来的，这父母怎么也不懂让孩子早点出来呢？我就打电话给她的母亲，结果才了解到原来这个同学家庭十分特殊。她的弟弟患有非常罕见的疾病，叫作肌无力，已经多年，目前这种疾病是无法治愈的，她的父母是再组家庭，母亲是带着她和弟弟改嫁的。继父是开小超市的，收入有限，而弟弟的开销又很大，到了周日晚自习前那个时间正是买菜的人比较多的时候，而且又是吃饭时间，她妈妈要照顾弟弟吃饭，爸爸一个人忙不过来，她在家往往要帮很多的忙，每次都不吃饭就出来，她家距离学校远，她也舍不得打车，所以很容易迟到。她妈妈在电话里哭着对我说对不起女儿，精力都照顾儿子了。我挂了电话沉默了很长时间，我没有给她机会解释，我不知道作为一个班主任老师我能够为这个孩子做些什么。后来我周日的时候专门去她家看望她的弟弟。之后这个同学再也没有迟到过，学习成绩进步很快，在班级名列前茅。所以，当孩子们犯了错误的时候，我们应该冷静下来，首先问问他们，发生了什么事？是什么原因？你感受如何？

清华附小的窦桂梅校长有过一个著名的案例，她说她有个学生曾经画过一幅画送给她，画上画了一只小狗，旁边写着"我的老师"，尽管小狗很可爱。窦老师还是觉得有点荒唐也有点生气，但是她没有马上发难，她问那个孩子："你为什么把老师画成小狗？"孩子说："因为我最喜欢小狗啦，我也最喜欢老师。"听了这个案例，我很感动。所以我觉得我们班主任工作的第一步一定是要学会倾听。当然倾听过后还得学会分辨，核实，然后再解决。同样的错误在另外一些孩子身上就不能被包容，而是必须改正。

2. 爱的技巧——等待他。

还是关于迟到的问题，我这届有个学生，他特爱踩着点儿来学校，所以经常迟到，因为迟到我一周叫过他三次家长，可是他依然故我。他妈妈说每天都叫他，送他，但是怎么叫也不行，要不就娘俩吵架，他父亲从他小就在外地工作，一年也难得见一次面。所以娘俩经常因为学校的事吵架，甚至有时候亲子关系很紧张。我知道这种情况之后也不再叫家长了，因为只会起到反作用。作为一个女班主任，我虽然也体格健壮，但实在没有雷霆一怒就震慑四方的气势，我更多地是把工作做细，做久。于是这之后的一周，我每个早自习、下午第一节课、下午辅导自习和我的晚自习都提前5分钟到班级门口等着，同学们发现之后都准时进入班级，只有他，照旧我行我素，上学时间虽然不迟到，也基本踩着铃声来。下午大课间，一定要打完篮球拉了预备铃才往回跑，看见我站在教室门口也无动于衷。而我呢，也不说什么，继续站下去，于是就演变为相当于全班同学都得在那几个时间点等他，一到时间，我一出现，全班开始安静看着门口，他终于觉得有点脸上挂不住了。因为他发现渐渐地没有人跟他大课间去打篮球了，都怕迟到。于是有一天他主动来我办公室跟我说："老师，以后我不迟到了，您别在班门口等我了。"我说："行。"我们之间也没有再多说一句话，之后他直到毕业，几乎没有迟到过，我们全班迟到现象也非常罕见。就是这个孩子，2016年他入学的时候中考成绩只有186分，2019年高考考了297分，考取了其他艺术类本科。

3. 爱的技巧——鼓励她。

我2016级的团支书，她入学时是足球特长生，一直练体育，而且代表学校参加比赛也获得了不俗的成绩。但是她除了足球其他的项目都不太理想，而高考体育术科联考有四个项目，她很难通过。到了高二，经过跟体育老师多次沟通，征求了教练的意见，慎重考虑之后决定放弃体育，也得到了家长的支持。做出这个决定是不容易的，因为她中考成绩只有342分，到放弃体育的那一刻，平时考试也没有超过400分过，在班级一直处于倒数。这意味着就算放弃体育，也不一定能考上本科，因为单纯依靠文化课，她毫无优势。何况我作为班主任，还必须考虑本科率的问题。但难得的是她一直很用功，也正因为她用功，我才敢让她放弃体育。在后两年的学习生涯里，我一直都鼓励她，安慰她，时刻提醒她，她也说了，老师，我不会让你失望的。我自己都记不清多少次在班级展示过她的作业，多少次在班级表扬过她，而她也一直在坚持，从来没放弃。直到高三最后的三次大型模拟考试，她的成绩其实也非常不稳定，350～450分都考过。但最后她高考考了475分，文综合208分，6月22日晚上成绩出来的时候，我为她骄傲，也为她落泪。她不是全班成绩最好的，但她是最让我牵挂的一个。我们俩压力都很大，所幸我们没有让彼此失望。

二、班级文化建设——涓滴细流、水到渠成

刚才大家可能觉得我举的例证都挺特殊，但是这样的孩子在我七年的班主任生涯中却是常态。我们锡林浩特六中的校训是“让每一个孩子都能得到发展”。我以前不太理解这句话的真正含义，现在感觉七年来正是这句校训指引着我的工作。我的学生是成绩比较差，习惯也不太好的，所以为了重塑他们，改变他们，也为了让他们健康成长，我用心思考进行着班级文化建设。

首先班级要有一个整体形象，让学生明白普通班有普通班的骄傲。我们班有自己的班刊、班徽、班服。还有自己的slogan，我们级部的很多老师也知道，2016“坚持是一班的FIGHTS！”，2019“追光10班，要追逐光，成为光”。对于我们这样的普通班而言，他们既需要被肯定，又没有什么自律能力。所以我设计的口号想时刻提醒他们坚持、自律、奋斗。

学校的所有集体活动，不管是军训、运动会、外出社会实践还是疏散演练，不论是足球比赛、大合唱还是朗诵比赛。我珍惜这些集体活动的机会，努力培养学生的团队意识。每个集体活动我都从头到尾参与策划，带领学生亲力亲为，一切务求尽善尽美，让每个孩子都有参与感。

我所带的三届班级拿过很多个第一名，2017年校园诗歌朗诵大赛，尽管我和我的学生们都不算专业，但是我们在比赛下发通知的第一天就着手准备，每一个课余时间，我陪着学生们反复练习我们的朗诵稿，我们班是全年级唯一初赛时就脱稿参赛的。我们练习每一句话的每一个停顿，在班里的讲台上表演，让别的同学指出问题，也让他们有了参与感。在决赛那天，有一个环节是由在场的孩子投票选出最佳人气奖。提前一天我就告诉了我教的另一个班的孩子记得带手机，给我们班投票，我还把投票二维码发到家长群让她们拉票，在我的带动下，每个同学都努力拉票，最后我们的节目获得了一等奖，同时获得最佳人气奖。那一次，一班的孩子心里都在为自己属于一班而自豪。再后来，我带着我们的朗诵节目代表六中参加了全盟的诗歌朗诵大赛。

G201910班从军训开始我们就认真对待，后来的跑操也没有松懈过，我基本每天都陪伴学生跑完全程，我们的体委制定了详细的跑操规则并一直遵照执行，即使我不陪着跑的时候也能有序规范地完成跑操。2020年，我们获得了级部颁发的唯一“跑操标杆班级”流

动红旗，并连续两学期取得文明班级，最终获得“文明班级标兵”荣誉。

我从高一开始，就有意识地树立各方面的榜样，让孩子们尽量互相学习彼此的闪光点，我还会召开例如“感动人物”“爱好之星”“书海扬帆”等主题班会，让孩子们充分展示自己，树立信心，增长见识，开阔眼界。

在语文教学中，我会布置很多特色作业，比如每个寒暑假都有书单、影单，我还推荐一些综艺节目让学生看，有摄影大赛，命题社会调查，让学生用美篇的形式呈现，之后在班级展示，平时经常留思维导图让学生展示，还让学生用漫画的形式呈现课文内容等。这些做法也增强了学生对语文学习的兴趣，更提升了学生的综合能力。

三、一些思考

关于班主任德育工作，还要分享的重要一点，是要允许自己失败，每个班主任都不是完美的，也不是万能的，尽管我们上得了课堂，跑得了操场，批得了作业，写得了文章，开得了班会，访得了家长，劝得了情种，管得住上网，解得了忧伤，破得了迷惘，HOLD 得住多动，控得住轻狂，受得了奇葩，护得住智商，查得了案件，打得了嚣张……那就一定能教好每个孩子吗？不是不一定，而是一定不能教好每个孩子，总会有几个甚至一些孩子他没有太大改变，成绩也不理想，我们当然不能放弃，但我们要接受这一点。有遗憾才是完美的，并且人的成长周期很长，他们今后也许会成长得很好，我们自身也在不断成长。

关于班主任德育工作的第二点思考，我们除了成绩还应该带给孩子什么？首先，当然是要保证成绩，但我想同等重要的还有情商、责任心、承担力、执行力、协作能力、过硬的心理素质，这些是步入社会之后的核心竞争力。对于孩子来说，核心竞争力更重要，我一直都在思考如何把这些能力的培养贯穿于三年之中，上面也谈到了一些做法，但仍觉还有很大上升空间。今后我会继续贯穿下去，让我的学生们全面发展，成为独立自主并且对社会有用有竞争力的人。

想说却还没说的还很多，但下笔千言，仍挂一漏万。也都是我个人的一点粗浅认识，在此不免贻笑大方。人没有完美的，班级也一样，虽然做了一些工作，但班级管理还存在若干问题，也存在许多不足，还得跟同事们多学习。锦灰略堆，无意打破格局，旨在分享成长。

最后，我要特别感谢学校和级部领导，他们兢兢业业，身体力行。还要感谢学校住宿、体育、艺术、电教、实验、行政、后勤等所有同仁，我们班主任工作是学校当中跟大家合作最紧密细致的，我们互相配合，共同圆满完成工作。还要感谢我的三届的任课教师团队，没有集体的力量不可能有任何成绩，我们的成绩离不开每一个团队伙伴。七年来，我成长很多，六中有一种精神，这种精神包含着敬业、奉献。在这里，我们每个人都与有荣焉。今后，我会在班主任工作岗位上继续全力以赴，不负学生，不负家长，不负自己。

润物细无声，让我的教育更有亲和力
——班主任“小招”分享

斯琴塔娜

自担任高二13班班主任以来，在和同学们相处的过程中，感触颇多，现做以总结，以激励自己再接再厉。

一、生活习惯的培养

首先，我始终认为好习惯使人终身受益，在班级管理中班主任就是设立标杆并纠正监督孩子们日常行为的“纠察”。所以，我从班级的值日开始抓起，每天一到学校就检查教室内外各个角落的卫生情况，躬亲示范，以“润物细无声”的方式影响和带动学生养成卫生好习惯。现在，我班学生每天早上最关心的是班级的哪里不干净，哪里有纸屑，我始终认为“一屋不扫何以扫天下”的真理，学习能力的培养和个人的生活习惯是分不开的。其次，对于学生学习物品的摆放，班级里物品的陈设我都做了明确的要求，要求学生们的书桌上不能有超过5厘米高的书籍资料的堆砌，学生桌堂里要整洁干净，我会不定期地检查书桌，对于脏乱差的要批评教育。学生书柜里的书籍要按照要求统一摆放，要方向一致，按书籍大小顺序摆放；我的想法很简单就是想在三年的高中学习生活中先养成好的生活习惯，进而成就每一个孩子自我管理的能力，并且营造一个整洁干净，让人走进来就能心情愉悦的生活环境。

二、学生自信心的培养

在班级管理利用周总结模式，从早读、上操、上课、作业及背诵各方面由每个同学轮值负责督查整理，每周轮值做汇总总结。这样做既是为了鞭策行动力差的孩子，又是为了给每个孩子锻炼自我能力的机会，进而培养每个孩子的自信心。在课堂和课下活动中，我注重褒奖，能表扬学生的时候绝不去批评，无论是课堂上给予肯定，还是私下里谈话，都尽可能以鼓励的方式交流，我称之为“表扬式”批评，这种类似于“糖衣炮弹”式的谈话模式让我和孩子们相处起来更有效了。再次，因为班上绝大多数的孩子相对意志薄弱，且学习目标不明确，所以激励和引导一直以来是我班主任工作的重心。我的目标是：三年里让每一个孩子都能够正视自己的能力，找到未来生活的方向，学会学习，学会做事，而后学会做人。

三、学生能力的培养

正所谓“授人以鱼不如授人以渔”，在班级同学的培养上，我尽力帮助他们找到自己喜好的突破口，如：绘画能力的发掘，体育素质的培养等，即便是模糊的喜好，也尽可能地帮助学生放大，而后引导他们正视自己的能力，以爱好促发展，寻求学习的动力。找到了方向再帮助他们寻找适合自己的学习方法，我始终认为这样才真正帮助了学生的成长。在班干部培养上，我给予每位同学尽可能多的机会让他们发掘自己的管理能力，为人处事的方式。做幕后的推手，一点一点地带动和交流，我也努力培养班干部的管理能力，加强学生自律能力的锻炼，与学生艺术地谈心，让学生们明白生活和生存之间的差别，帮助学生更快更平稳地完成蜕变，走向成熟。

四、用“静待花开”的耐心，陪孩子们上进

引导学生上进，后进学生有上进心，但上进的过程充满了反复。要反复抓，抓反复。学生不能一直保持一个稳定的状态，作为班主任要有耐心，要有静待花开的耐心。不要因为看到学生后退了就灰心气馁，而应当认识到这是情理中的事，进退皆在自己理解之中，便容易把握自己的理智与感情，在反反复复的过程中把后进同学引上上进之路。把“一分汗水，一分收获”作为座右铭，让学生体验生活的快乐、学习的快乐、竞争的快乐、吃苦的快乐。正如魏书生说：“人世间有什么？有阳光，有鲜花，有正义，有善良，有勤奋，有自强，有开朗，有快乐；人世间还有阴云，有毒草，有邪淫，有凶恶，有懒惰，有自卑，有狭隘，有忧虑。”强化学生快乐这根神经，使学生的心理素质不断提高。无论是生活还是学习，始终保持欢快愉悦的心态。

五、多元素的班会课，贴近生活，学会做文雅的人

“教育的本质其实是一棵树去摇动另一棵树，一朵云去推动另一朵云，一个灵魂去唤醒另一个灵魂。”我一直把这句话作为我和学生们相处的理论支持，身体力行地实践着。我试着建立自己的特色班会课，我始终相信一节好的班会课会对学生的管理和教育起到“推波助澜”的作用。我通过“我们伟大的祖国”“新时代的德育故事”“21 世纪新科技认知”“工匠精神、伟大平凡的中国人”“2020，让我始终热泪盈眶……”等特别定制的班会内容，带领学生“自己”走进故事，唤醒心中固有的真善美，学会感动而后学会感恩，让我的学生个个身心健康，文明文雅。比如：经过漫长的居家网课后，学生们在入校后我开了“开学第一课”的主题班会，我选用了内容诙谐、语言通俗易懂的小视频，寓教于乐，达到了放松教育的目的。

2020 年 10 月初，借由共和国勋章、人民英雄等视频为依托我制作了一盘精美的“大餐”，使学生深受震撼，而后我要求学生们好好看看教室里的那面国旗，续而开展了以“我和我的祖国”为主题的班会，并要求每位同学想想“在国旗下的讲话”，班会中每个孩子都得到了不同程度的启示，达到了设计这个班会的预期，同时我还向同学们科普了《国旗法》。我也惊喜地看到同学更加爱护班级里的国旗了，我记得开完班会后有一个学生跑来跟我说：“老师，我觉得我离国旗更近了……”

每一次精心准备的班会都会带给学生们身心的成长，也会带给我满满的成就感，我也在这样的班会准备和操作的过程中变得睿智和成熟。

六、多向同事请教，积累我自己的学生案例库

因为在做班主任这方面我是一个新手，我逐渐开始重视学生管理典型案例的积累、总结、反思，以达到使自己升华的目的。作为班主任，我时常向周围的老班主任、新班主任咨询，每个人处理学生问题都有不同的闪光点，我把他们的方法记录下来，随时参考。同样的一个问题，不同的人可能有不同的方法；你遇到的一个难题，别人或许已有了很好的解决思路。所以，我们一定要博采众长，积极探索，开拓创新。积水成渊，厚积薄发。

记得在哪里看到过这样一句话："以文化人，'文'，是指教育的内涵，是学生的课程以及传统文化讲授的价值观；'化'，是教育的过程，是一种润物细无声的教育艺术。"一个优秀的班主任，必定是一个善于积累和储备的教师。在不断地积累中充实，在不断地思考中完善，用润物无声的爱心和勤奋使班级管理富有智慧和诗意，让我的教育更有亲和力。

我做班主任的时间尚短，靓招实在是说不上，我只是把我这段时间的做法做了说明，期待各位老班主任和领导指正。

特殊关爱与全面守护

——特殊学生的教育

许宏志

每一届的学生,都会又细微不同,但是却又会出现一些特殊学生,我所说的特殊学生包含孤儿或有心理疾病的学生,近年来,特殊学生越来越多,离婚率也越来越高,产生越来越多的社会问题,当特殊家庭的学生进入学校接受教育时,这种社会的矛盾就需要学校来面对。一个班级如果存在这样的特殊学生,班主任应该如何应对呢?班级管理工作中,如何发现和管理这样的学生呢?以我教过的学生小杰的在校经历为例,以我做的八个方面工作,做个简要介绍。

1. 家庭调查。小杰高一刚入学,我通过学籍信息表发现,小杰家庭特殊,经过调查发现,小杰是爷爷奶奶带大的,根据他奶奶说法,小杰的父母因病去世,小杰的家在偏远的草原村庄,前后几十里没有别的村落,小杰家庭贫困,为此,每年的助学金都给小杰申请,并且银行卡要由班主任保管,以防止小杰携带钱财,独自离开学校。

2. 成长经历调查。拜访小杰初中班主任,小杰的班主任介绍:“小杰初中时,在小饭桌吃住,无亲属看管,小杰初中时学习不努力,上课睡觉,作业很少能及时完成,德行不佳,偷窃过同学的钱财,通知家长到校配合学校教育小杰,他奶奶几乎不来学校,小杰还是挺聪明的,竟然通过分招考上了高中,这是让他没有想到的。”了解到这样的初中成长经历,我已经掌握了第一手资料,可以说,我已经大概了解了这个学生,所以我在管理小杰时,有很大优势,可以做很多有针对性的方案。

3. 多方面了解学生校内表现。小杰是全住生,我经常去宿舍看望住校学生,一方面了解学生住宿舍情况,一方面更多关心小杰,身为孤儿的小杰,一定需要别人关心,而班主任必须多多给予关心和爱护,关系更亲近,才能更多了解特殊学生的心理动向。小杰沉默寡言,对于我的到访也不像其他学生表现得那么亲近,原因可能在于他紧锁的内心,也可能是他多年和班主任斗争带来的警惕性。

4. 安排可靠学生随时关注他的一切。在教室,小杰的座位附近我嘱咐一名十分可靠的学生,留心小杰的言行和去向,并且要和小杰示好,成为好朋友。在宿舍,我也安排了一名学生和小杰做朋友,帮助小杰,了解小杰,陪伴小杰。

5. 特殊学生犯错后,要平等地谈话。无论是因为他上课睡觉,还是因为抽烟等事情违反校规、校纪,当我找小杰谈话时,我都没有以批判的口气和他谈话,我总是以一位熟悉他的、朋友的身份和他谈话,和他讲校规、校纪,惩罚也是适当适度的,除非特殊情况,不能请家长来学校,因为也请不动。

6. 经常谈心，为他树立近期目标和远期目标，近期目标，上课不睡觉，不违反纪律，长期目标，考上一所大学。他表示可以考虑，但是，我私下了解，他不想上高中，想去打工！但是他奶奶逼迫他必须上高中，而世界上他只有他奶奶还管他（其实还有班主任和国家）。

7. 特殊情况处理：

（1）在小杰高一下学期，宿舍阿姨放在值班室的财务被盗窃，我调取监控，证实就是小杰所为，纵使小杰的百般抵赖也得低头认错！对于特殊学生犯错，特别注意证据的保留。

（2）小杰高二上学期，偷偷计划外出打工，某一个周日，小杰私自买长途客车票去北京打工，这一情况被他寝室室友及时告知我，我联系交警大队，于进京交通要道上，把他及时拦截回来，并且亲自赶路几百公里将他送到他奶奶家里，由村干部作为证明，该学生确实交接到位。同时，进行家访，据村干部讲，小杰的父母没有去世，只不过是到南方打工去了，由此可知小杰奶奶的话也不能信。事后想想非常可怕，如果小杰不知所踪，像他父母一样，我如何找到小杰，并完好交还给小杰奶奶？找不到小杰，我如何继续从事教师工作？要知道，小杰奶奶是把他交到学校学习的。小杰如果自己打工去，估计他奶奶一定会来学校要人，人海茫茫我如何能找到小杰！找不到小杰的后果，我不敢深思，令人脊背发寒。

8. 特殊学生不一定非要通过高考，考本科大学，也可以去职教中心，去学技术。小杰不想上学，想去打工，小杰奶奶固执得强迫小杰考大学，于是，我学起了小杰所在地区的方言，通过电话，做小杰奶奶的工作，另一方面，做小杰工作，打工需要有技术才能更好地挣钱照顾奶奶，经过一个月的交流沟通，小杰和他奶奶各退一步，达成协议，决定去职教中心学技术，皆大欢喜，我又马不停蹄地为小杰联系职教中心，帮助他挑选专业，办理助学金等。

特殊学生会出现数不胜数的问题，各位班主任一定不可掉以轻心，如果解决不好，很可能给自己的职业生涯还有学校乃至社会，都带来很大的问题，如果解决得好，也不失为一种慈善。请社会多多关爱特殊学生！

后　　记

阳春时节，万物萌动，生机勃发。锡林浩特六中《中学生管理靓招集锦》即将出版。

首先，我代表编委会、代表学校全体教职员工向尊敬的郭涵校长和张文茂校长致以诚挚感谢！借此机会，向长期以来关心、支持我校的各级领导及社会各界朋友，向关爱、帮助我校事业发展的教育同仁，致以诚挚感谢！

编写出版《中学生教育管理靓招集锦》，是“锡林浩特六中班主任工作室建设实施方案”中的一项年度工作，目的是以这种方式进一步拓展中学生教育管理经验交流途径，给老师们提供一个展示、交流的平台。

中学生教育管理工作有源有流、有严有慈、有智有爱、有知有行、有收有放、有苦有乐……可谓千姿百态、万象纷呈，如何写好这篇立德树人大文章，我们一直行进在探索与实践的路上，从未懈怠。这本书的作者有班主任、任课教师，也有教育管理干部和德育工作人员，他们的作品可能理论深度尚浅，语言也不够精彩，但毋庸置疑的是，每一篇文章都是他们辛勤工作、积极思考、不懈探索、勇于实践的真实写照；每一则教育故事的复述，都是他们爱心与智慧的结晶；每一篇文章展示给我们的一招一式，都是他们基于对教育事业的忠诚坚守、执着追求及使命与责任的体现。作为他们中的一员，和他们同心同德、并肩奋斗，我感到十分幸福和快乐。

真正成功的教育，是渗透到学生心灵深处、震撼学生灵魂的一种影响，是让学生终生难忘的教育，是让学生得到发展的教育。锡林浩特六中还比较年轻，使命在肩，任重道远。我们将认真贯彻党和国家的教育方针政策，落实立德树人根本任务，担责于身，履责于行，探索不息，实践不止，一步一个脚印，为学校发展、教师发展、学生发展做好每一件事，走好每一段路。

郑祥东

2022 年初春